大清帝國與中華的混迷

現代東亞如何處理內亞帝國的遺產

大清帝国と中華の混迷

平野 聰（東京大學教授）——著

內亞帝國　大清帝國

興起於現今中國東北部的滿洲人國家，越過長城、滅亡明帝國後定都北京，不久將漢人視野中只是「外國」的蒙古、新疆、西藏也都納入旗下。這個巨大的版圖，為「近代中國」產生的種種矛盾埋下了種子。

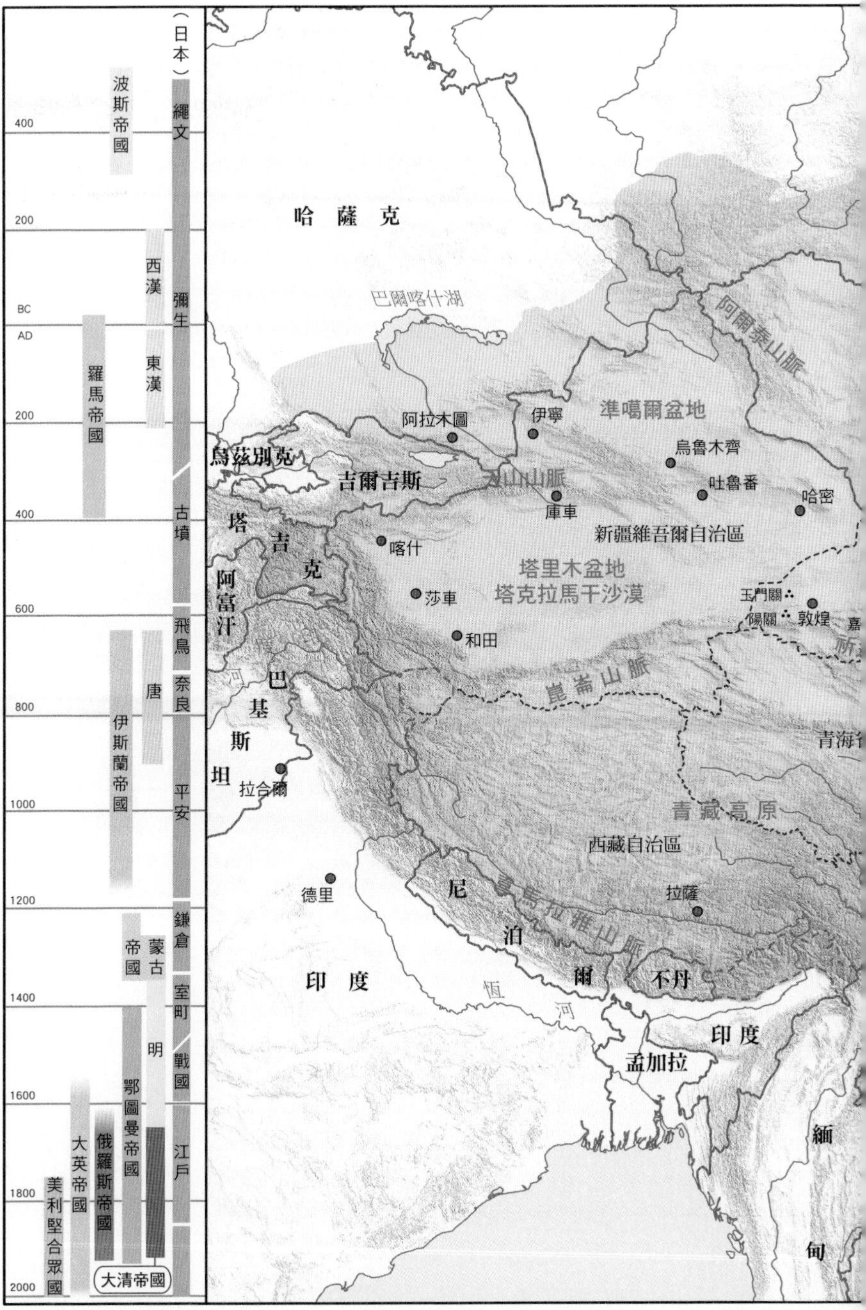

（日本）
波斯帝國
400
200
西漢
BC
AD
羅馬帝國
東漢
200
400
600
800
1000
1200
1400
1600
1800
2000
繩文
彌生
古墳
飛鳥
奈良
平安
鎌倉
室町
戰國
江戶
唐
伊斯蘭帝國
蒙古帝國
明
鄂圖曼帝國
俄羅斯帝國
大英帝國
美利堅合眾國
大清帝國
哈薩克
巴爾喀什湖
阿爾泰山脈
準噶爾盆地
阿拉木圖
伊寧
烏魯木齊
烏茲別克
吉爾吉斯
天山山脈
庫車
吐魯番
哈密
塔吉克
喀什
新疆維吾爾自治區
阿富汗
塔里木盆地
塔克拉馬干沙漠
莎車
和田
玉門關
陽關
敦煌
巴基斯坦
崑崙山脈
青海
拉合爾
青藏高原
西藏自治區
德里
尼泊爾
喜馬拉雅山脈
拉薩
印度
不丹
恆河
印度
孟加拉
緬甸

目錄

第二章　內亞帝國

序章

「東亞」的疑點

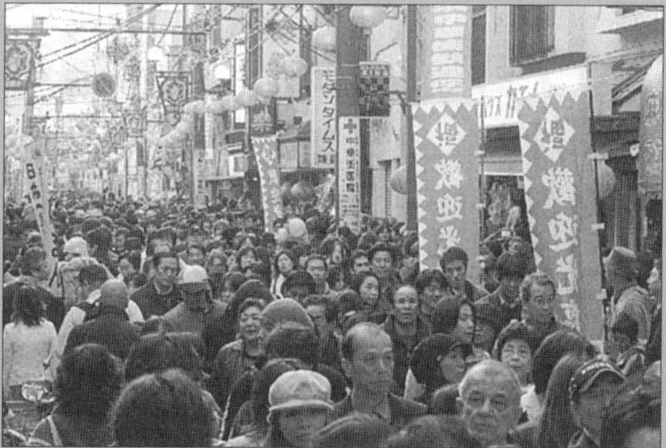

春節時期的橫濱中華街　攝於 2006 年 1 月 29 日。（作者拍攝）

黃帝紀元與神武紀元間的漫射

◎現代社會與春節

本書將帶領讀者進行一段「旅行」，透過思考版圖遍及「東亞」以及亞洲內陸的巨大前近代帝國——清——的興亡，以及這段歷史對周邊地區造成的影響，以嘗試為今日的各種問題找出答案。在本旅程出發之際，就先來應個景，前往體驗一下二〇〇六年一月二十九日時的橫濱中華街風情吧。

這一天，對於自明治維新以來就一直採用陽曆的日本來說，不過是個單純的星期日。不過，在日本以外的各個「東亞」社會中，這一天可是以月亮圓缺為基準而制定的農曆（又稱舊曆、太陰曆）正月中，稱作「春節」的日子。在現代的中國、韓國、台灣與香港等地，儘管早已採

2006 年北京東城區地壇公園的春節

用陽曆，人們仍依循農曆曆法，舉行著自古以來的祭祀與儀式，並以農曆來制定一年的生活節奏。在春節這天，分散在各地的家人們會回到故鄉，在不受外人打擾下團聚，是一個相當重要的時間。在都市中工作的人們，也會忍耐著路途的奔波，回到故鄉，並透過這稱之為春節的習俗，追省自己安身立命的根源。

春運　春運時期的北京西站候車大廳。

結果，隨著這十幾年間大量農村人口移往都市，每到春節前後，中國各交通網絡便會陷入壅塞的危機。對於今日的中國政府來說，要如何讓每年約有四十天的春節運輸毫無遲滯，已經是國家的一項重要任務。就實際而言，不管是媒體，還是一般民眾，他們對春節運輸所投入關注的程度，都不是日本的歸鄉潮所能比擬的。

當然，這樣的說法或許有些誇大其詞。不過，即使是中國人也對春節運輸「哀鴻遍野」的狀況感到恐懼和戰慄，但他們對春節與故鄉所表現出的無限情感，仍是千真萬確的。有次筆者恰好在春節時期於中國旅行，當時湖南省西部的某個火車站，外頭寬闊的車站廣場都被人群淹沒；無法購買車票的筆者，頓時陷入進退兩難的窘境。後來在不得已下，終於搭上了正在拉客的農工專用巴士，歷經四十小時以上的車程，才終於被放到同樣混亂的廣州車站前，再成功地「逃」到了香港。後來我才知道，若當時自己勉強搭上列車，就勢必要在從窗戶擠進大量乘客、毫無立錐之地的危險車廂中忍耐數十小時。因此搭乘農工巴士，還是個正確的選擇。

順帶一提，若從節慶的差異來區分的話，日本是將舊盆（即陰曆的盂蘭盆節）視為與新年同樣重要的節日，而中國、韓國、台灣則是特別重視中秋。舊盆與中秋，兩者都是懷念祖先的節日，其中較大的差別，就在於其習俗是遵循佛教，還是遵循曆法來執行「家禮」（受儒教的影響）。當然，在日本，與家人共同度過新年、舊盆也是相當重要的習俗，不過不知讀者是否能從「新年、舊盆」及「春節、中秋」兩者節日時間的不同，以及人民對該節日所貫注的心力差別，些微了解到在時間與地緣的感受上，日本與其他「東亞」各國或地域間有所差異的事實呢？

◎橫濱中華街的「黃帝紀年」

話雖如此，不過對近年急遽增加的在日中國人而言，要在春節購買機票往返故鄉，肯定是件不容易的事；於是近年來，橫濱中華街便成了深受他們重視、藉以稍稍體驗春節假期氛圍的地點。一個個胸懷思鄉情懷的人們，在這個時期從首都圈各地聚集而來，於是中國的各地方言，便在中華街四處交錯紛飛，目睹此盛況的筆者，不免有種恍若隔世之感。加上在港未來線鐵道開通後，前往中華街的交通便利性有了飛躍提升，因此來自日本或韓國、歐美的觀光客也跟著大量增加，整條街就像滿載乘客的電車一樣，擠滿了人潮。十多年以前，那段能在中華街悠閒享受春節活動的時期，在今日回想起來，宛如南柯一夢。

只要有上過橫濱市立學校的人就一定會唱的橫濱市

黃帝　漢人社會中的傳說帝王。

龍與「4703」　表示著黃帝紀元的數字，展示在春節時期的橫濱中華街上。（作者拍攝）

歌中，有這麼一段（由森鷗外作詞的）歌詞：「我國日本乃島國……萬國舟楫由此過。」其中所蘊含的韻味，對出生於橫濱，至今仍居住在神奈川縣的筆者來說，可說令人回味無窮。異國的文化空間扎根在橫濱這塊土地上，儘管日中關係在二〇〇五年春季時陷入危機，此處的民間交流依舊有著飛躍成長，呈現一派熱鬧景象，這種現象著實令人欣慰。

就在我期盼著透過經濟與文化等方面上的良性接觸，能讓兩國在現實中的各種困難多少有所冰釋之際，我來到了一尊龍型雕刻的面前；當上面大大的「四七〇三」數字映入我眼中時，我彷彿再次親眼目睹了「東亞」歷史斷層的巨大裂縫，整個人不由得為之愕然。

「是龍與四七〇三！」，對於眼前熙來攘往的日本觀光客而言，並不了解其中的深刻含意，只是熱衷於拍下紀念照，這些觀光客就算有對話，也頂多是以「四七〇三，指的應該就是中國五千年的意思吧」開啟或作結罷了。

不必多加解釋，龍，是過往皇帝的象徵，現今則常被當成是呈現漢人社會永續與偉大的標誌。那麼，四七〇三究竟是指什麼？——其實，這是中國傳說中，第一個創造漢人社會與文化的君王「黃帝」在今日陝西省即位，施行理想之治以來的年數。在「中國史」的架構中，這種計年法稱之為「黃帝紀元」。

不過，四七〇三這數字，甚至「中國五千年」的稱呼，就連在中國也並非是不證自明的概念。其實這是漢人社會，以及由皇帝支配「天下」的前近代「東亞」帝國，在傳統與近代的夾縫間受到劇烈衝擊之際，為了凸顯自我意識而表現出的說法；其中還摻雜著對日本的憧憬與反彈，以及深沉的心理矛盾。畢竟，像是「黃帝紀元」這種以傳說中的人物為基準，並試圖藉此來探究所有歷史的紀年方式，本來就並非是漢人，亦非所謂中國文化的固有思想。

◎誰來決定「世界的時間」？

既然如此，那麼漢人，或者說「東亞」大陸的人們，到底是從何時開始內化這種時間劃分，或認識歷史的方式？

筆者在此想要提醒各位的，正是這種對於「時間的計算與組成差異」如何認知的問題。在全球化的現代，世界通用的時間，即是以英國的格林威治天文台為基準，還有以耶穌誕生為起點的陽曆曆法（即西曆）。究其根本來說，原本僅限於西洋本土的計時法，會在今日成為「普遍」的概念，自然是西方影響力擴大到全世界的結果。即使過去「日不落」的大英帝國如今已不復在，但英國仍像過去一般，是「世界時間」的中心。就這點來看，英國或許仍是擁有「帝國」輝煌歷史的大國。不過，筆者並非要檢討這種計時方式的對錯。畢竟國際間若沒有通用的法則供人方便採用，那麼在諸多事情上，便可能會產生各種阻礙。此外，若文明的基準，是展現出能讓更多人可輕易採納與運用的架構，那麼現行的西曆與六十進位法的標準時刻，應已充分滿足了這個條件。

話雖如此，所有的文化與社會皆有其獨自的計時、計日法，故此何者才是「正確的」曆法，原本就無從斷言。例如以先知穆罕默德生辰為起點而編成的「伊斯蘭曆」（此曆法並無閏月），這套純粹的陰曆曆法，儼然就是具代表性的曆法。以齋戒月（Ramadan）為首，穆斯林（伊斯蘭教徒）以宗教為中心的生活，皆是依照伊斯蘭曆的規定進行。然而，這個曆法無論是季節或是節日皆無一致，例如齋戒月，每年就都會有些許變動。這對每年的季節與曆法都是一致的陽曆使用者來說，乍看之下肯定會感到相當怪異。即便如此，穆斯林們仍在日常生活中遵從著伊斯蘭曆，建立了自己的社會與文化。因此，只要穆斯林可因應生活上的必要，透過伊斯蘭曆與陽曆之間的換算，從而和其他非穆斯林的人們共存的話，自然不會產生什麼問題。

但是，過去稱霸「東亞」大陸、掌握強大權力的帝國與上述例子並不相同。他們使用皇帝自訂的稱號做為年號，並要周邊國家（即向皇帝朝貢的國家）也共同擁有，且融入日常使用，認為這是受上天承認的天子——皇帝——證明其權威與統治的必要象徵。以皇帝年號為依歸的曆法，就稱為「正朔」。例如過去曾為日清兩國屬國，並向清帝國派遣朝貢使節的琉球（即今日沖繩），當時公文上使用的年號，就並非歷代琉球國王統治的年號，也不是江戶時代的年號，而是雍正、乾隆，這些冠上清帝國皇帝稱呼的年號。

◎韓國、日本的時間與「正統」

同樣的概念也能套用在曾向明、清兩帝國朝貢的朝鮮王朝上。與過去有著天壤之別，現代朝鮮半島上，南部的人們採用西曆，北韓（朝鮮民主主義人民共和國）則採用依照前國家主席金日成誕生日而創立的主體曆（주체력）；而在報紙的一隅，我們也能看見刊登有以朝鮮半島的傳說始祖「檀君」來訂定的「檀紀」紀年，表現出朝鮮試圖彰顯自身「半萬年歷史」的意圖。不過，直到甲午戰爭結束，朝鮮身為大清屬國的立場受到全面否定，以主權國家獨立之前，他們在公文層級的文書內，就算是誤寫，也不能使用「檀紀」這種對明清皇帝而言極其失禮的年號。

不如說，朝鮮即使在明滅亡，歸順大清後，他們仍感謝著明帝國給予朝鮮的恩惠（例如豐臣秀吉侵略朝鮮時，明曾派遣援軍至朝鮮），反而對滿洲人這種「北方的野蠻人」以皇帝之姿君臨天下、建立霸權，對此感到激憤難平。故在非正式的場合中，有許多知識分子，在紀年上就試圖採用以明帝國的末代皇帝崇禎迎接悲劇結局的那年，以此為起點的年號（即崇禎後紀元），關於這部分，本書屆時會於第二章述及。對於朝鮮王朝的知識分子來說，要將哪個年號奉為「正統」來使用，是直接牽涉到自身的政治生命與忠誠的難題；而在朝鮮半島，亦有認為「正統年號」並非是朝鮮半島的固有年號，而是外來年號的主張。

說穿了，正統的曆法其實是由位於「東亞」的帝國之時間軸與歷史觀所決定的時間，而鄰近的國家，該如何去選擇、強制、拒絕它，從這些過程中，又產生出十分切身的歷史意識。或者可說，欲成就「帝國」，就必須要先占有「時間」。

的確，過去的日本帝國，也以明治六年導入陽曆作為契機，根據《日本書紀》內的記述，計算、創造出神武天皇即位以來的紀年體「皇紀」，並隨著帝國主義的擴張，試圖讓各個殖民地、占領區也共同採用。不過，那些處於截然不同文化的社會，對時間與歷史中的「正統」且「唯一」的認知早已根深蒂固，因此終究難以接受新的紀元方式。

從上述這幾點來看，我們得知支配著國家、世界，乃至「天下」運作的體系，主要有以下兩種：一種是容許數個時間存在，或是能讓其並存的體系；另一種是只承認單一時間的存在，並以此作為原則的體系。或許可以說，受到當今全球化國際秩序，以及殖民地化或外來政治社會影響所苦的人們屬於前者；至於所謂的「東亞」大陸帝國（如朝鮮與琉球的例子所示），以及統治過殖民地的西洋各帝國與日本帝國，則屬於後者。

◎統括的歷史與分割的歷史

此處令人感興趣的地方，在於伊斯蘭曆是使用源自特定人物，且可加總的歷史與時間做為年代的計算，而「東亞」大陸的帝國，則是透過加總個別的皇帝定下的年號之年數，才能計算出歷史與時間。因此我們今日所見，認定應為「連綿不絕」的文化、社會以及歷史的累積，其實都是一段段斷片的狀態。倒不如說，所謂「正確的時間與歷史」，其實是隨著個別王朝的興亡而替換的概念。因此在「東亞」大陸，人們一般都用「二十四史」稱呼其歷史；此處所謂的「二十四」，即是指統治了「天下」的王朝數量。

於是，對於居住在「東亞」大陸帝國中的人們，以及向這些帝國朝貢的國家裡的人們來說，在時間、空間的認識上，首先依據的就是各王朝在交替更迭下所統治的「天下」這個曖昧的廣袤空間概念；以及和前者相比，更具有實在感、也更親近的故鄉（鄉土）這個空間，還有皇帝為了方便農作而頒布的農曆。

這樣的情形，在明治維新前的日本也是相同的。例如，當時的日本，有著江戶公儀[1]——德川將軍——掌握政治實權的「天下」，而「天下」當中則點綴著作為各藩領地的「國中之國」；當時亦使用著陰曆，以及位於京都的天皇公家所訂定的年號。只要想像一下那樣的背景，或許就不會太難理解。

筆者認為，「春節」這個節慶習俗會自古以來就特別受到重視，其背景是否是因為有許多人想在如此曖昧又不連貫的時間與空間中，尋找出一種更確實、可依據的事物之故呢？

在此，筆者必須提出的是，當這種對時間的意識產生變遷或差異時，對於歷史的看法也會造成重大的衝擊。對至今只透過模糊的王朝長度與散亂的年號來認識歷史的人們而言，想要獲得一種更連貫、更全面的歷史觀，本身就是一種觀點上的巨大革命。

實際上，所謂的明治維新，也是從根本上改變日本人對時間與歷史感覺的大事件。在原武史的《鐵道逸事》（鉄道ひとつばなし）中，就提到

德川幕府建立者：德川家康

「這種嶄新的時間掌握方式，隨著追求分秒不差的鐵路網的擴大，以及人們想向定時在此鐵路上奔走的天皇御召列車敬禮的事件一同擴散到了全國」。同時，伴隨著所謂國民（臣民）教育、普通教育的發展，帶動了歷史推移的連貫性與空間擴展的新視野，讓至今一同住在日本列島上，卻素未謀面的人們，可以隨著「萬世一系」的歷史意象，變得更容易去想像彼此身為「命運共同體」的事實。在此背景下所創造出來的，即是近代日本帝國。或許可說，這樣的意識，存在於每一位戰前日本國民（臣民）的心中。

◎從「中國史」來看中國與近代日本的聯繫

明治日本之所以參考西洋採用連貫歷史與時間觀，乃是來自當時日本人面對問題的自發意識。不過每件事情都是環環相扣的，即使在與日本人沒有直接關連的地方，偶爾也會引起完全不同的新反應。十九世紀末，「東亞」大陸的人們發現，在不知不覺中，日本已透過改變所有對時間與歷史的看法，成功實了現富國強兵的目標。這樣的結果，讓原本自居於「堂堂天下中心」的人們驚覺到已經輸給日本，而受到無限的衝擊。

清末首屈一指的政治家、記者，同時也是對近代中國民族主義最大的貢獻者之一——梁啟超，認為日本與清國命運的分水嶺，就在於國家意識與歷史認知結合上的不同，因此主張必須將日本的做法導入國內。然而，在這樣的渴望下所發動的變法，最終宣告失敗。梁啟超後來逃亡到東京，並於一九〇二年撰寫了《中國史敘論》。

在這篇文章中，梁啟超痛切感嘆日本已學習到使用「日本史」、「國史」的說法，並不斷透過國民教育加以強化，而自己的國家卻自詡是統治「天下」的「天朝」、只知曉個別的王朝名稱與歷史，不僅沒有連結各王朝的歷史記述方式，也沒有能夠串連各王朝的一貫時間軸，更沒有能夠對應像是「英國」、「德國」、「法國」、「美國」、「日本」等國家的「國名」。梁啟超認為，日本所謂的「東洋史」，其實乃是以「二十四史」這種歷代帝國興亡為中心的記述架構為範本，因此他將「東洋史」所講述的內容，冠上原本只是文化美稱的「中國」兩字，開始稱之為「中國史」（「日本近來著東洋史者，日增月盛，實則中國史之異名耳。」見梁啟超《中國史敘論》）。自此，當時大清所實質統治範圍內的各王朝歷史，就被納入了連貫的「中國史」史觀之中。

梁啟超　清末政治家、記者。於戊戌變法後逃亡日本。

◎原本並無界限的中國文明

不過，這項改變本身並非是件輕而易舉之事。至今為止定義模糊的廣大「天下」、「天朝」的範圍，是儒學家相信的唯一「正統」文明，也是由順應天命、應運而生的皇帝將統治力由此文明的中心——「中國」——無限延伸出去的範圍。當然，現實中，皇帝能夠直接統治的範圍畢竟有限。即便如此，在仰慕皇帝恩德而來朝貢的國家愈來愈多時，它們在某方面的意義上，也就成了宣揚皇帝統治力延伸至「天下」各處，及其「正統性」的代言人。

對於傳統儒學家來說，比自己性命還要重要的事物，就是自「中國」孕育出的文明，以及讓這個文明跨越民族與文化的差異，使所有人都承認它是「偉大的存在」。因此原則上，要將作為文明源頭的「中國」與其他土地完全分割，並拿來描述一定的地理、人文範圍，那是不可能的。也正因為如此，當不時入侵的異族建立了新王朝，即使人們一開始理所當然會有所抗拒，但最終仍會承認該王朝亦為「中國」文明的實踐者，而漸漸接受其統治（當然，就如後面第四章將提到的內容一樣，對人民來說畢竟是一段屈辱的過程）。滿洲人這一非漢族、亦非打造「中國」文明之種族所建立的清帝國，之所以能代表「天下」、「天朝」，也是因為儒學家們設定了「在單一文明基準下所建立的帝國，其統治範圍乃是無遠弗屆」的前提，因此才會承認即使由滿洲人當皇帝，仍是在實踐「中國」文明。

既然文明沒有界線，那麼歷史所敘述的對象也就同樣沒有界線。亦即，世上所有人的歷史，都是「天下」的歷史，都是「中國」文明所延伸出去的歷史。

不過，如果這說法成立，又為何要特地創造出「中國史」？有必要只把「中國」從「天下」的歷史當中分割出來嗎？顯然，對於前近代的儒學家來說，這種做法毫無必要。正因如此，當時所謂的歷史，其實是各個帝國個別的興亡盛衰史，是訴說「中國」文明擴張至「天下」過程的「天下歷史」。而這之中，向中國朝貢各國的歷史，亦以「各國志」的形式包含在裡頭。

◎「天下」概念的崩壞與近代中國的成立

認為「中國」文明的範圍僅限於固定國界線分割的範圍，再將歷代帝國的興亡放入國界框架中，藉以談論「中國史」；抑或是將「中國史」、「東洋史」歸納於「世界史」之下，再把「中國史」和西洋人或日本人的歷史並列看待的種種作為，對於長期深信「中國」文明的人們來說，無非是一種荒謬至極的思想轉換。

然而梁啟超此人，不僅借鏡西洋與日本的模式，將之套用在「中國史」所示的地理範圍以及時間計算方式上，還將「中國」的文明——也就是以「中國」為中心來描述的世界——早已崩壞的事實，清楚地呈現了出來，即使他原先並無這個打算。

「天下」變成了「世界」，而「中國」也從「天下的中心」成為了「世界的一部分」，這種我們今日所稱呼、以一定範圍劃出區域的國家——近代中國，便從此時誕生。這個思想上的大改變，距今約為百年。因此「中國五千年」的說法，或許在文明史上確實如此；但嚴格來說，卻不能用來描述國家的歷史。再對照梁啟超的這段敘述：「吾人最慚愧者，莫如我國無國名一事。」可以想見，使用「中國百年」這樣的說法或許會更為貼切。而且照梁啟超的論述，將每個帝國的興亡史連接在一起、合稱「中國五千年」的這種方式，其實是參考了日本「東洋史」的歷史觀，並非中國固有的觀念。

◎立基於「借鏡」上的「傳統」

在「天下」變成「世界」，以及原先的觀點被推翻時，若近代中國人的歷史認識是借用日本人的「中國」、「東洋」意象來加以創造之物，那麼中國的民族主義，也同樣是日本所創造的產物。

不過，當史家創造出「近代中國」這有限的空間，以及稱作「中國史」的新歷史觀，並開始對過去所有事件進行置入與排序時，這樣的新思考方式轉瞬間就在清末的知識分子當中擴散開來。當然，這或許與清末時期瀰漫著的不尋常氣氛，以及敗給日本所帶來的沉重打擊脫不了關係。

然而，凡事要是沒有前提，便很難順遂進行；這種思考模式的大轉換，無論從何種角度觀察，其規模都非常巨大，因此其擴散的速度之快，反倒令人詫異。這樣的結果，也不禁令人猜想，是否在這之前，已經存在著某種經年累月的「準備」，所以才會產生如此大的轉變？而本書，就是要呈現出那具體卻又令人痛切的過程。

然而，即使梁啟超的想法是借自日本，但在「中國」對日本感到屈辱的同時，無論如何也不能承認自己劣於日本人與日本歷史。不只如此，若要在帝國主義列強蠢蠢欲動、弱肉強食的世界中尋找一個可安身立命之地，就必須重新描繪出一個既清楚又鮮明的傳統。而相信「傳統」的人，往往會在危機感中創造一個嶄新且合乎時勢的東西出來。特別是「中國史」的起點，必須是愈遙遠愈好。因此「中國史」的長度，絕不能比日本神武天皇即位以來的時間還短（在這論點上，「孔子紀元」就不是一個好選擇）。

就這樣，在二十世紀初，陸續集結到東京或橫濱的人們，在思考如何推翻衰弱的清帝國、趕走滿洲人，進而實現漢人中心的革命時，梁啟超所提出的「中國史」這一新看法，便受到他們更加擴張的解讀。他們以漢人傳說中的帝王「黃帝」作為起點，演繹出自古以來漢人國家在歷經興衰中而逐漸擴大的過程，藉此否定以滿洲人為中心的國家。這具體的表現手法，正是「黃帝紀元」。

在此順帶一提，於今日的華語圈中，西曆有著一個正式的名稱——公元。為何並非已出的西方計時法會被稱為「公」？顯而易見地，這件事本身就暗示著背後有近代中國「將近代西方理想化，並試著追上、超越它」的色彩存在。另一方面，台灣則是使用公元的同時，也使用辛亥革命後產生的「民國紀年」。也就是說，黃帝紀元並非是人們用於日常中的曆法。然而儘管如此，捲入近代世界洪流中的漢人一改自古以來的歷史觀，創造出「中國史」，並將其象徵「黃帝」擺在最前頭的做法本身，在在都展現出了對西方與日本的無限糾葛。要思考近代中國民族主義的歷史，就必須以中國對「日本」的經驗為起點。朝鮮半島的人們在同一時期創造出「檀紀」，也可以視為與「黃帝紀年」源出同樣的發想。

隨著經濟發展而產生的逆流

◎「東亞合作」的機遇與陰影

當今稱為「東亞」的地區，至今仍殘留著過去的歷史認知問題，並處在要選擇共存還是對立的巨大十字路口。

所謂「東亞」，以戰後日本普遍的定義來說，就是指圍繞著東海的日本、中國、朝鮮半島等歷史上共同擁有漢字文化、農耕文明的地區。這個區域，在今日亦是主導世界經濟的地區之一。自古以來，有許多日本人對塑造出大部分日本文化要素的「中國文明」抱有憧憬，並在西方列強陸續出現的十九世紀以後，開始談論起以聯合日本與中國為主軸的「解放亞洲」之夢。話雖如此，但我們不能否定這件事最終引起了日本對近代中國過度干涉與侵略的事實。不過，二戰之後的日本人，基於對發起侵略戰爭的深刻罪惡感，以及追求真正「聯合亞洲」的願望，對於中國，以及其他受到日本殖民統治與戰爭危害波及的國家、地區，皆已開始著手改善彼此間的關係。而其中亦有不少人，開始對擁有「悠久歷史」的中國感到濃厚的興趣，於是一點一滴地跨越過去的偏見，嘗試摸索日本與「亞洲」的對等關係。

直到一九八〇年代到九〇年代初期，過去處在戰爭、革命以及獨裁專制下的「東亞」，終於迎來了經濟與文化之花綻放的年代。在世界史裡，那堵稱為冷戰的高牆在此時瓦解，號稱能憑藉人類能力控制世界、達成理想社會，曾經非常強勢的共產主義意識形態所宣揚的「正當性」，在這時碰到挫折，使得市場經濟系統與多元化價值，漸漸覆蓋到除了北韓以外的「東亞」全境。

至少，這樣的變化是過去百年間完全無法想像的。且這種變化中，不存在一個國家去強制另一個國家的統治形式，而是互相重視，彼此作為經濟上的夥伴。過去許多人曾經夢想，卻未能實現的「東亞合作」、「東亞命運共同體」，或許可說此時已漸漸在眼前成形。

然而，到底是哪個環節出了問題？還是說打從一開始的出發點本身就已經是錯誤的？最近幾年內，使許多人困惑不已的，就是與前述動向完全悖離的嚴重政治對立。且那樣的對立中，還伴隨著直接訴諸於名為「歷史」的人類記憶與情感之舉。這樣的結果，造成了「必須接受正確的歷史認知」與「拒絕干涉獨自的歷史」兩種根本想法的對立。就如同大家所了解的，這種問題所衍生出的典型例子，就是圍繞著靖國神社以及歷史教科書的問題。當這問題又加入了日本爭取加入聯合國常任理事國的議題後，二〇〇五年，中國、韓國的民族主義者，為了阻止身為「反派角色」的日本成為國際社會的代表在，使得「東亞」充滿了激烈的反對運動。這個議題所引發出的擔憂，最終不僅只限於「東亞」，甚至漸漸擴散到整個國際社會。

換言之，在當今的「東亞」，陷入了一種只要國家、地區之間的交流愈是擴大，就愈可能激化相互對立的狀況。

◎「自由」與民族主義

話雖如此，隨著交流的擴大而產生對立意見，在某種程度上來說也是莫可奈何之事；也有人認為想避免對立而達到交流目的，本身就是天方夜譚。但筆者認為，在這種不得不持續產生摩擦的過程中，只要能夠冷靜、慢慢地思考存在於背後的事物，並持續調整的話，長此以往，便有可能創造出真正的共存與交流。或者各位也可以把對立狀況，想作是一種「分娩的痛苦」。

實際上，今日「東亞」的對立，是在一九八〇年代後，特別是九〇年代之後才浮上檯面的。這個時期，韓國與台灣的民主、自由有了進展，即使是中國，也在有限的情況下出現了各種各樣的進步。在這個時間點之前，「外交」是由握有強大權力的獨裁政權所專門處理的事務，各個國民不只沒有發言權，在經濟文化水準上，也完全不具備發言的程度。不過在政治自由化後（以中國而言就是指共產黨管理的放寬），點燃了人民過去備受壓抑的發言慾望，而經濟的富裕以及教育水準的提高，亦大舉增加了人們透過形形色色媒體來取得知識、消費知識的機會。

許多「東亞」的人們，正因處在這愈來愈「自由」的背景中，所以能夠開始獨自調查日本這個曾侵略過自己、今日又在經濟等方面有愈來愈多接觸的國家，並將獲得的資訊再加以思考。此外，這些思考也不限於個人範圍，還透過出版媒體或網際網路持續傳達及擴散，結果讓外交及對日立場相近的人陸陸續續集結在一起，並漸漸對政治產生了影響力。

在這樣的趨勢下，在過去冷戰時期，毛澤東、周恩來以及朴正熙等人與日本交涉恢復邦交的議題，被認為是中、韓為了盡早和日本妥協，好在冷戰這國際局勢中與蘇聯、北韓對峙，所以才輕易放棄對日本的賠償請求權，改為接受日本的經濟援助。於是這樣的決定，最終被認定為未受到國民同意下的「祕密外交」，而受到否定。接著，在民間主導的對日賠償請求，以及重新檢視歷史的活動日益高漲下，維持官方見解，認為賠償問題早在恢復外交的交涉過程中就已解決的日本，因為靖國神社以及歷史教科書的問題，又被部分人士認為「不斷右傾」，而不見容於「東亞」諸國的民族主義情感。

到目前為止，歐盟執委會（European Commission，EC）與歐洲聯盟（European Union，EU）的統合過程，或是一九八〇年代後半以來的東歐革命以及東南亞國協（Association of Southeast Asian Nations，ASEAN），這些實現了政治、社會自由化，以及民主化的國家，皆是充分利用擴大對話與交流的機會，而自然實現了和平共存的成果。然而，目前在「東亞」諸國，卻與前述例子背道而馳。

◎民主化與自由化後就能冰釋嫌隙嗎？

當然，或許有人認為「中國目前依舊處於共產黨的支配下，所以思想、言論的自由並沒有十分的保障。只要中國實現了真正的自由與民主，對於日本的偏見就會自然冰釋，關係也會不斷獲得改善吧！」不過，正因為能夠「民主」且「自由」的表達意見，人們反而容易陷入自我中心的想法，忘了對他人負責的必要性。換句話說，這種樂觀的看法其實毫無根據，違背了自古以來被政治學視為不可輕忽的人性黑暗面。

將自己國家的存在與利益視為絕對，不斷試圖煽動對於「他者」的受害心態及對抗心態的民族主義，十分容易打動民眾，獲得素樸的情感認同。在可以自由表達自身想法的環境中，更容易受到加乘效果，例如納粹主義就是個典型的例子。同樣地，在二戰前的日本，也曾歷經「大正民主」時期的民主自由，卻緊接著面臨了世界恐慌與九一八事變爆發後的國際情勢，在內外緊張的狀況下，對外強硬論的聲浪提高，出現了以「國體明徵」[2]與「國家總動員」[3]為名的極端社會；而這種內部氛圍，與試圖迫使身為重要「他者」的亞洲國家服從之舉，很難說沒有任何關係。

綜合以上所述，若「我（我國）是受害者」、「在歷史角度上，我才是正確的一方」、「我已經（透過富國強兵或經濟發展）恢復了自信」、「我有能力對抗與我為敵的人」、「我的立場應受國際承認」等複合思考，是處在可以更自由陳述的環境中，就表示當地的自由民主思想已經與民族主義產生密切聯結了。

再者，即使現實政治體制並非是自由民主的，但只要這類發言能夠受到允許，做出該發言的人便必定會覺得自己比過去「自由」了，而這也是民族主義的魅力所在。二〇〇五年時，因為過度的反日示威、反日言論，反而成為取締對象的中國民族主義者們，他們的心境或許就是如此。此外，在民主化與自由化的進步下，開始大聲主張「清算過去」與「重新探討歷史」的韓國年輕民族主義者們，也被認為抱有相似的想法。不可否認的是，近年的日本民族主義者也呈現出類似的傾向。

◎「正確的認知」由誰決定？

於是，別說展望未來，就連回顧歷史，各種扞格不入的「正確認知」，就在「東亞」這個地區彼此衝突矛盾。

不過至少有幾點是清楚明瞭的。例如日本在經過明治維新後，已搶先一步發展經濟，邁向大國之路；而與之相比，清王朝／近代中國以及朝鮮王朝／韓國則走在曲折蜿蜒的小徑上。變成大國的明治日本，試圖主導東亞秩序，主宰整個東亞地區，終致陷入了侵略與抵抗的戰爭局面。

上述的近代史粗略脈絡，應該已經是大家幾近共同的理解。不過問題在於，當有國家、組織或個人，具體地以某種方式去嚴格定義何謂「正確」、何謂「不正確」時，就會被看待成彷彿與國家、國民存在意義攸關的問題。而這一傾向正因民主化與自由化的發展，有逐年增幅的趨勢。

假設，在本身就已經極其複雜的社會環境裡，有某個特定的立場獨占了「正確」的解釋，並否定其他立場，那肯定會立即引發新的摩擦。當然，日本過去進行了侵略戰爭，並造成大量傷害，這點無庸置疑。但難道能因為這樣，就認為受害者的主張與歷史認知永遠都是

「正確」的嗎？況且，這群人今日的國家意識與民族主義，也是出於跟進明治日本、對其既憧憬又競爭的心態。今日攜裹在這股潮流下的他們，其具有的歷史認知，真的足以批判日本二戰前的一切嗎？

筆者希望，那些高舉大國主義、認為自己的國家才是基於人類、人道正確一方的人們，能夠察覺到自己的這些想法，正是他們所恨之入骨的日本帝國遺毒。當日本人開始疏遠這些自以為「正確的」國家時，馬上說日本又開始「右傾化」，這種想法實是太過狹隘。實際上，有許多戰後的日本人已經汲取了戰前的失控與戰敗教訓，在今日試圖實踐和平主義，並尊重多樣的思考模式。但他們看見那些「正確」主張背後，實際上是令人難以接受的思想壟斷時，因此才漸漸與之保持距離。這也是千真萬確的事實。

◎想像歷史的必要性

然而，若索性拒絕有關「正確」的任何說法，讓各個見解就這樣一路扞格不入下去的話，則又有可能造成歷史乃是在一定時空中、產生某種流動的事實，遭到徹底否定。

因此就筆者的立場來說，真正有意義的，是去探討為什麼會有這些不同的「正確說法」

出現，以及在各種不同主張的背後，究竟有什麼主要原因存在。

此刻所需要的，並非是讓一方點頭接受另一方主張的「正確的歷史認知」，而是一種能夠在腦海中真實浮現「共存」與「對立」兩種概念的歷史想像力。先前提過，在互相對立的民族主義中鑽牛角尖的人們，如果能客觀審視自己的「正確」主張是如何來的，或許就能察覺到，「自己的民族主義，是受到對立一方給予的極大刺激後，將其內化而塑造出來的產物。」也就是說，這樣的民族主義對立，不過是相似的兩者所衍生出的負面連鎖罷了。

中國的民族主義者效仿明治日本為達成近代化而創出的神武天皇紀元，在中國創造了黃帝紀元。另一方面，他們也借用了日本的東洋史概念，描繪出「中國史」。這些將歷史與時間的視角近代化的做法，其實代表了明治以來的日本與近代中國，共享了非歐洲的近代時空，在何者「偉大」或何者「正確」的狹隘論述之前，早已無可避免的互相影響，且激發出一連串的連鎖效應。

故此，即使乍看之下格格不入，但只要試著回顧過去，就能意識到兩者其實有著共通的思考模式；從這裡出發，便能超越對立、用更廣闊的歷史觀去重新檢討過往，不再重蹈覆轍，並實現正面意義上的「歷史共識」吧！

「東亞」是不證自明的概念嗎？

◎「同文同種」地區意識下的產物

到這裡，各位讀者或者會對於本書使用「東亞」這種加上引號的寫法而感到疑問，並且認為：「圍繞著東海的東亞社會，自古就共同擁有發祥於中國的漢字文化與農耕文化，並在溫暖的氣候中，造就了豐富的人口與高度發展的產業。雖然東亞近代的確發生了一段不幸的歷史，但在第二次世界大戰後，日本、韓國、台灣、香港皆依序以新興工業國家與地區之姿崛起，如今中國也開始推動市場經濟，帶來了經濟急速發展的成果。雖然民族主義的對立更加嚴重，但仍以經濟為中心，不斷強化著區域之間的統合。現今的東亞，已漸漸成為能與歐盟並駕齊驅的強有力的區域整合體。實現『東亞共同體』，或許不再只是一段空談。」

不論您是否這麼想，至少，大家對於「東亞」的整體想像，應該都是「受到沿著海洋不斷擴大的漢字文化與農耕文化所影響，並在這些歷史遺產下，逐漸形成高度發達社會的地區」吧？因此，在明治時代後，解除「鎖國」的日本與大清／近代中國之間，出現了「同文同種」（具有文字與黃種人共通性）以及「一衣帶水之鄰國（比喻源頭相同，兩者間只夾著海洋）」的表現方式。這在中國知識分子中也產生了一定程度的共鳴。例如宮崎滔天或北一輝等日本的泛亞主義者，就與孫文、宋教仁為首的中國民族主義者有著緊密的關係。

不過我們也難以否認，這種「同文同種」的邏輯，與「正因為源出同種，所以為了對抗白種人，更應該聽從日本這個新亞洲中心的領導才對」這種自以為是的想法產生了連結。「東亞新秩序」與「大東亞共榮圈」，正是這種說法的終極體現。然而另一方面，福澤諭吉在歐洲帝國主義侵略著亞洲的情勢中，因期待「東亞」聯合的出現，故積極展開了相關行動。但在最後，對於持續混亂、始終無法下定決心踏上近代化道路的清國與朝鮮感到絕望後，福澤諭吉最終決定「與亞洲的惡友絕交」，提出了「脫亞論」，表示今後不應再特別看重這些國家，僅將他們當做是世界其他各國一樣看待即可。

二次大戰後，亦有不少日本人，基於對侵略戰爭的反省以及實現真正泛亞主義的觀點，從而希望日中友好，抑或是能夠與「東亞」鄰近諸國互惠共存。然而就像先前提過的一樣，當他們碰上了各國高漲的民族主義衝擊後，日本國內對抗的民族主義，也隨之跟著高漲。

然而，這種對「東亞」各國幻滅的態度，其實源頭還是來自對「東亞」架構的重視以及期待，是自期待與現實的巨大落差中產生的心情。在這層意義上，或許正說明了日本人與「東亞」架構之間密不可分的關係。

◎是否有普遍認知的「東亞」形象存在？

但當今日本人腦海中所浮現的「東亞」形象，卻未必與中國、韓國人的形象相同。特別是，與日本人所抱持的「基於漢字文化與人種相似性而統合為一的『東亞』」概念不同，朝鮮半島的人們，多半長期警戒著這種以中國和日本為中心所形成的正當化區域意識，認為這是否定朝鮮半島獨特的歷史與文化特質，並因此敬而遠之。就前近代的朝鮮半島人民來說，日本人與滿洲人都是野蠻的種族，卻陷入不得不向滿洲人朝貢、受日本人殖民統治的困境，還要在「東亞」這個區域中找尋自己的定位，會產生抵抗心態也是理所當然。關於這個部分，本書將會在第二章與第四章詳述。

因此，現今韓國在表示包含自己國家的地區秩序時，一般會使用「東北亞」這一用語。其背後原因，或許是自古以來，各種人、事、物以朝鮮半島為中心推移後的結果，以及在近代史的過程中，有不少出身朝鮮半島的人，因為貧困或動員等理由，被迫移居至日本、中國東北部或俄羅斯的濱海邊疆區以及東西伯利亞的歷史。而在日本，為緩解與北韓（朝鮮民主主義人民共和國）的緊張關係，及這用語也追加了「國際合作」的意涵，有愈來愈多的人開始使用「東北亞」的說法。

另外，中國不像日本所想的那樣頻繁地使用「東亞」這一詞彙。毋寧說，當他們在形容包含自己的地區概念時，「亞洲」才是最常使用的詞彙。之所以如此，其背景乃是近現代中國自身所擁有的巨大領土。中國人使用的「亞洲」詞彙，並非只是日本人所稱呼的「東亞」或「內亞」的巨大複合體概念，而是一種必然形成的國家意識本身的全方面表現。為了維持包括非漢人地區的領土，也為了將寬廣國境線上的紛爭壓在最小限度，中國原本就無法專心致力於處理日中（以及在日本背後的美國）之間的關係。因此，對於中國來說，即使這是近代後才自西方傳來的地區概念，但使用字義更加廣泛且模糊的「亞洲」一詞，還是會更有利於自己。就因為這樣，有人認為，中國人對日本的需求，其實並沒有日本人對中國的需求，感覺起來那麼強烈。

實際上，在明治維新剛起步的時候，清國的人們對日本幾乎一無所知。就算時至今日，儘管當地媒體大力宣傳「抗日」，日本人到中國旅遊時，也會發現屢屢被視為是漢人一部分，這一現象也不甚稀奇。就筆者的經驗來說，十幾年前，中國旅社的旅客登記簿上，都會有一欄專供寄宿者填入自己民族稱呼的項目。而若是工作人員代為填寫登記簿時，日本人都會被以「能正常地用漢字書寫自己的姓名」為由，在這格內被填上「漢族」兩字。讓人不禁有一種感覺：「要是沒有『反日』、『抗日』的問題，對於擁有龐大人口的漢人來說，或許日本人的存在也不過是廣闊漢字之海中的一粟罷了。」關於這一段的內容，本書會在第六章詳細敘述。

順帶一提，其實近代中國所使用的「亞洲」一詞，其含意與日本所使用的「アジア（亞洲）」有著相當大的差異。日文的「亞洲」，就像還有「西亞」一詞一般，是直接接受西洋傳來的地區定義。因此它指的是非歐洲文明的東方之地，也就是從日本至伊斯坦堡的博斯普魯斯海峽範圍內的廣大地區。不管是岡倉天心所說的「亞洲一體論」也好，還是大川周明所提倡的「聯合伊斯蘭論」也罷，其實都是試圖解釋以佛教、儒教、伊斯蘭教、印度教等各宗教文明組成的多樣世界。雖然今日已不是處在二戰爆發前與歐美對立的情勢下，但在歐洲以外的地區裡討論到諸如尊嚴或價值等議題時，「亞洲」一詞仍有著某種獨特的魔力。相較於此，在筆者向認識的幾位漢人詢問的結果來說，中國所說的「亞洲」，往往就只是指中國以及中國周邊的廣大模糊地區（大多包含到東南亞）。至於有沒有包含印度次大陸、中東與近東，則莫衷一是。

某個區域所呈現出的印象，絕非是自然生成，而是包含了個別國家，乃至於個別地區社會在歷史洪流中所留下的足跡。而「東亞」這個地區，與其說裡頭的各個國家共同完成了什麼，不如說他們在彼此對立下，花了大量的時間在歷史的長河中書寫著屬於自己的意象。也因此，在談論這一地區的歷史時，是否該輕易移除掉「東亞」的引號，總是讓筆者感到猶豫。

◎「東亞」概念無法涵蓋的「東北亞」史

以日中兩國為中心來談論「東亞」的方式，或者聚焦於中國、韓國與日本在「歷史認知」上明顯的對立，都可能會讓我們容易忽略掉許多其他的問題。

舉個例子來說，中、韓在同為督促日本接受「正確的歷史認知」的關係上，乍看之下似乎非常親密。但實際上，兩國也圍繞著領土與歷史認知的問題，隨時都可能爆發激烈對立。這裡所說的，即是自長白山及其周邊歸屬問題衍生出的對立。長白山位於北韓與中國國境，對於朝鮮半島的人們以及滿洲人雙方的歷史來說，皆是一座聖山。當今，雖然中國與北韓是以鴨綠江、長白山以及圖們江為國境，不過就韓國的民族主義立場來說，他們主張吉林省的一部分「也是版圖遍及朝鮮半島與中國東北的韓民族古代王朝高句麗的故地，因此若韓國在將來統一，此地也應歸屬韓國」。這讓筆者想起自己在一九九〇年代參加東京大學的講座時，中韓兩國的留學生針對這問題展開激烈爭吵的往事。

而這個問題真正成為嚴重的政治問題，是在中國根據歷史研究的成果，將高句麗王朝定位為「中國的地方王朝」，並試圖登載於歷史教科書後才開始的。中國或許認為，若朝鮮半島情勢開始動盪，最終在韓國主導下，實現了南北韓統一的話，這個地區將極可能出現歸屬問題。因此，中國試圖將曾定都於當今天的中國吉林省集安市的高句麗王朝，放進以現在中國支配領域為基準的「中國史」架構中。不過這樣的作法引起了韓國方面極大的反對聲浪，在二〇〇四年的夏天達到最高峰。當時韓國國內的「反中」輿論之強烈，很難令人相信在短短半年後，韓國會將日本申請加入聯合國常任理事國的問題與「歷史認知」相連結，選擇與中國採取同樣的步調。

依筆者所見，這個問題恐怕會比起圍繞著小島所產生的日韓、日中爭論還要更複雜、更長久地延續下去吧。之所以會這麼說，是因為吉林省的東南部，不僅對朝鮮半島的人們來說是貫通半島氣脈的源頭（金正日之所以會在北韓有著「神聖」的形象，就是來自他是在各種「祥瑞」下，於聖山白頭山上的抗日游擊隊根據地出生的「傳說」），同時也是滿洲人所認為的神聖「龍興之地」。

基本上，中韓的國境問題，是不屬於漢字文化圈的騎馬民族之生息空間，與漢字文化圈的朝鮮半島，二者在歷史上互相接觸後所產生的。因此嚴格來說，這個問題並非是漢字文化內的國家或區域的相互關係，因此也無法從「東亞」加以探討。

不過，日本人後來卻變成是以「東亞」國家間的爭端（「中華人民共和國」和「大韓民國」）來看待這段歷史，為什麼會這樣呢？首先，不屬於「東亞」的滿洲人建立了大清，並吞沒了漢人的領土，形成一個巨大的帝國。接著，近代中國的民族主義者雖然厭惡、否定滿洲人的支配，但仍以對自己有利的解釋方式，把滿洲人建立起的帝國整體當作「中國史的範圍」、「中國不可分割的領土」，因此才演變成這樣的結果。就這點來看，或許日本人習慣以「東亞」的地區印象來討論「東亞」各種問題的方式中，很可能存在著對歷史認知的不透徹。此外，即便是靠著「正確的歷史認知」而呈現出團結態勢的國家，終究也不能稱其共通的歷史認知有辦法全盤掌握住整個「東亞」的輪廓。

◎台灣的定位？

每每在針對「東亞」而議論時，筆者都會對今日擁有兩千三百萬人口、實現經濟、社會高度發展與民主化的台灣，感到一種難以清楚其定位的不協調感。在談到「東亞」地區合作的話題時，為何總是只有日本、韓國與中國？為何同樣擁有開放的政治經濟的台灣總是不在考慮範圍內？

當然，這或許與台灣是「中國一部分」的概念脫不了關係。日本透過甲午戰爭與馬關條約，接受了清帝國的割讓，開始殖民統治台灣。後來又因為敗戰，將它歸還給大清在國際法上的後繼國家——中華民國。從那之後的台灣問題，基本上應由中國內戰分裂出的中華人民共和國與「在台灣的中華民國」雙方來解決，日本並無置喙的餘地。只要中華人民共和國或者「在台灣的中華民國」持續主張「中國只有一個，理應統一」的話，台灣便仍是「中國的一部分、東亞的一部分」。

除此之外，台灣社會之所以難以納入「東亞」的輪廓中來談論，其實還有另一個原因。那就是台灣本身在歷史上所持有的「邊陲」特性，或者稱之為文明、文化上的「交叉點」特性。台灣，原本就處於馬來—玻里尼西亞文化圈的「邊陲」，後來因漢人的移民，又增添了漢人社會「邊陲」的特性。到了近現代，它也是現代日

台灣首次總統直選　圖為李登輝、連戰為選舉拉票的宣傳布簾。攝於 1996 年的台灣鹿港。（作者拍攝）

本或美國影響力所能觸及的「邊陲」。不過，台灣的人們不只保持著這種「邊陲」特性，還反過來將它加以利用，使得台灣正如「交叉點」這個詞彙的含義般，交織了各式各樣的要素，發展成一個獨特的社會。

在台灣社會中擁有壓倒性人數的，是說漢語、寫漢字的漢人。不過，台灣的儒學並不像中國、韓國、日本那樣，對於地區或者事實上的「國家」形成有著很大的影響。台灣自古信仰佛教、膜拜守護海洋的女神「媽祖」，近代以後，基督教信仰也相當盛行；民間信仰的活躍，有時甚至可以「狂熱」來形容。而在政治社會的立場方面，即使交織著自「獨立」到「統一」的各種議論，但它還是成功以事實上的「國家」之姿獲得了安定與發展。因此，要將有極高多樣性的台灣社會，想像成類似中國大陸、韓國或者明治時期的日本等，是個受到「拘泥於正統原則」的儒學家支配的社會，或許過於輕率了。

台灣盛行媽祖信仰　大甲鎮瀾宮媽祖遶境進香回鑾安座典禮。

◎跨越特定「國家」與「民族」的框架

以使用漢字為首的「中國文化」為中心，假設各國間存在著一個具有相似社會結構的「東亞」，那麼對台灣這種立基於多樣化地理、歷史要因上的「特殊」要素，就很難給予一個準確的定位。同樣地，這點也可套用在「東亞」與「中國文明／中國史」的觀點中。以往皆被視為「落後西方的」或是「少數民族的」人們，特別是蒙古、西藏、突厥裔穆斯林等「中國的少數民族」，他們在歷史上，亦綻放了明顯與漢字文化迥然不同的獨特高度文化。因此，對這樣的一群人，我們真的能夠單純以「位在東亞邊陲的少數民族」來一語蔽之嗎？

筆者認為，在思考橫亙於「東亞」的各種問題時，絕對不能將「東亞」給人的印象當作「常識」，更不能安於「中國史」、「日本史」、「韓國史」的框架。即使它們個別皆對「東亞」做了陳述，但其內容卻也往往給人一種不過是沿著自己國家、民族的立場來做解釋與重新建構的狹隘印象。

那麼，到底要怎麼做，才能更妥善地說明包含了各式各樣觀點的地區史呢？就筆者的淺見，至少我們應該以誕生出這些彼此矛盾主張的土壤為中心，思考為什麼在這塊「地區」會出現這些矛盾與對立？若不想再產生對立，我們要從這過程中汲取哪些教訓？做到這幾點後，或許我們才有辦法跳脫國家、民族的框架，以對等的立場，來討論「東亞」問題——如今，它正站在史上前所未有的繁榮與對立的十字路口。

接下來，本書將要呈現前近代的「東亞」——或者該說是在廣大的亞洲裡，曾經具有巨大影響力的清帝國的輝煌史，以及其悲壯的毀滅過程。這樣的過程，或許會讓我們在思考這個區域中的對立與糾葛時，獲得許多提示吧。至於筆者是否能夠成功地說完這段旅程中的所有故事，就交給各位讀者加以判斷了。

1 為日本對中世紀至近代中的公權力之稱呼。多指朝廷或幕府，到了江戶時代後，則指調整各領主權力間利害的唯一機關——江戶幕府。

2 「國體明徵」是日本右翼與軍方發起的運動，是針對「天皇機關說」（由法學者美濃部達吉提出，認為天皇只是統治機構的一部分）的打壓，表明天皇才是統治權的主體。

3 「國家總動員」一詞來自日本於一九三八年制定的戰時法規《國家總動員法》。該法規規定戰時為了「達到國防目的」，可給予政府大幅統率、運用人及物的權限。

第一章

從華夷思想到大明帝國

孔子　孔子思想對朝鮮半島、琉球、日本、越南、東南亞等地區有著深遠的影響，這些地區也被稱爲儒家文化圈。圖為明．仇英所繪的《孔子聖蹟圖》。

「萬里長城」的存在意義

◎皇帝權力的象徵——天安門

聽到「中國」、「China」時，多數人的腦海裡會浮現什麼情景呢？是有味覺殿堂之稱的中華料理？還是出現在詩詞書畫中壯麗抒情的山水風景？是充滿活力的都市喧嚷？又或者完全相反，是縈繞著佛教或道教聖地的靜謐祈禱？無論如何，提到中國，便會自動浮現「地大物博」的「大國」印象，且很難撇除混雜著敬畏與壓迫的感受。

於是，凡事都能讓人聯想到「中國」是「巨大的國家」，當我們想找出能表現壯闊連綿的歷史與政治的形象時，常舉出兩個典型的場景來證

天安門　國內外觀光客爭相參觀的「名勝景點」。

明：佇立於首都北京中心的天安門，以及號稱「唯一可以從月亮看見的建築物」萬里長城。

位於北京的天安門，興建於明代，大清沿用作為皇帝宮殿「紫禁城」（不過因為裡面已無皇帝，現稱為「故宮」）的入口。連結著胭脂色龐大、厚實城牆的天安門，可謂威風凜凜。紫禁城的太和殿內，歷代皇帝曾坐殿於龍椅中，面望正南方，當俯視伏首於前的臣子，代天發言之際，其神聖之氣便會穿過天安門，遍及到天下各地。天安門就如同一座燈塔，向著受他支配的子民，放射出皇帝獨尊天下的偉大光芒。

時光飛逝，襯著蔚藍天空的天安門，今日則俯視著長安街上由汽車與自行車所形成的大量車流。許多人在見到這樣的氣魄時，仍舊會不禁感到心醉神迷、深深認為「中國是何等悠久的大國，天安門就象徵中國歷史的光輝」吧？會有這種想法的人並非只限於外國人，就連中華人民共和國的人們也是一樣。中國國徽的設計以天安門為中心，並配上五星以及紅旗、稻穗、齒輪（意為共產黨、農民、勞工）而成。這讓許多中華人民共和國的人民，亦嚮往參加每天早上以天安門為背景的升旗儀式，親眼目睹在空中悠然翻飛的五星紅旗。

不過，任何事物的背後都決不單純。倘若天安門的存在，本是獨一無二的皇帝對萬民的專制支配密不可分的象徵，那麼為什麼打算創造一個「為人民與窮苦百姓的國家」的毛澤東，要在一九四九年十月一日站在這裡，高聲宣布中華人民共和國建國？至少對筆者來說，這件事讓人感覺不太對勁。在接下來的一九六〇年代後期，毛澤東更在發動無產階級文化大革命時，於天安門繫上象徵紅衛兵的紅色臂章，舉辦了奔騰澎湃的紅衛兵大軍閱兵典禮。這樣的毛澤東，究竟有幾分是真正的「無產階級、勞動者階級領導人」？

文化大革命，原本是毛澤東希望透過由下而上的能量，破壞掉各種社會階級差異的運動。他鼓舞對自己思想忠誠的「紅衛兵」，試圖重新建構既往的一切價值與社會結構。然而這樣的運動，在單方面對「非毛澤東思想」事物扣帽子的情形下，最終失去控制，造成了古今未有的大量鎮壓與死亡。就這層意義來說，天安門疊合了過去歷代皇帝支配天下的理想，與現代專制的殘影。

1966 年毛澤東天安門閱兵（左為林彪）

假設毛澤東真的打算打破一切舊有事物，創造一個「把人民當主人的國家」，那麼象徵「壓迫」的天安門，不是更該如同遭到拆除後、今日只剩少部分城門殘留的北京城牆，或者在人民解放軍的炮擊下化為悽慘廢墟的大量藏傳佛教寺院一樣，被敲得粉碎才對嗎？當然，筆者對於毛澤東或共產主義者平常所說的「階級鬥爭」完全沒有興趣，只是希望所有歷史文物都應不論功過、適當保存，好讓它們向未來傳達訊息；不管發生什麼事，這個想法都不會改變。但問題的本質在於，原先期望成為「站在人民一方」的毛澤東與中國共產黨政權，在登上政權寶座、統治廣大領土之際，還是在不知不覺間，繼承了這「封建時代遺物」所持有的某種權威或魔力。

◎建築物與政治

當然，這種在「反革命」、「傳統」、「壓抑」，與「革命」、「創新」、「解放」之間交錯的關係，或者是不自覺的繼承行為，皆無例外地存在於每個國家與地區中。就像過去大英帝國於各地殖民地所留下的政府廳舍、銀行或博物館，此類「西洋混合當地風格的建築」，在今日亦有不少被人們使用，還維持著當初的機能。

滿洲國也有相同的例子。這個由日本關東軍主導而成立、並隨著日本戰敗而分崩離析的傀儡國家中，就相當盛行混合了日本、中國、西洋風格的「興亞式」建築。這些建築有不少被保留下來，並作為當今政府機關或銀行使用。連有著令人印象深刻的和風屋頂、曾是日本帝國擴張象徵的關東軍司令部，如今也成為了中國共產黨吉林省委員會的辦公地，給人一種難以言喻的不協調感。甚至，台灣今日的總統府，也是沿用過去日本的台灣總督府。

但也有類似朝鮮總督府，為了徹底去除日本帝國主義負面遺產而被拆除的案例。原本朝

日據時期建築的命運　上圖：中國共產黨吉林省委員會（作者拍攝），中圖：台灣總統府，下圖：景福宮前的朝鮮總督府，已於 1995 年拆除。

鮮總督府的位置，在朝鮮國王的宮殿「景福宮」的正南方；在風水思想中，認為總督府的位置「擋住了國王向南方發出的氣」，政治的「正統之氣」因此遭日本切斷。從一開始，這個問題便無法在不引燃朝鮮乃至韓國民族主義的情況下解決。

若從這種風水的視角來看，中國為安置毛澤東遺體而興建於天安門正南方廣場上的毛主席紀念堂，也剛好擋住了天安門所發出的氣，因此，或許也能將該建築視為是終結權力轉移的象徵。然而，在尚未興建該紀念堂的時代，毛澤東便登上天安門、宣告中華人民共和國成立，採取了與皇帝權力類似的行動模式，以及天安門在中華人民共和國國徽的中心綻放著光芒一事，也都是事實。此外，井上章一在其《夢與誘惑的集權主義》（夢と魅惑の全体主義）一書中，就提到：「最歡迎滿洲國『興亞式』政府廳舍的人，都是（日本）於當地任用的滿、漢官員（統稱滿系），而自詡為亞洲近代化與西化代表的日本人，反而對『興亞式』建築態度消極。」

這些案例所呈現出的問題，都相當複雜且困難。畢竟，基於某個特定思想、理念而創造出的建築物或象徵，即使今日仍存於該地，卻也未必代表那個理念延續至今。

例如韓國選擇拆除朝鮮總督府，以及筆者針對「天安門是專制政治的象徵，毛澤東沒破壞它反而顯得矛盾」的想法，都是「認為建築物所呈現的政治性意涵具有連續性」而得到的結論。

另外也有一種情形是，將聯想到專制、威權主義的建築物，與自身所希望的「傳統」或「歷史」重疊，並加以美化，至少會感受到一定程度的正面印象。

就像以上例子所呈現的，若人們對原本是象徵特定權威的建築，產生了一種嶄新、正面的看法時，是不是代表其背後必然存在著，會讓人們在無意識中「做出如此判斷的歷史累積」？正因如此，對歷史有興趣的人，都會不禁想深入了解那複雜的背景。若是抱持著「自古以來，中國將自身視為大國的自我意識強烈，不管是誰試圖去獲得何種權力，都會濫用那樣的權威」、「因為毛澤東就是單純的威權主義者，因此登上了天安門，就把自己當成皇帝了」這類已經為人所知的表面印象，便不免會讓我們對強大的政治權力或民族主義不時在摧毀舊事物，營造全新象徵的行為，感到矛盾。

◎横亙東西的萬里長城

更進一步說，有時乍看之下愈令人感受到龐大權威的政治性建築，反而是在愈困難與悲慘的歷史情況下建造的。而隨著人們對歷史看法的轉移，這些建築也會一掃曾經具有的負面印象，成為人民心中值得誇耀的存在。

其中，最能代表這種歷史印象逆轉的建築物，即是象徵「悠久、壯闊的中國」的另一項存在——萬里長城。

我們先姑且不論月球上是否真能看見萬里長城；現存的明長城，東起佇立於渤海邊的老龍頭，西至山頂覆蓋著萬年積雪的祁連山山麓，直線距離約有兩千公里。因為地形關係、或者為了連接重要地區而修築得相當複雜、曲折，總長度約近六千公里。漢語中的一里長約五百公尺，因此「萬里」之名，絕不誇張。

萬里長城在沿途中設有關卡，這些關卡不僅在歷史上扮演了相當重要的角色，綿延無盡的長城本身，自古以來亦激盪著許多人的想像力。就拿位於長城最東方的關口「山海關」來舉例，它曾是明軍與清軍對峙的最前線，在明帝國隨著李自成之亂走向悲劇性的滅亡、漢人社會跟著陷入大混亂的時局中，清軍最終突破了此處，進入北京，歷史

八達嶺長城　是中國開放最早的一段長城，也是至今為止保護最好，最著名的一段明代長城。

山海關　被認為是長城起點的「老龍頭」。

隨之產生劇變。時至今日，山海關仍是華北至遼寧間的交通要衝，此外，也與附近的港口都市秦皇島，以及中國共產黨領導者當作避暑度假區的北戴河一起，形成了一大觀光勝地。

自此處往西走，長城沿著分隔河北平原與蒙古高原的險峻山稜而建，便能看見長城最為劇烈的高低起伏。那樣的姿態，正是長城被稱為巨龍的緣由；亦可說此區段，就足以代表長城全體的印象。也由於此段防衛線瀕臨首都北京，因此建造得格外堅固宏偉。位於北京正北方、保存狀態良好的八達嶺等長城區段，也是觀光客熱烈走訪的地方。登上此處長城的人們，應會有與目睹天安門時相同的感慨，不禁思考中國到底投入了多少人力與財力，才留下如此雄偉的遺產吧。

◎發生於內亞大門「張家口」的悲劇

接著再往西前行一點，長城就會來到張家口。張家口的地理位置，剛好處在分隔華北與蒙古高原的山谷，是設置在谷底的關口（「口」指的是城牆下的窄門或通道之意）。登上以雄壯渾厚筆跡寫著「大好河山」字樣的大境門，眺望南方，便會看到自古以來就以此為據點的山西富商建造的連綿家屋；望向北方，則是綠浪奔騰的廣闊高原。由於此關口屬於通往蒙古高原乃至俄羅斯的要衝，因此即使時序邁入近代史，它仍然是重要的軍事據點。

特別是建立了滿洲國的日本，當初為了阻止蘇聯南進，將勢力擴張到了華北北端的張家口，以及更北方的內蒙古草原地區。

當時，生活在這個地區的蒙古人，既受到盤踞山西的軍閥閻錫山轄下的傅作義軍隊之壓迫，也受到因貧困、戰亂而捨棄河北或山東的故鄉，為追求新天地不斷開墾草原、擴大勢力的漢人社會所壓迫，於是為了確立自己民族的高度自治，蒙古人反覆不斷向南京國民政府提出陳情。但這一願望因為國民政府本身的混亂而無法實現。後來，蒙古的領導者「德王（即德穆楚克棟魯普）」漸漸拉近了與日本的關係，最終於一九三七年時，

張家口的大境門　張家口為河北省西北的城市，同時也是通往內蒙古的交通要衝。

成立了以他為中心、設都於張家口的蒙古聯盟自治政府（一九三九年改稱「蒙疆聯合自治政府」）。

然而不可否認的是，蒙古人希望實現真正自治的夢想，從一開始就遭到了日本人的挫折，因為日本打算用「蒙疆聯合自治政府」管轄河北省北部至山西省北部的占領區，並將蒙古人與漢人一同治理。對此政權的稱呼，多以日本方面強加的「蒙疆政權」（疆，即土地之意）之名為人所知，這也是日本企圖削減此政權的蒙古氣息，將其定位為關東軍主導的占領區的行政延伸之故。因此，這樣的稱呼讓希望擁有「蒙古」名號的蒙古人感到失望。

儘管如此，筆者認為，這個位於「東亞」漢人地區末端、往蒙古高原之交界點上的關口城市，在日本勢力的影響下而產生的這個獨特政權，仍是一段應該得到世人更多記憶的歷史。此政權使用「成吉思汗紀年（成紀）」作為年號，當年建造於城市裡的日式建築，至今仍有一部分被保留下來。此外，大境門附近有一棟日本設立的西北研究所，今西錦司、梅棹忠夫等人都曾以此為據點，對蒙古高原進行社會人類學的調查；他們後來進入京都大學，發展出戰後日本的社會人類學。可以清楚感覺出，張家口——這座位於邊境線上的城市——所

德王（德穆楚克棟魯普）

擁有的獨特存在感，以及它對人們想像力所激發出的火花。

然而，忽然出現在張家口的日本人社會，以及透過日本的操縱而產生的「蒙疆社會」，雙雙於一九四五年夏天的慘烈戰亂下瞬間瓦解。當時，撕毀日蘇中立宣言，以迅雷不及掩耳之勢直指北京南下的蘇聯軍，與在張家口北方、更加靠近高原的張北鎮部署防線的日軍展開了激戰；最後以日軍潰敗作結。兩軍交戰的地點，今日則佇立著「中蘇友好紀念碑」。不過，在這期間，張家口的日本居民成功地逃離到北京和天津，因此並沒有發生滿洲國的那種悲慘事態。

◎虛幻飄渺的長城

再讓我們回到原來的話題。基本上，在張家口附近的萬里長城，由於也屬於防衛首都北京的區段，因此造得格外堅固，如今有多處被當作觀光景點來保存、使用。不過由此往西走，到了內蒙古自治區、山西省以及陝西省交界處時，我們便會發現，長城的外貌突然變得相當不同。此處的長城，有一半看起來都像是許多磚塊隨意堆出來的樣子，有部分甚至已經風化到看不出原型。就連用於快速傳遞軍事情報的烽火台，也呈現著淒慘外貌，令人難以想

風化的長城　（上圖）越向西行，長城的樣貌便越顯悽慘，直到沒入甘肅省的嘉峪關為止。（下圖）陽關亦至今呈現著幾近崩塌的狀態。（作者拍攝）

像過去曾有士兵常駐於此。如此的型態，一直遠遠延伸到甘肅省的河西走廊。坐在有如在大地上匍匐前進的長程巴士內，眺望這條「不斷崩解的長城」，實是難以與萬里長城一般給人的「蜿蜒遊走的巨龍」印象做出連結，甚至反令人感到疑問：當時的政權到底基於什麼目的，硬要把這條「瓦礫山脈」堆到這片遠方的沙漠地帶不可？

繼續走著，這條明帝國修築的長城，便會來到屹立於在沙漠中最西端的關門——嘉峪關。朝向盡頭延伸的長城，就如同被吸進有著皚皚白雪的祁連山中一般。順帶一提，今日的嘉峪關附近，有一座為了加工祁連山礦產資源而建設的新興工業都市，遊客們可輕鬆拜訪，然而在古代，這附近可是狂風呼嘯的戈壁沙漠中央。在這只能聽見狂風怒吼聲的地方，不知駐守士兵以及通過關門的旅人們，胸中懷抱的是何種心情。站在嘉峪關的城牆上，每當凝望分崩離析的長城與祁連山頂，那種「長城到底為何而在」的空虛想法，便會在腦海盤旋，揮之不去。

對於筆者所抱持的這種印象，那些將萬里長城視為「世界級的人類遺產、中華帝國的榮耀」來讚嘆的人，或許會大肆抨擊吧。但我們必須了解的是，所謂的歷史，就是要對任何「既定前提」都抱持著

嘉峪關　位於長城最西端，亦為絲路重要的交通要衝。

懷疑的態度，才能產生更加多元的認識與理解。特別是去思索在近距離觀看長城時心中產生的空虛與疑惑，才能將長城和塑造長城的權力本質加以連結；透過思考為何原本虛無的建造物，會在後世成為神聖的象徵，才能更深刻地接觸到「中國」這個國家。

◎西出陽關

接著，再往西行，便能拜訪浮現在風沙中的青翠綠洲——敦煌。這個地方，有著與萬卷經書一起被發掘出來的佛教藝術殿堂「莫高窟」。當古人嚮往西方淨土的夢想，跨越了時代，呈現在今人眼前時，想必沒有人會不感到肅然起敬吧。

敦煌的西邊，矗立著早在明代萬里長城出現前，就已經是「中華帝國」最前端防線的陽關及玉門關。盛唐詩人王維的名句「西出陽關無故人」，就是在送別某位友人前往位於當今新疆維吾爾自治區庫車縣的「安西都護府」時所詠出的詩句。這樣的陽關，就位在綠洲高地上，俯視著大片葡萄田。雖然今日仍看得見它的身影，但早已是砂礫中的斷垣殘壁。當今的陽關或許已觀光化，但在筆者拜訪此地的一九九〇年時，陽關乃是名符其實的「被歷史遺忘之地」，橫亙沙漠中，任由狂風譏笑。看見了陽關如此的姿態，不禁讓人感到一股不遜於嘉峪關所散發的世事無常感。

雖然一直陳述個人見聞對各位很抱歉，不過筆者在大學時代第一次到中國拜訪的地方，並非是人稱「中國典型意象」的北京天安門、故宮或八達嶺長城，而是上述那些位於河西走廊的古蹟。當然，筆者不否定自己受到一九七〇年代末期至八〇年代間席捲日本的日中友好風氣以及絲路熱潮的影響。不過，自那時開始，筆者在接觸有關所謂「中國史」的文獻時，就一直因為象徵著「中華帝國」之宏偉的八達嶺長城照片，與實際看見的虛無飄渺、不斷風化崩解的長城樣貌之間的矛盾，讓筆者產生一股不協調感。如此思考的筆者在腦海一隅，同時想到的是一九八九年發生的世界性事件——柏林圍牆倒塌以及東歐社會主義陣營的瓦解。

追根究柢，所謂的「牆壁」，是為了分隔兩個空間而存在的物體。不過，若「牆」是在特定政治目的下建造的話，便會同時產生出「想把自己與他者隔離，或是切斷所有關聯」這種消極的想法。當初建造柏林圍牆的人，是「試圖阻止資本主義社會之毒害」的蘇聯與東德；然而打造出這道城牆的國家，最終卻因自身社會的脆弱而瓦解。

綜合以上所述，一個國家，若愈是想以人為的方式造出一道與一般出入境管理截然不同的嚴密「牆壁」，就愈缺乏寬容心與正當性，也愈可能面臨國家經營的現實危機。以社會主義陣營為例，若社會主義真的是對千萬人而言充滿魅力的社會，那他們根本不需要去阻擋

「資本主義社會的危害」才是。筆者認為，能做到這一點的社會主義，才真正符合毛澤東在冷戰時期所稱的「東風（指社會主義）一定壓倒西風（指資本主義）」。

不過，毛澤東時代的中國，也只是對日本訪華的「進步親善使節團」展示了極少數的地方，並藉此宣傳新中國是個「沒有蒼蠅，稻穗豐盈到小孩子爬上去也不會被壓倒」的國家而已。

以近年的例子來說，以色列在自身與巴勒斯坦之間築起的圍牆，或許象徵了這個於錫安主義運動下誕生、與傳統的巴勒斯坦社會水火不容的國家。而今日橫亙在朝鮮半島上的三十八度線，只要靠近一看，也能發現在鐵絲網與大片地雷區的盡頭，在突兀的自然風景中存在著的「大地之壁」。而這道「牆」，也殘留著韓國與北韓認為自身才是「統一祖國的主導者」，並互相否定對方的痕跡。

說起來，萬里長城會不會也是在類似的目的下建造成的呢？

◎河西走廊的作用

思考這問題的關鍵，就在於我們從地圖上觀察河西走廊的位置時，產生的不自然感。河西走廊所處的甘肅省，位在漢人生活地區的西北邊境，大部分面積幾乎由黃土高原覆蓋，而黃土高原上，則有著貧農們辛苦耕種出來，層層堆疊、無盡延伸的田園。接著，若我們自建設在黃河谷地內的省會蘭州市朝西方走，再經過標高超過三千公尺的藏人區（天祝藏人自治縣）後，眼前便會出現沿著祁連山北麓延伸出去的乾燥戈壁（蒙古語中的戈壁帶有礫石荒漠的意思）、沙漠、草原，以及點綴其間，由豐富的融雪為水源所形成的綠洲。武威（涼州）、張掖（甘州）、酒泉（肅州）、敦煌（沙州）等都市，即是此處具代表性的綠洲。從「甘肅」省的省名來自張掖、酒泉古稱這點來看，便可顯示出，比起有壓倒性人口的蘭州以東地區，人口密度極低的河西走廊更能代表甘肅省，這也顯示了此區域自古以來在政治上具有重要地位的事實。

當然，敦煌的佛教藝術，張掖現存的巨大涅槃臥佛像，以及曾讓馬可波羅決定在此長期居留的文化與商業氣息，這些要素也可讓我們想起，河西走廊這個地區，曾是與「絲路」一同綻放光芒的歷史搖籃。

不過，當我們試著在中華人民共和國的地圖中為漢族地區與「少數民族」地區畫上不同顏色時，便會發現整體的漢族地區中，只有甘肅省的河西走廊朝西北方異常突出了一個區塊。特別值得注意的是，河西走廊的北方是蒙古人所居住的戈壁與草原，西方則是維吾爾人與哈薩克人等突厥民族所居住的天山地區；向南延伸的祁連山周邊則有若干蒙古人、與信仰藏傳佛教的突厥人「裕固族（Yughur）」居住，更南方的廣大青藏高原，則是西藏人與青海蒙古族的天地。

也就是說，所謂的河西走廊，是個將馳騁於亞洲內陸的騎馬遊牧民族的世界一刀劃開的區域，是「切進內亞的漢人社會最前線」。河西走廊的主要目的，就在於透過配置仰賴綠洲的軍力，來限制、監視內亞各民族的活動。實際上，以漢帝國與匈奴間熾烈的漢匈戰爭為首，「東亞」帝國與遊牧民族間

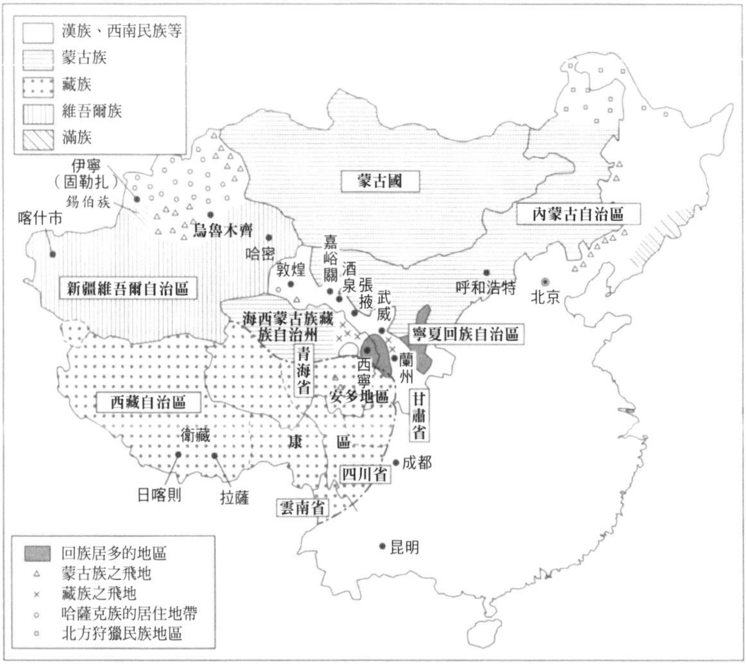

主要「少數民族」的分布圖　中國有著政府所規定的五十五個「少數民族」。以錫伯族來說，他們是鮮卑族後裔，與滿族的語言、文化極度相似。清朝時，有大多族人成為滿洲八旗軍，受命配置新疆。

的對抗，就一直在這個地區不斷上演。而在連綿不斷的戰事中，身為農耕民族的漢人，在面對遊牧民族擁有壓倒性機動力的騎兵時，常常落到無計可施、慘遭敗北的地步。

正因為這樣的狀況，對於「東亞」帝國來說，即使明白拉長補給線所造成的負擔，為了保住河西走廊地區以及抑制遊牧民族騎兵，建築萬里長城這段阻絕用的屏障，仍是必要之務。接著，所謂「絲路」，也不只是基於商業上的利益考量，而另外包含了維持軍力與傳遞外交軍事資訊的意義，歷史上也確實有大量的軍人與官吏在此來往。除了前述王維的詩詞外，為數眾多的古詩裡出現的河西走廊風景，也描述了此地與戰事及離別密不可分的光景。故盛唐詩人王翰在《涼州詞》誦出「古來征戰幾人回」的名句，在感嘆為死守這塊地而血流成河的歷史之餘，描繪了因飲下夜光杯（酒泉特產的玉器）中的葡萄酒而醉臥沙場的情景。

於是，「東亞」的各帝國，大體上皆在河西走廊周邊花費了莫大的資金，以及幾乎可稱得上是「徒勞」的勞力，反覆打造著長城，不斷強化關卡的防禦。而史學家們也將反覆在該地上演的歷史與帝國的盛衰進行比對，在「怎樣才能保持自尊、不遭內亞的騎馬民族蹂躪」的問題上貫注愈來愈多的心力。自司馬遷《史記》以來的歷史觀，往往都立基於這樣的看法。

若讀者之中，有對如此的歷史、地理、以及詩詞世界，感到共鳴或浪漫的人存在，那大概是日本的國語和世界史教科書在不帶一點懷疑下，就對司馬遷《史記》或唐詩中出現的

「漢人與騎馬民族之間的對抗史史觀」照單全收，並將它們美化成某種浪漫概念所造就的現象與結果吧。換句話說，日本在明治時期後的近代教育架構，在某種意義上等同是依附在漢人累積的知識中創造出來的東西。這是不是意味著，日本人在思考模式上已漸漸「成功」地「中國化」了呢？

◎萬里長城在今日的意義

不管如何，筆者認為，萬里長城與河西走廊，都是自漢人對內亞人們感到深深恐懼，希望他們不要入侵到自己世界的極端消極想法中所誕生的產物。當時的人們將長城與河西走廊內側的範圍，定義成儒學與漢字發達的文明土地，而這範圍之外的地方，他們則緊閉門戶、僅僅管理商隊的進出；就算帝國偶爾有向外擴張的餘力，踏出門戶的腳步仍是戰戰兢兢。長久以來，在許多人的觀念裡，長城與河西走廊的內側是「中國」影響力遍及的範圍，亦可說是「文明」之地，而外側則屬於「夷狄（野蠻人）」或「外國」。

因此，今日不再需要仰賴萬里長城與河西走廊，並將自身領域向外擴張，稱其範圍外的區域亦為「中國一部分」的中華人民共和國，與當初必須仰賴萬里長城與河西走廊的「膽小中國」，實質上已是兩個截然不同的帝國或國家。

將象徵斷絕與閉塞的長城視為「偉大建築物」，就是對歷史的一大誤解。一直以來用巨大的牆壁隔絕內亞人民，然後又指稱他們是「中國的一部分」，這對中華人民共和國領土內的內亞「少數民族」來說，難道不是一件很失禮的事嗎？若政府真心想實踐多民族國家，它真正該去除的，就應該是那道存在於心中，由長城所象徵的隔閡才對。

現今人們將萬里長城所蘊涵的「屈辱歷史」放在「歷代王朝的興亡」這一脈絡當中，從而將長城視為「悠久歷史的象徵」及「中華民族反抗異族入侵的象徵」，其實都是今日民族主義所創造出的傳統。中華人民共和國的國歌《義勇軍進行曲》，原本是為了鼓舞人民起身對抗日本的歌曲。或許可以說，當「把我們的血肉築成我們新的長城！中華民族到了最危險的時候！」這句話被放進歌詞中的那一刻，以「中國史的延續性」觀點來神化萬里長城的過程，就已宣告完成了。同樣地，天安門也在這過程中成為從日本侵略中奪回的「中國象徵」，因此身為勝利者的毛澤東，才會在天安門上宣稱「中國的延續與復活」。

本書序章曾提過，造就今天的我們以「中國史」這種一貫式的觀點來套用類似於前述興亡史的行為，其實就像我們喜歡閱讀以司馬遷《史記》為首的漢文史書一般，是來自於日本人自江戶時代至今的思想積累。事實上，這種看待內亞的視角，以及覺得萬里長城十分浪漫的想法，對於當今互相對立的日本與中國的民族主義而言，意外地具有某種程度的「親近感」。根據這樣的思路，對內亞騎馬民族世界具有一致的觀點，或許也是形成「東亞」世界的要素之一。

何謂華夷思想？

◎各個社會中的平等、不平等與近代國際秩序

曾經脆弱到需要建起萬里長城來對抗內亞族群的「東亞」帝國，如何獲得身為帝國的巨大影響力？又為何試圖獲得讓自己成為一個具有巨大影響力的帝國？另外，儘管所謂「東亞」帝國一直試圖成為普世「文明」的帝國，但為什麼它與內亞的關係卻如此脆弱？為什麼它無法輕易的將自身的文明邏輯，推廣到內亞地區去？

要思考這幾點問題，我們首先必須對「華夷之辨」有基本的理解，這是一種遠自西元前形成，在「東亞」各國產生巨大影響力的思想。華夷之辨又稱「華夷思想」，有時也俗稱

「中華思想」，它最大的特徵就在於用來區隔自我與他者。不過，當今人們對「中華思想」一詞的用法，並不是明確的以「自己與他者間的差異」這一核心特徵為前提，而是將它無條件地與今日中國的巨大形象，以及歷史上的帝國形象做出連結，因而常讓這詞陷入「以中國為中心的大國主義」的語意，故本書並不使用此詞。

在現代世界中，最能被人們接受的國際秩序，指的是至少在門面上互相對等的主權國家同時並存的狀態。而所謂的主權國家，則是一種政治架構，在一定的國境線所明確劃分出的領域中，國王或者國民擁有「排他、絕對、不受外國干涉的權力，亦即主權」；擁有主權的人，便能對內部實施統治。人們所認知的「國際社會」，即是這些獨立的主權國家並存於世界上所衍生出的產物。正因為這些獨立國家有著無法互相干涉的排他性權力（主權），因此在對外方面，是以形式上對等的條件進行交涉，有時互相妥協，有時則發生決裂，致使展開戰爭。

由上述的主權國家所構成、且不時會陷入混沌狀態的國際秩序，我們一般以「近代國際體系」來稱呼。它最初的原型，是近世歐洲的各個絕對君主制國家在上演了數場血流成河的戰爭（即三十年戰爭）後，於一六四八年達成妥協、各個擁有排他性主權的王國承認彼此對等關係而締結的《西發里亞和約》（*Peace of Westphalia*）。

後來，隨著「社會契約論」的出現，探究了人與人之間的關係，以及君主與國民間的關係該如何連結，再加上由法國大革命所代表的市民革命爆發、大眾媒體的發達、具有政治意識的大眾的出現，近代國民國家的意識形態便跟著誕生。這種意識形態認為，「國家（國民國家）是在國境線所區分出的領域中，由擁有同樣的國民意識的人們所結合而成」。而國家的權力，也從原本國王絕對的所有物，逐漸轉變為反映國民共同意識的共和制，或是君主立憲制。這樣的結果，也讓近代主權國家與近代國民國家，事實上可以等同視之。

◎東亞傳統社會的不平等

今日的日本人或許會認為，前述的國際社會形象，對居住在「東亞」的人們來說，是非常理所當然的概念。不過，它其實是由外傳入，且對「東亞」來說是嶄新的概念。追根究柢，對非歐洲國家及各地區來說，因為未能參與近代國際體系的形成過程，當今存在的國際架構，不過是傳統的地區秩序與近代的國際秩序所產生的混合物，再不然就是在極其複雜的思想鬥爭下出現的產物。

那麼，當制定了傳統「東亞」地區秩序的華夷思想，遇見了近現代從歐洲傳來的國際秩序後，它們之間究竟產生了什麼樣的反應？

在思考華夷思想與「東亞」傳統秩序時，我們會碰上一個極為惱人且複雜的問題。那就是，「儘管各個獨立國規模、大小、與國力不同，但在同為『獨立國』這點上，雙方就是對等關係」這條近代國際法原則（同時也是生活在現代國際社會中的人們，心中所抱持的原則），在華夷思想中不成立。

那麼華夷思想對於和自身不同的存在，或者說與相異的政治、社會之間的關係，究竟是如何思考的？概括來說，華夷思想的出發點是：「人類的社會與文化，只有一個理想的標準。除此之外，皆不屬於人類該有的正確存在。甚至這種非理想的社會，本身就不值得稱為是社會或文化。」換句話說，華夷思想打從一開始，就深信「人類在本質上不平等」。故從這樣的想法出發，若要實現全人類的真正平等，就只能藉由同化的手段，讓「不正確」的社會漸漸朝「正確」的社會發展。這樣的想法，與今日為了減緩國際社會的各種紛爭而不可或缺的「文化相對主義」或「多文化主義」相比較，可說是完全相反的概念。

◎華夷思想與漢人的形成

接著，筆者試著就華夷思想究竟經歷怎樣的過程而逐漸擴張，並在跨越無數個世代之後給予「東亞」世界巨大的思想影響，進行詳細的敘述。

華夷思想中，把人類區分成「華」與「夷」兩個種類。身為完美人類而存在的「華」，認為「夷」不擁有「文明」與「文化」，因此是不正確也不完美的存在，從而主張他們對「夷」有著更優越的地位。接著，因為「華」乃是人類當中正確且完美的存在，所以要「排夷」，或者讓「夷」向「華」轉變，即正當化「華」這一方施加的壓力，將其當作一種教化。所謂華夷秩序，就建構在這樣的立場上。

當然，「我們是居住於文化繁榮之地的民族，而周邊則是尚未開化、進度落後的民族」，類似這種將世界視為單純的、二分對立式關係的想法，在世界上各個地區的古代文明中皆可發現，因此華夷思想絕對不是特例。

然而，華夷思想透過體制的「教化」，內化、正當化了對他者的消極看法。直至今日，它仍為「東亞」的政治與社會留下了難以估計的深遠影響。

這個思想的背景，或許與黃河、長江這些巨大河川與其支流所孕育而出，充滿生產力的農業經濟環境脫離不了關係。

二十世紀中期的經濟史家魏復古（Karl Wittfogel）認為，隨著文明的誕生與發展，勢必會同時需要穩定農業生產，因此大規模的計劃性灌溉與治水就成了必要之急；而能夠使廣大領域中的大量臣民順從的強大官僚制度與國王權力，就在這種動員農民進行大規模治水工程的過程中逐漸發達、壯大起來。此外，魏復古也把象徵著這種體制的中國文明與漢人社會，視為「東方專制主義」的典型例子之一。

魏復古的理論引起了諸多爭論。有些人認為中國亦曾出現過分權式的都市國家與封建制度；再者，以家庭為單位進行生產的農民（小農），他們與專制權力間的關係，其實並無想像中帶有強制力。因此，在看待「東亞」的古代王朝時，也應透過多元的看法，從更加立體的視角來觀察才對。

不過，至少我們能夠確定，當時的都市靠著農業、商業的發展以及豐富的稅收漸漸獲得繁榮，最終具備了成為國家的條件，出現了早熟而精緻的文化。一般認為，受惠於都市文化與農業恩惠的人們，為了讓自己的生活更加穩定，自然就有相當大的可能性去幫助積極執行治水工程的專制權力。

接著，具有文化氣息的都市國家，開始使用了被認為是漢字濫觴的甲骨文。然後它在自己的周邊築起了城牆，並且開始對城牆外「不雅」的人們從語言、服裝、髮型上做出具體區別。設都於中原（今日河南省平原地區）的商、周等古代都市王朝，可說是這種模式的源頭。它們視都市國家的居民為優良的存在，稱他們為「華」、「夏」或是「華夏」；而不屬於這範圍內的人們，就稱他們為「夷」（更細分為東夷、南蠻、西戎、北狄）。雖然擁有文字文化的「華」，常常與「夷」之間發生激烈的對抗，但在「夷」逐漸對「華」的文字文化懷有憧憬後，結果是「華」的文化與行為模式傳播了出去。於是，這種「華」或「華夏」在文化上、地理上的範圍，便隨之擴展開來。

這樣的結果，造成了過去被稱為「夷」的人們相繼被捲入這個範圍中，最後形成了今日「漢人」的大略雛形。與此同時，原本應屬於「夷」方存在的各都市國家、君主，也在後世的史書中被認定為構成「華」的一部分。

今日的漢人雖擁有大量人口，但其實從一開始就是「漢人」的人少之又少。今天身為「華夏」文明發源地、亦即「中原」都市國家後裔的人，只占了極少的一部分。就如同北方漢人一般人高馬大、臉型圓潤，而南方漢人則相對小巧，臉型輪廓近似泰國人、越南人，從「中原」興起的「華夏」文明，特別是以漢字表達想法的漢語（中文）被愈來愈多的地區所接受後，漢人所涵蓋的人種也愈來愈多樣化。

於是乎，所謂的「漢人」，就本質上而言是一種文化共同體，且很難視為是繼承自一位共同祖先血脈而形成的血緣共同體。

◎「文化」與「漢化」

「文化（漢字文明）造就了民族」，這樣的想法，其實在今日的中華人民共和國仍意外地根深蒂固。這點本書將在終章裡詳述。自二十世紀以來，中國民族主義就嘗試著建設以漢人為中心、以漢語（中文）為國語的國民國家，並根據這個架構來推進西洋式的近代化。在這個過程中，有諸多「少數民族」因迫於必要而開始學起漢語及漢字，並褪下民族服裝，穿起西服。這樣的變化被稱之為是「少數民族」在「漢化」。也就是說，即使是屬於不同的民族或文化集團，只要肯學習漢語與漢人的行為模式，在那個當下，他（她）就「變成了漢人」。這樣的事實，在漢人間也是被廣泛接納的想法。

當然，就實際情形來說，即使有「少數民族」精通漢語，也並不代表他們已完成「漢化」。這就像是口中操著流暢英語、對英美兩國的生活模式與大眾文化抱有親近感的漢人，並不一定有著與英國人或美國人同樣的自我意識。而追根究柢，「只要穿上西服，就離漢人更近」的想法，乍看之下有道理，實則相當匪夷所思，因為這樣的說法，不是應該放進全球層面的西化潮流中去思考才對嗎？儘管如此，這種「洋即為漢」的認定，或許與「在中國，漢人代表進步的西洋文化，因此必須由漢人做代表，對西洋文化進行解釋，並將它傳授給少

多民族國家的典型表現　圖為青海省西寧車站的壁畫，中間的人即毛澤東。（作者攝於 1994 年）

數民族」的意識，有著一體兩面的關係。

作為此種說法的佐證，中國在繪畫上表現「中華人民共和國為多民族構成的統一國家」時，往往會繪製漢族與各個「少數民族」齊聚一堂的畫面。特別是在毛澤東時代的繪畫裡，穿著各式各樣民族服裝的「少數民族」，圍繞穿著中山裝（日本俗稱「人民服」，是孫文參考日本的立領學生服與陸軍軍服，製作的革命黨員的服裝），站立於前列中央的毛澤東、共產黨幹部與工人。總歸來說，呈現出一種穿著西服或革命服裝的漢族，帶領著尚未穿上西服的「少數民族」邁向「先進的」社會主義社會與近代化大道的形象。而屬於「少數民族」的人們，則被期待要有實現共產主義理想的覺悟，以現在的方式來說的話，便是有追尋所謂「打造具有中國特色的社會主義與中華民族一體性」的自覺，進而能脫下民族服裝，換上西服。

然而另一方面，也有人認為，若「少數民族」不再穿民族服裝，維持、發展個別的民族文化的話，那麼對國內外所宣揚的「統一的多民族國家」便無法成立。因此，「漢化」思想與中華人民共和國的國家統合之間，隱藏著本質的矛盾。

順帶一提，不知是否因為「文化與『民族性』存在著可選擇的變化」的想法，至今仍產生影響，在今日的中華人民共和國，是可以在政府所承認的五十六個民族範圍內變更自己的民族名稱的。不過當然有限制，舉例來說，京族（又稱越族，為越南的主體民族自稱）若想變更為中國籍的俄羅斯族，這種與本人或家族的生活史之間差異過大的變更就不會受到認可。大多數狀況中，都是因漢族與「少數民族」間的通婚或政治原因（以往通常是逃避對「少數民族」的壓迫，如今則多因考試等等的優待政策），而在漢族與「少數民族」之間做選擇。

此外，居住在與漢人生活地區相接之處的民族，包含在國境外側形成獨立國家的民族，幾乎全都被中華人民共和國指定為「少數民族」。但還請讀者留意，其中唯獨日本人不含在這範圍中。光是這一點，就表現出了日本與中國在地理、歷史以及政治上的距離與複雜的關係。

◎儒學思想中的「華夷」

話題至此，已談到漢人的形成與擴大的原理、華夷思想的基本思考模式以及今日的問題點。接下來第二個重要的問題是，這些事物如何在歷經政治與思想的精緻化後，再次與居住於「周邊」的他者產生上下關係。其中西元前五至六世紀的思想家孔丘（孔子）的存在，有著非常重要的意義。

在孔子所處的春秋戰國時代，以商、周王朝為中心所形成的都市型漢字文明，已擴展到了周邊的都市國家，於是「華夏」這一概念也轉化成為涵蓋各個都市國家及其領地的區域概念。在這個概念中，人們認為周王朝繼承了漢字文明的正統，因而特別重視、尊重，並衍生出一種觀念，認為若有人能重現三皇五帝到周王（文王、武王等）時期的理想統治，便是真正的王者。此外，當時盛行著周遊列國遊說的風氣，不同學派的老師向爭奪霸權的各都市國家統治者建言，以求揚名。無疑孔丘即是當時代的奇才，為復興理想的政治而奮力遊說。他以都市國家的統治階層的子弟為對象，不斷闡述透過道德而出人頭地與經營國家的觀點。當時的言行紀錄，就是後來的《論語》。

孔丘特別重視的政治論，大致可總括為以下兩點：

①君主必須將商紂的殘虐政治視為借鏡，假如君主十惡不赦，將會失去天命，民眾為推翻王朝而發起的叛亂，最終也會因為成功推翻前朝而正當化。接著，上天會將天命賦

予新的領導者以及他的血統（即「易姓革命」）。
②因此，統治者必須擁有道德、致力實施德政、從智者身上獲得建言，同時重視國家與先祖的禮儀，具有妥善處理君臣、父子、夫婦、兄弟、朋友之間關係的道德基準，藉以強化統治的正當性。（《大學》修身齊家治國平天下）

儒學思想藉著前述論點的說服力，慢慢深化了它的影響力。特別是到了漢朝，儒學正式納入官學，於是自此時起，儒學對關心統治與社會安定的人們來說，便有了在普及教養上的決定性地位。在此同時，本來只屬於禮俗、道德之學的儒學，因成為連結政治權力的媒介，而產生了使華夷思想的社會影響力逐漸增強的副作用。遵守儒學家舉出的「正確的」禮俗與道德基準，還有以周朝禮俗形式與人際關係為典範的《周禮》，正是成為「華」的必要條件。

另一方面，連遵守《周禮》所需要的知識與能力都沒有的人，便自然成為「教化」的對象。實施「教化」的人，基本上是與漢字文明、儒學文明有所關聯的文字菁英分子（即士大夫）；而要受「教化」的對象，則是不識字的農民，或者處於「周邊」的各種集團。在這之中，撇除本身就會說漢語（但不會漢字）的農民，對於不懂漢語、漢字的集團來說，即便他們響應「教化」的號召，但要在現實中實踐儒學禮儀，則需要耗費相當大的精神與經濟能力。因此，語言的隔閡，更加強化了「華」將「周邊」作為「夷」來看待的趨勢。

總而言之，所謂「華」「夷」的基準，不過就是在討論一個人是否能夠實踐特定的禮儀方式而已。然而早熟的漢人文化向外傳播及再生產的結果，讓這種龐大思想的影響力，擴張至整個「東亞」，形成一大特徵。

◎朱子學的形成與問題所在

在孔子時代後約一千六百年的宋朝，出現了儒學家朱熹，以及以他的思想為中心所形成的朱子學（宋學）。朱子學的出現，讓人們更加堅信儒學思想所肯定的特定文化價值，但它也造成了反效果，深化了華夏世界的人們對他者的偏見。

所謂的朱子學，是一種在透過遵守「禮」、建構理想的人際關係來經營天下（國家），以實現「文明」的儒學基本概念中，融入「正確」人格與宇宙法則，以試圖讓人們在實踐儒學時，產生有如宗教信念的學說。

這其中，不難看出朱子學對當下風靡一時的佛教（尤其是禪宗）所表現出的危機意識與競爭心態。人們在試圖解決人生所遇到的問題時，如果不是選擇實踐儒學的「禮」，而是尋求視現實為「空」、以從痛苦中獲得解脫的佛教，這對儒學來說究竟代表著什麼？答案顯而易見，這代表著人們就算不修習儒學，透過佛學就能解決心中的問題，好好地活在這世上。

因此，以朱熹為首的儒學家們備感危機，他們大力宣揚「透過精神上的修養，人可與天理合一」的說法。另外也提倡，修習儒學才能填補人類心靈的空虛，並於宇宙之理中找到一塊屬於自己心靈的居所。

首先，朱熹表示萬物有其根源，稱為「太極」。而「太極」具體的表現，就是所有事物皆擁有與生俱來的善，即所謂的「理（法則）」。再者，他表示現實是由「氣（物質）」所構成，且「理」與「氣」相輔相成。不過「氣」易受環境所控制，使「理」受覆蓋、隱藏，而陷入「惡」的狀態。因此，若一個人想正確地實踐「理」，那他就必須不斷地累積精神上的修養，為受到遮蔽的「氣」撥雲見日才行。

如此，這一學說將個人的信念或信仰，與掌管萬物的「理」加以一元化。同時，也肯定人類的存在是絕對的善。在漢人社會中，傳統識字教育入門的《三字經》開頭所出現的名句——「人之初，性本善」，簡單明瞭地表達了這種思想。接著，若人能恪遵名為「理」的法則，達到與「天」結合的境界，其人格便會受到世人尊崇；深信可以積極面對現世的問題並改善的結果，便是對佛教的輪迴、解脫，以及超越神等論點做出否定。

◎以「淫祠」、「邪教」為名的壓迫

不過，如同要到達佛教「悟」的境界決非易事一般，朱子學希望人們修得透徹的「理」，以及由「禮」開始推動、影響社會，以求達到「天人合一」境界的想法也是如此，無非是在要求人們耗費大量精神。

最重要的是，實踐精神修養的過程，勢必會耗費大量的時間與費用。即使有許多人能夠體會朱子學乃至一般儒學所倡導的德目，並透過《三字經》、《論語》等經典，將其內化至心中，但人們終究也只會做到這步為止。在尋求心靈的救贖時，人們仍普遍選擇佛教或道教的世界。

在面對一般平民不斷脫離「禮」的道路，前去選擇佛教、道教這種「逃進空虛與無為」的狀況時，朱子學究竟做了何種應對？它是否站在「無論如何，都是使人心安定的方法」的立場而廣泛接納？答案當然是否定的。不如說，佛教、道教愈是盛行，朱子學者就愈是追求遵守貫徹到底的「禮」，以及「理」的修行，對來自佛教、道教的風俗或儀式採取斷然拒絕的態度。朱子學者們稱佛、道教等非儒學的信仰為「淫祠」，選擇與之切割。若儒學才是「正統」，那麼佛、道教便自然而然會被當作「邪」來看待。

不過，到底什麼是「正」，什麼是「淫、邪」，到頭來也只是朱子學者的主觀決定，而不是以每個人腦中共同擁有的認知作為判斷依歸。朱子學難以擺脫獨善其身的問題，不僅讓他們與一般民眾的信仰發生碰撞，更在與國家權力的關係之間，以及朱子學的「華」與異文化的「夷」的關係之間，造成了極大的窘境。

尤其是，如果發生國家權力不再一面倒向儒學，而是採取同時尊重佛、道教的立場，甚至皇帝本人虔誠地信仰佛、道教，以及其他各式各樣的神明（例如三國志中的英雄關帝）的話，朱子學又該如何是好？假使這樣的結果造成了國家宗教儀式的費用增加，又在國務上帶來各種問題的話，想必朱子學者們定會相當自豪地主張自己理論的正當性吧。不過，要是與預期相反，皇帝們保持虔誠的信仰反而更加在政治上勵精圖治，為國家與社會帶來安定，又或者是在舉行非儒學式的祭祀時出現了許多吉兆時，這時朱子學者們「一切淫祠、邪教都該被驅除」的主張，還能為世人所信嗎？

再者，雖然朱子學者們相信修習朱子學的人才有統治天下的資格，但假如那些達不到他們的基準、被他們歸類在異文化、異民族的集團（夷狄），逐漸壯大，最後甚至統治天下的話，朱子學者們也必須立即排除「夷」與「邪」的統治嗎？

當然就理想的理論來說，排除夷狄、恢復「正理」的世界，就是朱子學者們的社會責任。不過，假如應該很「野蠻」的夷狄們的統治，結果卻與儒學的目標並無太大偏差的話，朱子學者、乃至儒學思想所提倡的「華」的正統，是否就容易站不住腳？

簡言之，所謂的華夷思想與儒學思想、特別是朱子學的歷史，其實就是在「自身主觀的判斷基準」與「國家現實狀況」的夾縫間，持續「混迷」的一段歷史。

◎科舉制度的成立與宗族結合

於是，因基本教義派色彩而帶有非現實性的儒學思想，在和其他宗教、異文化發生關聯時，不斷體會到「因為主張追求完美而帶來的挫折感」。即便如此，就大致的狀況來說，用儒學思想來做理論武裝的皇帝與官吏們，在經營他們以地大物博為豪的國家時，也確實讓它的經濟與文化開花結果。因此，修習儒學者在保持住一定的自尊心的同時，也不是不能主張自己的優越性。

尤其是在宋帝國得以完善的科舉制度，更是一種單純透過測試儒學知識與其應用能力，來廣泛錄取官吏的制度。按照提倡「修身、齊家、治國、平天下」的《大學》理想所創立的科舉制度，絕非僅是為了皇帝或者一部分貴族而設，而是對所有學習儒學理想的人敞開大門。從這點來看，科舉制度可說是一種「透過學問的平等支配」或者是「立於學問的平等支配」。科舉制度與近現代國家帶有競爭性的官吏錄取制度基本上有著異曲同工之妙，但後者是在與各種獨裁統治及裙帶關係的誘惑奮戰下才成功實現。即使兩者的制度和宗旨有些不同，但科舉早在數百年前就已經完成了這種做法，若這不能稱為「進步」，那什麼才算進步？

要在科舉考試中脫穎而出，就必須通過從各地舉辦的「鄉試」到最後「殿試」（在皇帝面前進行口試）之間的重重關卡。為了達成目標，就如同現代世界的考試競爭讓家裡扛上沉重的教育費一般，投注在應試子弟上的必要支出相當可觀。也因為如此，若能透過科舉考試而成功得到官職、成為服侍天子（皇帝）的一員，可謂是家族的榮耀、鄉里的盛事；還可透過各種管道，為自己的族人謀取利益。

於是在宗族之中，便會透過對優秀的年輕人提供資金援助，來強化、重新確認相同血緣關係的連結。成功通過科舉、大幅提高聲望的宗族，有時為了彰顯獲得官位的人與其雙親的地位，會將其在族譜中賦予顯著的位置，或者為其立碑。在漢人社會裡以擁有相同祖先而構成的血緣關係（宗族），因科舉制度而變得更加穩固。而且在「通過科舉考試」與「為官後謀取利益」的多次重複與積累後，便會形成一個忠於儒學的「禮」與學問的富裕社會階層。

此階層，一般被稱為「士大夫」或者「鄉紳」。

當然，對於貧苦的一般庶民子弟來說，科舉仍然是癡人說夢。以這點來說，科舉所提供的機會也未必是完全平等的。不過貧民之中也有特別優秀的年輕人獲得同鄉的援助，並於多年苦讀後金榜題名的例子。除此之外，科舉考試也不會以應試者身為「夷狄」為由，就剝奪異民族的應試資格；實際上，通過科舉考試的人有不少是伊斯蘭教徒，或者貴州、雲南等地非漢民族出身的人。整體而言，只要應試者能夠熟悉、並實踐儒學的「禮」與知識，那麼科舉制度的大門便永遠不問貧富或種族，為之敞開。

◎科舉制度裡的「公」「私」矛盾

不過，透過科舉來揚名的方式，同時隱藏著源自儒學理想的本質性矛盾。本來，儒學的宗旨是希望一個人在累積道德修養後，將個人的良心與熱情投注在創造理想社會上。透過這樣的方式，讓更多人以「公」這一共有的價值作為行事的優先考量。

可是，藉由科舉來強化個人與宗族勢力、固化士大夫階層，或者以此為志向參加科舉考試，意味著他們的行為已大幅偏離了儒學本來的精神。此外，若儒學知識被利用於上述的目的，那麼自那瞬間開始，萬卷經書也不過成了單純的考試參考書，或者是應付一時的大考指南而已。

反過來說，假設有人為了脫離這種矛盾而放棄科舉，選擇沉湎於「清談」的世界，透過深化個人的心智與學問而獲得滿足感，這種行為就結果來說，也是在爭奪「清廉」的名聲，因此仍偏離了儒學推動「公」這一理想社會的本質。

於是，所有被捲入科舉制度的人們的思想，便在儒學所指示的「正確的、全體（公）的」價值面前，面臨公與私的矛盾。也因此，要如何「正確地」實踐道德與「禮」，這個問題便常常成為政治性的課題；認為一個人能將儒學的價值展現到何種程度，這種主觀的基準，也就成為了區分「華」和「夷」、「文明」和「野蠻」的基準。

順帶一提，社會人類學家費孝通認為，漢人對個人、血緣、地緣以及國家社會間的相互關係，具有一個以個人為中心向外呈漣漪狀擴散，且愈外層就愈薄弱的模型。其結果是，漢人社會對個人利益之源頭的血緣和地緣有著濃厚的關心，但對於更外圈的整體社會、國家、天下，相對地沒有那麼強烈的興趣，呈現出一種與儒學原本的理想背道而馳的趨勢。

被奉為中國革命之父的孫文，也曾用「一盤散沙」扼要地形容了這樣的狀況。此外，中國及韓國內部的「抗日」源流中，也有一種成見認為，「因為國人太看重個人主義與宗族主義，缺乏社會團結，才會被日本打敗」。

因此，該如何批判透過儒學及科舉追求名利，或結合同族、同鄉，呈現漣漪狀淡化的個人與社會關係，並從中形成擔負起國家、社會的「國民」與「集團」意識，以抵抗外國的威脅，正是「東亞」各國在近代均要面臨的重要課題。

中華帝國——明的朝貢貿易系統

◎長江、黃河，以及北方草原

「東亞」漢人社會扎根於儒學思想的政治體制，儘管一直有「思想體系未能充分反映社會政治現實」的問題，然而幸虧中國擁有黃河、長江兩大河流，及以此為中心而形成的強大農業生產力和工商業基礎，成就了比同時代其他地區更為亮眼的經濟與文化，使得身為「華」的人們得以持續保有驕傲。

特別是長江流域，今日仍是中華人民共和國耀眼的經濟發展中心。此地除了氣候溫暖，降雨豐沛合宜，也有適合稻作的廣袤肥沃平地，更盛產茶葉、桑樹等高附加價值的經濟作物，自古以來就是製作絲織品、陶瓷器等輕工業的盛行之地。就這幾點來看，長江流域可說是「東亞」的財富寶庫與集散地。

與之相比，黃河流域雖然是曾經孕育出漢字文明的「中原」地區（嚴格來說應是秦嶺山脈與淮河流域連線以北），且據說在遙遠的古代，這裡更是一塊被蒼鬱森林包圍的大地，然而，經過人們以「文明」為口號的濫墾濫伐，黃土高原逐漸失去保水力，造成全華北地區的氣候劇變，產生嚴重的乾燥化現象。在這過程中，淮河以北的地區雖然持續生產麥、高粱、玉米等作物，但是產量並不豐富，也無法帶來足夠的經濟剩餘。

因此，在黃河流域誕生的漢字文明與漢人社會，隨著自然環境的變遷，以及居住於長江流域的人們對漢字文明的接納（即漢化）後，其經濟、文化活動的重心，便逐漸向長江流域移動。不過身為文明起源的「中原」，並沒有因此而失去重要性。

反之，一定程度上掌握文化資源的「中原」與華北一帶，甚至因為不再是經濟中樞，而逐漸轉變為政治勢力角逐的焦點。導致這一結果的原因，是生息在華北以北的蒙古高原至東北亞間的廣大草原中、擅長騎術的遊牧狩獵民族。這些遊牧民族為了有更富裕的消費生活，謀求漢人地區生產的貨物，在歷史上屢次南下或東進。

◎名為「元」的帝國

即便如此，只要當時的漢人能夠迅速做出應對，理解這群北方「夷狄」主要是為了物產而來的話，要延續安定的政治並非難事。例如定都於開封的北宋，就曾與北方新興國家「遼」締結了「澶淵之盟」的和平條約（一〇〇四年）。北宋每年無償提供遼豐富的物產，當作防止遼軍南下的代價。在這個架構下產生的和平，一直持續到「金」的勢力取代遼，並於一一二五年入侵宋的國土，迫使宋遷都臨安（現杭州）為止。從結果來說，至少遼確實遵守了這份和約。

之後南宋雖然一直懷著收復山河的念頭，但仍繼續與統治華北地區的金進行貿易，藉此獲得了臨時性的安定（就像「臨安」這首都名稱所顯示的一般）。而這個時期，也正是朱熹創造朱子學，並逐漸排除來自各方的批判、登上官學地位的時期。

不過，取代金國掌握了北方霸權的蒙古帝國，和將華北作為媒介、與物產豐富的漢人地區進行貿易便已感到滿足的國家並不相同。它驅使著當時最強的騎兵，不停擴張版圖，勢力東及朝鮮半島（亦曾試圖進攻日本，但因遇上颱風而失敗），西抵歐洲，一口氣成功連結起世界各地相對獨立發展的文明與地區。他們掌控了橫跨歐亞大陸草原上的貿易路線，並透過發行「路牌（通行證）」、保障商隊安全的方式，大幅增強了陸路上的東西交流。

蒙古帝國從早期就開始重用歸順於自己的波斯、突厥等「色目人」，嘗試透過多樣化的人才，以柔性的方式實現世界支配。這樣的蒙古帝國，要一舉奪下南宋所握有的長江流域的經濟利益，根本不費吹灰之力。一二七九年，蒙古帝國攻滅南宋，原本位於蒙古帝國東部、由忽必烈管轄的元帝國，就此支配了整塊漢人地區。

元的建立，是位於內亞的蒙古、西藏、突厥民族，在強大的政治權力下第一次與漢人地區、朝鮮半島連結起來的劃時代變化。就以西藏來說，當時存在不同宗派，各自與世俗豪族聯合，彼此對立。其中名聲最高的薩迦派首腦薩迦·班智達，除了選擇歸順，與計畫以軍事行動收服西藏的蒙古成功達成和平協議外，還讓蒙古皇帝皈依了薩迦派的藏傳佛教。自此，蒙古帝國（元）為使自己的新興帝國添增文化氣息，將薩迦派佛教奉為國教，加以重視。被忽必烈封為國師的薩迦派高僧八思

薩迦寺　位於拉薩西方約五百公里處。照片中的薩迦北寺在文化大革命中遭到破壞，今已修復。

巴更是發明了標記蒙古語的文字——八思巴文。另一方面，元對於漢人則展現了尊重儒學的立場，繼續實施宋時期的科舉考試。

不過，元的支配卻未能長久持續。原因在於蒙古人在帝國中樞大都（北京）生活愈久，他們的生活就愈流於奢華，日漸失去身為騎馬民族的天性。特別是皇帝時常埋首於藏傳佛教，不斷浪費國家預算，而未能投注在改善民生上。當國家動員華北居民前往修築南北交通要道的大運河時，原本就不富裕的他們身心俱疲，最終爆發叛亂（紅巾之亂）。叛亂使得大運河的水運能力逐漸癱瘓，物資無法充分運抵大都，導致國庫枯竭。最後，在反叛愈演愈烈時，元在轉瞬之間就土崩瓦解。一三六八年，蒙古人決定放棄大都，退回蒙古高原，為統治漢人地區約一百年的歷史劃下了休止符。

◎朱元璋與明的建立

元末時期，在反叛者如狂風橫掃的淮河流域中，有個人從孤兒的境遇中嶄露頭角，重新建立了漢人主導的帝國「明」，他就是朱元璋。在過去的元帝國支配中，朱元璋生活在矛盾最為集中的地區，親身體驗過像蒙古人之類的北方夷狄掌握了權力，將會發生怎樣的悲慘狀況。因此他強烈執著於奪回被蒙古人搶走的漢人文化的榮耀，實現真正的「中華」理想，順應天命、恢復和平統治的目標。

這個目標，並不只是恢復漢人社會內部的和平與安定而已。既然漢人的「華」是要透過道德的統治而獲得繁榮，讓周邊的「夷」歸心，藉此回復一切事物的應有狀態，使「天理」傳遍天下，那麼各地屬於「夷」的人們，就應該歡迎蒙古的統治走入歷史，支持「正統的」明帝國成立，並歡欣鼓舞地奔至皇帝身邊才是。

所以朱元璋頒發詔書，命令所有的國家前往明的新首都南京朝貢。詔書內容，等於是華夷思想基本教義派的「中華帝國」之建國宣言：

> 昔我帝王之治中國，以至德要道，民用和睦，及四夷亦得安靖。向者胡人竊據華夏百有餘年，冠履倒置，凡百有心，孰不興憤！比歲以來，胡君失政，四方雲擾，群雄紛爭，生靈塗炭。朕乃命將帥師悉平海內，臣民推戴為天下主。國號大明，建元洪武。式我前王之道，用康黎庶。

明太祖朱元璋

接著，朱元璋恢復科舉制度，將朱子學置於國家正統教義的地位。到了十五世紀，隨著國力的恢復，更派出雲南一位穆斯林出身的宦官鄭和，率領了一支龐大艦隊，航向遙遠的阿拉伯半島周邊。此舉的目的，是要藉著攜帶大量財寶前往各國進行親善訪問之機，展示建立於東方的大帝國「明」之威信，促使其向明朝貢。

此外，朱元璋亦積極地促進內亞對明的朝貢，並將重點放在西藏身上。這是因為明原本就處在馬匹不足的狀況，且在驅逐了元以後，還持續與蒙古高原之間產生對立，因此西藏產的馬匹對明帝國來說相當具有魅力。另一方面，對於居住在高原、缺乏維他命營養來源的西藏人來說，漢人地區所生產的茶葉是不可或缺的物產。不過，雖然明試圖適當保持在四川、雲南進行的茶馬交易的交換比例，但因為它剛剛建立，西藏擁有軍事上的優勢，因此馬的價值一直居高不下。於是明向他們宣傳說，若西藏人——特別是各宗派、氏族教團的高僧——肯向明朝貢的話，明將保證他們能得到像是

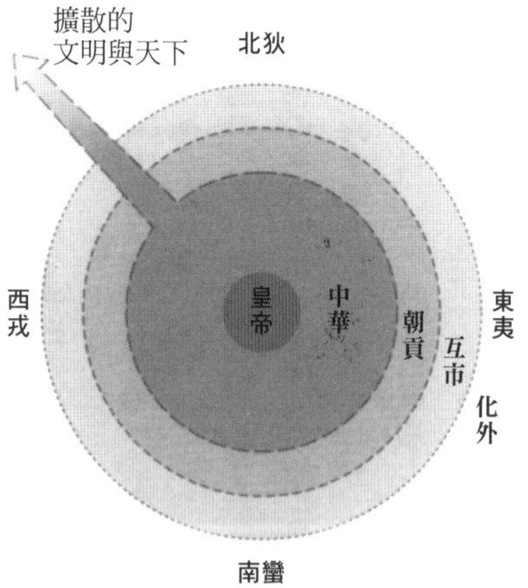

華夷思想中的「天下」概念　在華夷概念中，不存在著「國境」的概念，而只有不斷擴張的「天下」。

元統治時期的八思巴高僧一樣的待遇。

結果，明的朝貢國、朝貢僧數量不斷上升，南京（以及一四二一年以後的首都北京）裡頭，開始出現身穿各種服裝的使節形成的熱鬧景象。

◎「中華帝國」的階層構造與朝貢貿易

朱元璋創造出的真正的「中華」及其支配天下的理想，將前來朝貢的各國與各集團吸納於其中後，大體上便按照以下整理出的方式，產生了同心圓式的階層構造，或者說是世界帝國的秩序。

一、做為成功推動易姓革命的勝利者，朱元璋以「有德之士」的身分獲得了天命，實現了「理」。他以天子的身分向天祭祀，成為皇帝、君臨天下。

二、敬佩且服從皇帝權威、向皇帝展現出恭順之意的朝貢國，皇帝會封其支配者為「國王」，並給予「印」作為象徵，讓他得以自稱「國王」（朝貢國的國王自稱「皇帝」、或者只用其中一字皆為僭越之舉，原則上受到嚴格禁止）。

三、命令朝貢國奉正朔（皇帝訂定的年號）。如此一來，朝貢國便不只是單純共有以皇帝為中心的空間，也擁有了隨「天」與皇帝意志運作的正確時間秩序。

四、朝貢國遵守皇帝所訂定的間隔（以「幾年一貢」的形式）定期朝貢，而皇帝則依循《中庸》裡的「厚往而薄來」原則，給予其數倍的「回賜」。透過這樣的朝貢貿易，皇帝的恩德充分地傳達到了朝貢國，如此更能期待「夷」對「華」的仰慕，積極吸收「華」的文明成果（此即「華」對「夷」的和平「教化」過程）。

五、皇帝為讓朝貢國在朝貢貿易中確實獲得利益，從而感受皇恩，因此實施嚴格的海禁，禁止私自出海與貿易行為。

然而，這種伴隨著極大對外出超的朝貢貿易，勢必需要經濟上的後盾。而當時支撐著明帝國的，即是建國之後的高速經濟發展，尤其是美洲大陸與日本盛產的白銀大量流入，使得這樣的發展得以實現。

◎受到恩惠的朝鮮與琉球

不過，如此的「中華帝國」秩序，終究只是執著於「中華正統」的皇帝想法與朝貢過程，描繪出的「模型」罷了。至於實際朝貢的各個國家或人們，究竟是否真的將這種以「中華」為中心的同心圓關係，視為偉大的概念並加以實踐，完全另當別論。

當然，在朝貢國的行列中，也有承認明為「中華」，並且徹頭徹尾正確執行朝貢儀禮的國家，譬如最具代表的例子就是朝鮮。李成桂發動政變推翻高麗、成立新王朝的時期，正好處在元、明交接之際。在元帝國支配高麗時接受了朱子學思想的朝鮮菁英階級們，此時排斥他們認為是高麗弱化源頭的佛教，並試圖建立一個以朱子學為主的國家。接著，他們目睹了明驅逐元、恢復正統「中華」的過程，而仰慕明的偉大。「朝鮮」的國號，名義上也是由朱元璋所賜予，顯示受到中華極大的恩惠。

在前近代靠著中繼貿易而獲得繁榮發展的琉球，更是徹底遵守朝貢禮俗，並且是受到明所優遇的對象。明帝國建立之初，日本還處在南北朝時代的混亂局面，特別是西日本的武裝商業集團，在吸收了朝鮮半島與一部分漢人商人及遊民後成為倭寇，大舉擾亂了「東亞」海域世界的商業秩序。於是，明透過給予朝鮮、琉球這些擔任中介角色的國家特殊優待，並實施嚴格的民間海禁限制，打擊倭寇，持續將朝貢貿易作為「受管理的交易」來加以發展。

藉由朝貢貿易而大為繁榮的琉球，不由得感受到了明所給予的恩惠。今日保存於那霸沖繩縣立博物館、亦為九州沖繩首腦峰會場地命名由來的「萬國津梁之鐘（原先置於首里城正殿）」，其上頭就刻有歌頌琉球當時繁榮景象的銘文：

> 琉球國者／南海勝地／而鍾三韓之秀／以大明為輔車／以日域為唇齒／在此二中間湧出之蓬萊島也／以舟楫為萬國之津梁／異產至寶／充滿十方刹

能有這樣的繁榮，正是因為琉球在與明之間的貿易中獲得優先待遇的特權地位之保障。

◎陽奉陰違與假朝貢

不過事實上，真正由衷地承認自己與明之間的從屬、朝貢關係的國家只有少數一部分。態度極為冷淡、認為「既然只要朝貢就能獲得數倍價值的回報，那麼為了利益，照著明的指示來做也沒什麼不妥」的國家，反而占有壓倒性多數。以日本來說，為了在形式上回應明帝國的國書，足利義滿進行了朝貢（一四〇七～一四一一年），但旋即便又斷交，即使後來恢復了外交關係，日本所採取的也不是正式的朝貢關係，而是始終堅持「互市」這樣有限制的貿易方式（在同心圓階層秩序中，互市地位較朝貢國低）。

另外，同樣的狀況也出現在響應朱元璋的號召而一一來到南京和北京朝貢的西藏高僧們身上。他們是否發自真心地從皇帝的恩惠，以及儒學、漢字文明中感覺到「中華」的理念，令人相當懷疑。然而他們從朝貢貿易中能夠獲得各種「國師」稱號，以及最少三倍以上的回賜，在各種宗派及氏族教團相互對立、陷入混亂的狀況中，要擴建自己的寺廟，強化宗派的物質基礎，再也沒有比參加朝貢更好的機會了。且許多明代皇帝皆對藏傳佛教為之傾倒，這也代表著西藏僧人有大量獲得破格禮遇的機會。於是前去明帝國朝貢的西藏僧人連年增加，到了一四五〇年代後，更是出現每年高達三千人的數字。

然而，具有宗教名聲的高僧絕不可能有如此數量，這說明了其中有大量的比例，都是俗人假扮成僧侶所構成的「假朝貢」；甚至據說裡面包含了以巨大經濟利益為目的而學習藏語、佯裝成僧侶的漢人。既然是「假朝貢」，那麼這群人連表面上對皇帝的恭順都令人懷疑，他們在前往北京的沿途中，往往濫用使節的特權，不斷作惡。面對如此事態的科舉官僚們也不由得發出哀號，感嘆「蠻夷的淫俗破壞了華夏的美好風俗」。

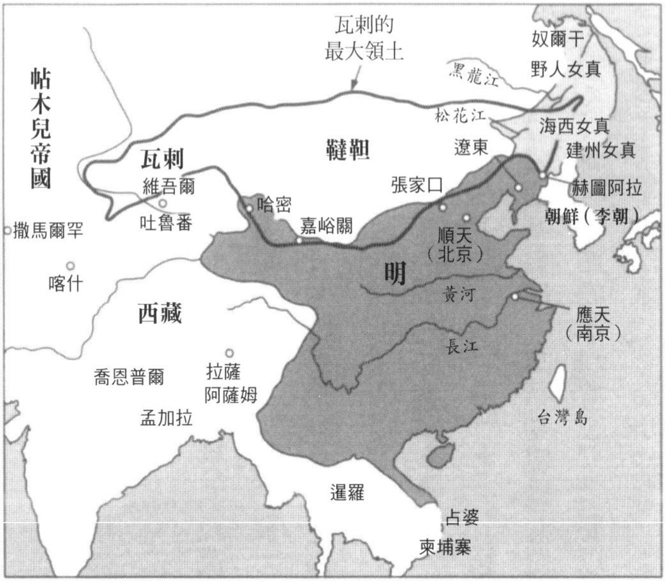

明朝最大版圖與周邊國家　今日西藏自治區與新疆維吾爾自治區、蒙古地區一帶，當時都不在明的版圖之中。圖片為參考上田信《中國歷史九・大海與帝國》（講談社，2005 年）等資料製作。

如此的假朝貢，也同樣出現在實施海禁的海域世界中。就算是帶有國王正式署名公文的朝貢使節，也會經常在船上混進商人，超出限定的人數；終究還是以貿易為主要目的的朝貢並不稀奇。這種種現象的發生，正是因為明政府以「海禁」為名，試圖透過人為方式封鎖隨著經濟發展而壯大的商業網路。於是明中期以降，也開始針對現實狀況，對朝貢使者附帶的物資進行課稅，以及開放民船入港。

明帝國試圖以「中華」拚命打造的理想階層秩序，最終仍在人們追求經濟利益的動向中被迫改變。

而高額且不惜代價的回賜所造成的國庫空虛，更是直接縮短了明的壽命。

◎與蒙古的摩擦

如此，明愈是想以正統「中華」自居，就愈是陷入華夷思想並未普遍受世人接受所產生的矛盾之中。另外，自明建國以來，它始終無法對蒙古占據優勢地位，不如說反而逐漸趨於劣勢，自貶了「中華」的顏面。

朱元璋自始至終憎恨元的支配，全神貫注地實現「中華」的原貌。而藉由政變獲得政權的第三代皇帝明成祖（永樂帝），更是為了給予蒙古決定性的打擊，進行了數次遠征。然而不只未能獲得顯著的成果，明成祖本人還在遠征中於蒙古逝世，使遠征行動備受挫折。作戰失利的主要原因有二：第一，明太過抗拒退至北方的蒙古，完全不理會蒙古為摸索雙方之間的新關係而提出

明帝國的遺跡　明帝國於北京北郊建立的歷代皇帝陵墓，人稱「明十三陵」。

的互市要求；第二，明缺少構成機動性兵力的馬匹。

於是，基於華夷思想而對蒙古產生的抗拒意識與隔離政策，最終演變成「難以根除蒙古」的恐懼心理，並且引發出負面循環。明特地從南京遷都至原為元首都的大都，並更名為北京，再將該處作為監視北方的軍事前線據點，便是此種心理的表現。不過這並不代表明具備了足夠對抗蒙古的騎兵兵力；而重啟與蒙古瓦剌部的交易，也只維持了一小段時間，且規模極小。到了一四四九年，明英宗（正統帝）更在流經北京西北的永定河峽谷遭到蒙古擄走，爆發了「土木之變」。這一事件，讓明急迫地修築起萬里長城，完成了從山海關至嘉峪關之間，以磚塊堆砌的明長城。

來自蒙古的威脅，後來在一五七〇年，明自發性地與蒙古的新興勢力俺答汗達成和解時消失。然而到這個時期，太過拘泥於「華」而引起的財政惡化，已讓明的體制疲憊不堪。

到了十七世紀，在「保住『華』的顏面，即便這會讓帝國持續衰弱」或是「在華夷思想的矛盾中邁向自我滅亡」的混亂局勢裡，一個全新的可能性誕生了——那就是由滿洲人主導的國家，清帝國的出現。

第二章
內亞帝國

天壇祈年殿　皇帝舉行典禮的場所。

大清的興起

◎女真人與努爾哈赤的崛起

十六世紀末，即使國力漸漸衰弱，明仍試圖維持自己身為「中華」帝國的立場。而同一時間，東北亞大地有一場巨大變革正一觸即發，那就是女真人的國家「後金」的崛起。

以遊牧、狩獵為生，生活在今日中國東北部到俄羅斯濱海邊疆區一帶的女真人，在明帝國時期分別被稱為「建州女真」、「海西女真」與「野人女真」，長期以來對明進行朝貢。

對於仰慕明的恩德而前來朝貢的使者們，明大量給予他們從國際銀流通中所獲得的財富，並試圖以這種方式讓漢人的「中華」概念傳遍天下，從而維持帝國的自尊心。然而，明在對蒙古關係的處理上卻進退失據，最終甚至打造出有忝「天下之主」名號的萬里長城。

即便如此，這也不代表明帝國與長城之外的所有人都處得不好。舉例來說，明當時在遼東（位於今日遼寧省內）擁有一塊直轄地，並與其周邊的國家、民族都保持著和平關係。特別是與朝鮮之間，更是保持著「同將朱子學作為國家教義的大國與小國」、以及「賜予國號與接受國號」的立場，關係極其密切。當日本的豐臣秀吉於一五九二年向朝鮮半島發兵時，明也向朝鮮派遣了援軍。明的馳援，不只讓朝鮮感念不已，也延續了朝鮮對宗主國的堅定情誼。

即使程度不及朝鮮，女真人與明之間的關係大致上也算是「穩定」的狀態。明的體制穩定下來後，國內對各式奢侈品的需求日益提高；另一方面，為了防範蒙古，強化騎兵兵力的壓力也大增。於是女真人所生產的毛皮與馬匹，便成了明不可或缺的物資。而後，如同明與蒙古俺答汗達成和解，使雙方的交易日趨熱絡一般，明選擇放下朝貢貿易的嚴格框架，以及過往仇恨所帶來的隔離、對立，認可各地區依自身狀況擴張貿易，結果使得女真人更加積極參與東北亞的商業貿易網絡。

不過，這終究是明帝國因女真各部族在名目上服從，出於恩惠而給予他們的商業利益；所以也有一些部族因為政治問題，而被排除在交易對象之外。明這樣的作法在遼東的政治力、軍事力還十分充足時，尚不足以釀成嚴重的問題；然而這乍看「和平穩定」的交易架構，卻也在不滿與矛盾的累積下，愈發潛藏著瓦解的可能性。

如此的局勢持續到十六世紀中葉後，一面壓制女真各部的合縱連橫與鬥爭，一面又與明遼東總兵李成梁對峙而崛起的，便是源自滿洲（Manju）建州女真的努爾哈赤。

「Manju」一詞，一般認為是源自他們所信仰的文殊菩薩（又稱文殊師利，為脇侍佛陀之菩薩，掌管智慧）。後來，這個名號與同音的漢字「滿洲」，便隨著努爾哈赤的崛起而漸漸取代「女真」，成為他們新的民族名稱。大清的歷史由此揭開序幕；這個新王朝讓東北亞騎馬民族的名號登上世界史的燦爛舞台，最終又因衰弱將權力寶座讓給近現代中國。

最初，滿洲二字只是部族、民族、文化的稱呼，以及像是表示「滿洲人建立的國家」這種用來指稱權力主體的用詞，並不是特定地區的概念。在清史中，滿洲人的故鄉也都是以「盛京」、「吉林」等具體的地區名稱來標記，而非使用「滿洲」；滿洲一詞開始在人們腦中成為地區概念，要等到日本將勢力擴張到遼寧、吉林、黑龍江時，為了將該地區置入自己的影響下，所以才稱之為「滿洲」或「滿蒙」。不過也因為這一段歷史，現代中國並不使用「滿洲」這個地理概念，而是以「東北」、「東三省」來稱呼。

◎大清的興起與「終結」之地——撫順

以努爾哈赤為首的女真勢力與明帝國，雙方為了進行貿易，選擇了遼河流域的寬廣平原，以及滿洲人居住的遼寧省東部至吉林省東部山岳間的交界地帶，作為互市交易的場所。其中最具代表性且急速發展的貿易城市，便是今日以露天煤礦採礦場而聞名的撫順。

「撫順」二字，意味著這城市是明為了「撫綏、順導」身為「夷」的滿洲人而建立的城市；該名稱本身就是華夷思想的體現。不過，此處產出的財富，不僅使努爾哈赤的部族與國家富足，甚至讓他們在往後取代了明的地位。就這點來看，撫順這個城鎮可謂是孕育出清國的搖籃。不光如此，努爾哈赤在一六〇三年建立後金都城的地點赫圖阿拉（地處現今新賓滿族自治縣內）也與撫順相當接近；在今日中華人民共和國的行政區劃分中，此處也屬於撫順市之下。

撫順在日本近代史中也有著重要的意義。之所以如此，主要在於撫順蘊藏的豐富煤礦與石油資源。這些資源從日俄戰爭後到一九四五年為止，都是南滿洲鐵道（滿鐵）的一大經濟來源，同時也是打造出滿鐵與滿洲國這套統治系統的日本人，「撫綏、順導」新的「華」——滿洲人與漢人，所需的財富泉源。

作為兩度使世界史產生劇變的中心，撫順於日本戰敗後，再一次成為世界關注的焦點。在年

遼寧省有關滿族的地區 其中的瀋陽故宮，以及福陵、昭陵、永陵皆有登錄於「聯合國教科文組織（UNESCO）」的世界遺產中。

幼時期就被拱為皇帝、旋即又因為辛亥革命而失去寶座的宣統皇帝溥儀，在接受新生政權中華民國所提出的「優待條件」後，好不容易才能繼續住在紫禁城中。雖然溥儀不斷夢想著有朝一日能成功復辟、再次登上皇位號令天下，不過到了一九二四年，這場夢隨著他被西北軍閥馮玉祥逐出紫禁城而破碎。在那之後，溥儀受到日本駐天津總領事館保護，並於一九三二年前往滿洲國執政，兩年後登基為皇帝，改元康德。雖然溥儀後來在東京審判中，主張這一連串過程都是日本的陰謀，然而於二〇〇七年在中國出版的溥儀自傳《我的前半生》完整版中，卻又提到這些行為全是出於自發的意志。

滿洲國康德皇帝時期的溥儀

溥儀試圖將復興大清及滿洲人的夢想寄託在日本人身上，卻遭到了背叛；後來在日本戰敗、滿洲國瓦解後，他也未能成功逃亡日本。對於這樣的溥儀，在前方等待著他的，即是淪為戰犯的命運。以溥儀為首的滿洲國相關人士一個個遭到收押，為了使他們重生為中華人民共和國的公民，設置於撫順的戰犯管理所，便成了他們接受勞動改造的舞台。

時至今日，撫順戰犯管理所已改建為紀念館公開供人參觀，人們可進入觀看當時用來囚禁溥儀、每天對他實施思想改造的昏暗冰冷牢房。想到自己身為龐大帝國的巨龍之後裔，卻遭近代史的洪流肆意擺弄，溥儀只能天天在這裡自問自答「自己的人生究竟算什麼？」說也奇妙，撫順這個地方，竟如此成了滿洲人權力興起與終結之地。

近年，撫順面臨了煤礦枯竭的危機，傳聞那塊世界首屈一指的露天礦坑「西露天礦」也預定將在幾年內關閉（二〇一七年時仍運轉中）。不過，身為工商業都市，四處仍留有昭和摩登[1]風格建築的撫順，想必今後也會帶著動盪世界史舞台的面容，持續發展下去吧。

◎八旗制度與後金建國

回到原先的話題上。一五五九年，努爾哈赤出生於建州女真蘇克素護部中某個擁有權勢的家族裡，不過他年紀輕輕就碰上了一場人生中的悲劇。這場悲劇發生在一五八〇年代後期，當時一部分女真人因為被明排除在

撫順戰犯管理所　此處自 1987 年起，已向大眾開放。民眾可進入參觀囚禁溥儀的牢房等地方。（作者拍攝）

交易對象外，因此進行反抗；對此，明遼東總兵李成梁強化了對他們的鎮壓行動，結果努爾哈赤的祖父及父親，因為被捲入這場衝突中而身亡。但是，努爾哈赤利用這個機會，靠著自己的能力改善了與女真諸部的關係，並透過各種合縱連橫的手段，策畫了一套避免再受明壓迫的戰略。

努爾哈赤　努爾哈赤朝服像。由於其生前沒有帝號，故此為努爾哈赤歿後所畫。

當努爾哈赤的方針一上軌道，他的軍隊勢力便迅速成長起來。到了一五八八年，他不只成功統一了建州女真，就連李成梁也開始憂慮若再不對努爾哈赤進行懷柔，萬一女真人的勢力逐漸擴大，很可能會成為明在遼東政策上的不安要素。於是，李成梁給予努爾哈赤「都督」的稱號，以及在撫順等城市中給予交易上的便利，而努爾哈赤也因此得以再次擴大勢力。努爾哈赤在一六〇三年於赫圖阿拉修建了居城，至此，他在女真諸部中的名聲與勢力，已經成長到了無人能出其右的地步。

然而，李成梁與努爾哈赤的關係並沒有維持太久。主要原因就出在李成梁被懷疑與努爾哈赤過從甚密，甚至隨意將明的轄地割讓出去。不僅如此，他後來更因捲入北京政權的內鬥而失去了地位。此後，明當局也開始警戒努爾哈赤，雙方關係急速惡化。

不過，此時的努爾哈赤已透過統一女真諸部而擁有相當程度的軍事力量，因此不打算繼續忍受明的冷漠應對。不如說，當他高舉大義名分，開始抗議漢人農民跨越國境、侵占滿洲人土地的那一刻起，他要脫離明的影響力、尋求自立的意志就已相當明確。後來，努爾哈赤於一六一六年在赫圖阿拉建立後金，並於一六一八年猛烈批判道，明帝國透過貿易限制與軍事施壓對女真人造成了多大的痛苦，宣告對抗明朝。

努爾哈赤在統一女真（滿洲）人社會，進一步透過與明軍的戰爭擴大統治地區的時候，也將獲得的土地分配給麾下軍人，並將擄來的漢人當成奴隸對待，或是將其併入漢人農民裡一同統治。然後，對於前來投靠後金的明軍，努爾哈赤則給予他們和滿洲人同樣的待遇，並按照軍功發放薪餉、或是賜予土地。於是乎，滿洲人社會與被併入後金的漢人社會，便合組成了人稱「八旗」的軍事、政治單位。

所謂的八旗，指的是由黃、白、紅、藍四種顏色各自以「正」、「鑲（鑲邊之意）」兩種樣式組合而成的各軍團旗幟。每一旗都由七千五百名軍人構成，不過實際上，所有的滿洲人以及被併入八旗的漢人與其家族，皆屬於其中的某一旗。此外，八旗的架構，在日後也套用在當作強大騎兵兵力而納入的蒙古人身上。

於是，主要以民族集團差異所編制出的軍事、政治組織「滿洲八旗」、「漢軍八旗」與「蒙古八旗」於焉而生。八旗內的人們，皆與努爾哈赤締結了從屬關係，並發誓效忠努爾哈赤以及他的繼承者；他們自稱「奴才」（直至清末為止都不曾像科舉官僚般自稱「臣某某」），表示自己是君主的奴隸，並在軍事與政治上的各式場合奮勇當先、為君主效力。再者，由於只要有人是基於單純的武人精神前來歸順，皆會不問他的民族而編入八旗，故實際上也曾有朝鮮裔、乃至通古斯裔狩獵民族加入八旗之中。

因此，雖然八旗在表面上看起來是個依照民族來編制的軍事組織，但實際上，它是一種將為數眾多的人結合在一起，建立堅固的主從關係，並由此不斷重複生產出「恩義」與「奉獻」的封建式政治、社會架構。簡而言之，這樣的架構，就類似於日本的「將軍與旗本」或「大名與藩士」之間的關係。

◎統一南蒙古

由於前線的明軍因為國內此起彼落的政治紛亂與農民叛亂，無法獲得適當的補給，因此時間愈靠近明末，明軍戰力就愈是難以保持；努爾哈赤所帶領的後金勢力，便在此時勢如破竹地壯大起來。特別是到了一六一九年，在發生於撫順東郊山岳地帶的戰役「薩爾滸之戰」中，後金軍對明與朝鮮組成的聯軍造成致命打擊；至此，明已無力阻止後金在遼東以北地區的擴張。之後，努爾哈赤於一六二一年統治了遼東全境，並遷都遼陽，接著又於一六二五年遷都至今日的瀋陽，命名為盛京。

就在隔年的一六二六年，努爾哈赤過世了。當初孤立無援，僅以零星數十騎兵起家的他，不僅在短短四十年間將女真的部族社會統合在滿洲（Manju）的旗幟之下，還進一步地擊破了明帝國這巨大國家對邊境的支配。即使比不上成吉思汗或朱元璋，努爾哈赤的實力也已十分值得敬畏。雖然努爾哈赤在與明的抗爭中出師未捷身先死，但他後續幾代的繼承人都是充滿勇氣與決斷力的優秀人物，從這點來看，這也算是他的無比幸運了。這些事蹟，也讓他的名號化為中國前近代裡最後一個大帝國之始祖，永遠地留在人們的記憶之中。

繼承了努爾哈赤衣缽的皇太極，在擴大後金影響力之際，特別將重點放在統一鄰近西邊的廣大蒙古諸部上。此舉具有相當的意義，因為即使後金與明在當下的局部戰役中有著壓倒性的優勢，但明本身擁有的巨大人口、技術與經濟力量，仍然是後金絕對無法忽視的要素。

對於後金的滿洲人來說，即使元瓦解，仍隔著萬里長城不斷對明施壓的強大蒙古騎兵戰力，無疑具有極大的魅力。因此，如何建構出與蒙古人之間的主從關係，贏得他們永遠的忠誠，便成了後金用來對抗明的不可或缺的戰略。此外，在滿洲人與蒙古人的關係變得密切之後，滿洲人才有機會進一步透過蒙古人篤信的藏傳佛教，去接觸西藏以及居住於天山山脈東南方、信仰伊斯蘭教的突厥民族。

一六三一年，皇太極擊敗了當時漠南蒙古的大汗林丹汗，這是他所推動的蒙古政策中的一大成果。當時的漠南蒙古大致與今日內蒙古自治區的主要地區重疊，當後金統治了此地區後，皇太極身為強大騎兵的統帥，其名聲迅速傳遍整個蒙古高原（順道一提，所謂的「內蒙古」，指的是以北京、南京的角度來看，較近的部分稱為「內」，較遠的部分則稱為「外」。本書只有在作為專有名詞時，才會使用「內蒙古」、「外蒙古」，其餘皆採蒙古人慣用的稱呼，即「南蒙古」、「北蒙古」）。

清朝開國皇帝皇太極

一六三六年，由南蒙古四十九旗的王公所召開的大會中，承認了皇太極為蒙古人共同的可汗，奉其為「博格達・徹辰汗（神武英明可汗）」。在此同時，後金對南蒙古的支配也隨之穩固下來。後金為管理自己與蒙古人間的關係，設立了蒙古衙門（即理藩院的前身）這一事務機關來專門處理。不過，要如何將自身影響力擴張到北蒙古的喀爾喀部與西蒙古的瓦剌部，則成為後金／清在往後約一個世紀間的難題。然而，也正因歷代滿洲人皇帝全力投入這項任務，最終才使清對今日的中國，留下了正負兩面的巨大遺產。

◎清澄的盛京——瀋陽展現出的統治理念

就這樣，皇太極再也不只是女真（滿洲）人的領導者，而是編入八旗底下的漢人，以及宣誓歸順的蒙古人共同的可汗。到了一六三六年，皇太極在剛落成的盛京宮殿裡，宣告改國號為「清」。他在對八旗與蒙古的諸王公談話時，會使用帶有統御騎馬民族之王意思的「汗」來自稱，不過在面對使用漢字的人們時，則仍會自稱「皇帝」。

當然，不管是汗還是皇帝，同樣都是「受上天託付的至高權力者」，而皇太極以後的歷代皇帝們（本書為了行文方便使用漢字來敘述，所以除必要外，一律使用「皇帝」來稱呼）[2]，也常強調「上天」的權威，試圖表現自己是融合「汗」與「皇帝」兩種源自不同特性於一身的存在。或許，「清」這個國號，包含著兩種意志，一種是他們想取代充斥混亂、整個國家逐漸陷於癱瘓的明，以及想打造一個無論是在何種文化背景的人們眼中，都是清廉且實現社會正義的國家。

這些自我期許的跡象，我們能在過去的盛京——即今日的瀋陽遺留下的清初遺產中察覺。

瀋陽——它的舊名「奉天」，以及在此處爆發的九一八事變（日本稱滿洲事變），都是近現代的日本人與中國人絕對無法忘卻的記憶。九一八事變，是一九三一年時關東軍自導自演的事件。日本關東軍在奉天北方自行炸毀鋪設於柳條湖的滿鐵鐵路，藉以獲得關東軍對中國進行軍事介入的藉口。這起事件再一次地刺激了中國的民族主義。從那之後直到現在，包括緊接著的日中戰爭，或是最近所謂的「阻止日本軍國主義擔任聯合國常任理事國」等問題，每當這些問題在中國民族主義者之間掀起反日聲浪時，瀋陽便會被定位成所謂的「抗戰聖地」。

不過，若只把瀋陽看作是血腥的對立舞台，那麼我們便無法充分感受到這座都市的魅力。與中國其他大都市相同，急速進行都市改造的瀋陽市，同樣也是愈接近市中心，就愈瀰漫著一股自古以來的熱鬧與文化氣息。在這裡，至今仍存在著於努爾哈赤遷都後興建，並於皇太極時代完成的「盛京故宮（現稱瀋陽故宮）」。

踏進瀋陽故宮，我們會發現裡頭是由一個個小建築緽密排列出的空間，與我們提到「故宮」兩字時，一般會想到的「北京巨大建築群」的形象顯然不同。乍看之下，這座故宮的建築樣式與漢人傳統建築並無太大的差異，這彷彿是在訴說著原本以狩獵與畜牧維生、身為騎馬民族的滿洲人，在與明的交流中吸收了漢人的文化模式。然而它的設計，仍與「用一條貫穿南北的直線連結主要大門與龍椅、宮殿」這種漢人的宮殿樣式有著決定性的不同之處。

這個不同之處，就在於故宮的東側，還有一處皇帝用來集合八旗軍人（旗人）於一堂，以舉行祭典的空間；這個空間是完全依照東北亞或內亞騎馬民族的發想而打造出來的。若從位於此處北側中央的「大政殿（八角亭）」中的龍椅位置看出去，我們可以看見中間的廣場，被排列於東西兩側共十座的亭子挾在其中。這十座亭子，乃是象徵著「八旗」的軍事組織，以及指揮他們的左翼王與右翼王的建築。雖說其設計採用了漢人的建築風格，不過它的整體空間，仍給人一種遊牧、狩獵民族利用帳篷（蒙古包）作為騎兵營地的印象。看著一座座造型素樸、筆直佇立於此的建築，不禁讓人感受到努爾哈赤與皇太極試圖以騎兵戰力對抗明帝國的壓迫，還有以同盟者之姿，號令蒙古的決心。

從建築中看見的，清這一政權的騎馬民族的質樸，或者說是純淨清晰，在努爾哈赤位於瀋陽東郊的陵墓「福陵（俗稱東陵）」中，有著讓人更深一層的體會。

福陵由於在建造上利用了天柱山的山丘整體，因此民眾要來此處參觀時，必須登上包含一百零八階階梯在內的坡道。當我們邊享受著蔭鬱的松柏之香，邊接近其核心「方城」時，

瀋陽故宮　圖為故宮東側的廣場，此處以大政殿為中心建造的十王亭，象徵著滿洲人國家的軍事制度。下圖為故宮正殿「崇政殿」中的龍椅。即使在清入主中原後，皇帝出巡時仍會在此處理政務。

心底多少也會因為遠離了都市的喧囂，而浮現出一股清爽的感受。接著，在通過此處的大門、眺望用於舉行祭祀的「隆恩殿」、登上深處的「大明樓」後，眼前便會出現被青草與灌木叢所圍繞的圓塚，此處正是努爾哈赤所長眠的「寶頂」。

一開始，當這幅光景映入眼簾時，筆者不由得地吃了一驚；以堂堂大帝國的始祖沉睡的陵墓而言，這裡實在太過簡樸了。不過，就在萬里無雲的晴空、欣欣向榮的草木以及唧唧蟬嘶的圍繞下，望著眼前寧靜佇立的圓塚時，筆者忽然覺得，或許這樣的形象，才最符合努爾哈赤打算排除明的壓迫、團結騎馬民族力量的雄心壯志吧。

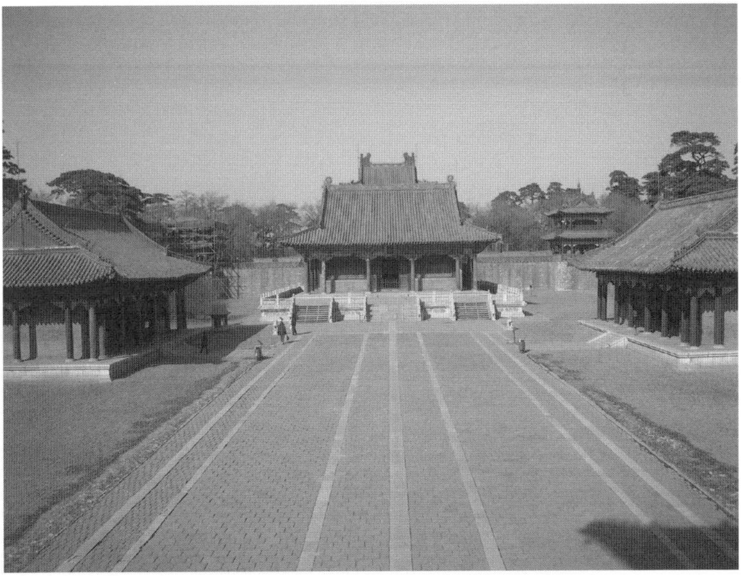

福陵　為努爾哈赤位於瀋陽東方的陵墓。圖為隆恩殿。

明的瓦解與清遷都北京

◎朝鮮的屈辱

接著再讓我們把話題拉回清國的發展，以及它和明之間的對抗。

就像清為了抵抗強大的明帝國所造成的壓力而試圖拉攏蒙古，以保證軍事上的優勢一樣，他們也開始尋求和朝鮮之間建立同盟關係。從這一刻開始，朝鮮的命運便產生了極大的變化。

就如同前章所述，朝鮮王朝的建立，本身就是與朱元璋之間的緊密關係所衍生出的結果。朝鮮將明帝國當作「文明」的中心來瞻仰，並將自己打造成一個由明的正統學問「朱子學」所構成的國家。事實上，曾在高麗時代貴為國教的佛教，後來被認為是導致高麗衰弱的原因，因此不斷受到近乎「怨恨式」的打壓。

朝鮮的當政者與知識分子，之所以將自己視為明朝「最親近的友邦」，還有一個很大的理由，那就是豐臣秀吉出兵朝鮮。當時，明見到朝鮮陷入困境，於是派遣了大規模的援軍。在兩者共同擊退日本的軍隊後，朝鮮更加認為自己是受明恩德最深的國家。

此外，愈接近明末，明的士大夫愈是對朱子學「格物致知」的精神修養感到窒息。他們開始追求「陽明學」，提倡「人類的慾望才是『理』的根源」，於是明末的思想圈陷入了混亂。這個狀況，讓朝鮮的知識分子產生了一種極端強烈的堅持，認為自己才是「延續朱子學正統的傳人」。他們相信，即便明的內政與思想持續混亂下去，只要朝鮮堅持感受明的恩澤，繼續向明朝貢，並正確發展儒學與漢字的文明的話，總有一天，朝鮮一定能將儒學文明的精隨回報漢人。

就在此時，後金突然向朝鮮提出共同抗明的同盟要求。然而，從朝鮮的角度來看，它不僅因豐臣秀吉攻打朝鮮一事而更加效忠明，而且也不把女真（滿洲）人視為與自己地位平等的鄰居，而是蔑稱為「兀良哈（오랑캐）」，是無知且蒙昧的北方野蠻人。之後，拒絕了後金要求的朝鮮，在薩爾滸之戰中出兵支援明軍，但他們在這戰役中卻雙雙吃下敗仗。

因為朝鮮不肯配合而動怒的後金，決定降低朝鮮的地位，要求朝鮮俯首歸順，並向後金朝貢。然而，這樣做根本無法使朝鮮改變對明朝的敬慕之意。因此不如說，這不過是後金在假設未來與明全面開戰的狀況中，為了先行削弱可能會成為後顧之憂的朝鮮勢力而捏造的藉口罷了。接著到了一六三六年，皇太極揮軍南進、一口氣渡過鴨綠江，占領了朝鮮的首都漢城（今日首爾）。此後，朝鮮被禁止繼續向明朝貢，並被迫屈辱地服從於清國。

這起事件，在朝鮮史（韓國史）上被稱作「丙子胡亂」；從朝鮮的角度來看，這起侵略事件是由屬於「胡人（野蠻人）」的「兀良哈」滿洲人所引起的，因此被定位為「亂」也是理所當然。不過，這起事件同時也是「朱子學國家」朝鮮過度執著於華夷思想，故而未能察覺大局已漸漸倒向後金（清）所造成的結果。某方面來說，這也意味著朝鮮因此失去作為同盟國來獲得優厚待遇的機會。

儘管相當屈辱，但因為朝鮮的立場轉變成「朝貢國」，因此在日後朝鮮半島的日清對立過程中，才會被日方看作是一個「自主國」；雖然這讓朝鮮又經歷了一段殖民地化的屈辱過程，但它最終卻得以獨立。與之相比，在清建立的時候就成為同盟者的南蒙古，以及被併入清的「藩屬」內，獲得相當於同盟者待遇的西藏與信仰伊斯蘭教的突厥民族，則因為身為「藩屬」或「同盟者」，所以錯過了獨立的機會，成了中國民族主義中所謂「不可分割的一部分」。歷史就像這樣，絕不存在著所謂「完全理想的結局」，一定會產生正反兩面的後果。

◎明末的悲劇

話說回來，其實身為「典型中華帝國」的明，它的瓦解也是在自己一手創造出的內政與外交體系中，潛藏的矛盾所演變出的結果。如同先前所述，以批判朱子學的嚴謹而獲得發展的陽明學，在完全成熟的城市消費文化中擴大著它的影響力。不過，這樣的結果反而引發了菁英階級中的內部分裂；光是這樣的現象，就足以讓因為朝貢貿易而陷入財政浪費的明帝國，統治能力更加衰弱。而讓此狀況加速惡化的，即是豐臣秀吉出兵朝鮮。雖然就明的立場來看，它的確成功實踐了「華」的義務，拯救模範的朝貢國於危難之中，但就結果來說，國庫卻也因此產生了嚴重虧損。

然而，即使國家入不敷出，明仍須維持符合「華」的身分的宮廷生活，並向官僚及朝貢國展現出慷慨豁達的行為。再加上後金建國、公開宣言對抗明，逼使明帝國不得不想辦法擠出遼東地區激增的軍事費用。就連地方上的官員，也必須迎合宮廷的方針，才有辦法在劇烈的黨派鬥爭中存活。這也造成他們向農民與商人課徵了相當高額、幾乎能與「搶劫」畫上等號的稅金。再到了一六三〇年左右，黃河流域爆發了前所未見的大饑荒。饑荒造成了大量流民出現，大多數的人除了選擇投身叛亂之外，已沒有其他可以活下去的辦法。

這樣的緊繃狀態持續到一六三一年時，李自成對明發動全面叛亂。雖然李自成表面上打著平均主義（要求平均分享一切社會財富的思想）的政策，藉以奪取明政權，並將國號定為「順」，但其行為其實與強盜集團無異。明軍完全對他們束手無策，最終甚至也墮落成肆無忌憚的強盜集團。士兵為了搶報戰功，不僅殺害無辜平民以虛報取得的敵人首級，因為民眾暴動而失去補給的前線部隊，甚至還發生了人吃人的事件。此外，他們為了阻止李自成軍隊的勢力擴大，還破壞了黃河堤防，造成河南省周邊約一百萬人溺死。

然而明軍與李自成的對峙，並非是造成明末緊繃狀態的唯一因素。在明帝國的力量不斷衰弱的同時，地方軍閥開始崛起。其中，握有四川盆地的張獻忠，思考著如何才能防止李自成攻入四川，並安心地從此處擴張自己的勢力範圍。後來他腦中所浮現的解答，便是古今罕見的群體滅絕（genocide）政策——盡可能地殺掉更多的居民。首先，他盯上了可能會反抗自己政策與權力的士大夫；他藉著「尋求計策」的名目，吸引士大夫前來，然後將他們全數消滅。後來，一般居民也難逃他的魔爪，讓曾經以物產豐富、素有「天府」美名廣為人知的四川盆地，化成了人煙罕至的無間地獄。

在漢人社會陷入極大混亂的一六四四年，李自成終於攻進了北京。此時，明僅存的精銳部隊與其將軍吳三桂，在萬里長城東端的山海關形成了被「自北京逼近的李自成軍」與「從北方迫近的清軍」夾擊的窘境，即使想要急馳北京拯救皇帝的危機，也是寸步難行。最後，隨著崇禎皇帝於紫禁城北方的景山自盡，明也畫下了它悲劇的句點。

◎入主北京

此時，為了打倒李自成、恢復國家秩序，吳三桂下了一個很大的決心；他決定倒戈幫助清兵、打開山海關的城門，以借助他們強大的騎兵力量。理所當然地，這個決斷裡也同時包含著他想藉由成為清的幫手，以提升自己政治影響力的考量。在清軍這一方，由於皇太極已於一六四三年駕崩，因此當時的清國是由多爾袞攝政；多爾袞回應了吳三桂的要求派出軍隊，將李自成的軍隊一口氣從山海關打回北京。到了一六四四年初夏，清軍進入北京、遷都於此，年輕的順治帝亦在此即位。

隨著清入主北京，被編制於八旗內的滿洲人，開始大量離開遼東至長白山周邊的故鄉，整個民族大遷徙至北京。在他們進入因為明末混亂而荒廢的北京城後，基本上是直接沿用、適應漢人長年累月建築的紫禁城和宮殿，以及街道與住宅的構造，然後將其重新整治成符合帝國首都的外貌。

也因此，相較於採用符合騎馬民族集會場地形式的瀋陽故宮，成為新皇帝生活起居之處的紫禁城，則不過是座繼承明的意志，試圖成為「中華正統」的建築。現實中，清透過實施科舉制度、錄用精通朱子學的漢人士大夫為官，對漢人地區展現出自己才是正統政權的姿態；在雍正皇帝時代，清帝國則試圖將《聖諭廣訓》[3]的思想徹底推廣到漢人全體社會當中，而皇帝在原先由明所建造的「天壇」等祭祀場所，也不怠於實施基於「禮」的祭祀。於是，當我們看見清遷都至北京後所實施的文化政策，以及具有代表性的巨大建築時，總會讓我們有種「誕生於東北亞部族社會的清，在從明手中接下了歷史香火後，彷彿重生成一個新的『中華帝國』」的感覺。

不過，今日北京所繼承下來的清遺產，其實隱約暗藏著未必能單純切割掉的帝國性格。例如，由住宅與大門圍住中庭稱為「四合院」的建築，一間間連綿構成的城市景觀，通常被認為是古色古香的北京象徵，而今日人們以「胡同」一詞稱呼這樣的街道。這似乎是在訴說著因為滿洲人、蒙古人等八旗軍人（胡人）的大舉移住，大幅改變了北京人口結構的一段背景。

不只如此，以北京規模最大的主要街道而聞名的「王府井」，其地名也是一個令人容易了解清帝國是以八旗、蒙古騎兵為中心形成的例子。在後金改國號為清的一六三六年，宣誓全面歸順大清的南蒙古領袖們，根據清所新制定的「盟旗制度」，向皇帝展示忠誠；作為代價，他們獲得了「旗長（扎薩克）」的封號，並擁有統治一定放牧區域與領地內人民的權力（此外，制度中設有稱作「盟」的單位，用以統括數個「旗」之用）。為服侍朝廷，他們不僅要伴隨皇帝進行狩獵訓練，更需定期來回北京、居住在建於紫禁城周邊的房屋內。基本上，這套施行於清帝國蒙古社會中的制度，就類似於日本江戶時代的幕藩體制。蒙古的旗長與有權勢的滿洲人一般被稱作「王公」，而他們擁有的屋子則被稱作「王府」。故「王府井」這一地名，正是此段歷史所留下的產物。

於是，迥異於明風格的建築外貌開始出現在北京各處，而說到其中之最，肯定就是屹立於紫禁城（故宮）西北處，閃耀著白色光輝的「北海白塔」了。這座塔是在清入主北京後不久，於順治皇帝統治期間建成的佛塔。在風格上，它完全採用西藏的樣式，而非漢人的風格。當我們走進白塔底部的佛殿，會發現更令人吃驚的景象——釋迦牟尼佛的身旁竟有一尊第五世達賴喇嘛的塑像。這座聳立於紫禁城正西北方的高塔，看起來就像是朝著紫禁城（以及

北海白塔　為故宮與中南海帶來佛教保佑的建築。

五世達賴喇嘛像　安置於北海的白塔寺中的達賴喇嘛像。（作者拍攝）

設有中國共產黨中樞機關的中南海）綻放著神祕的光芒。認為君主應以朱子學理念經營國家並排拒佛教的士大夫們若是看見如此光景，想必也會瞠目結舌、吃驚不已吧。

即使如此，於順治皇帝時代落成的北海白塔，在經過雍正皇帝的增建、修築後，依然屹立在該處，不斷望著名為「清」的帝國，以及近現代中國的驚濤駭浪。也正因為擁有這種完全「不同於東亞的建築」，北京才從明的首都，搖身一變為瀰漫著內亞色彩的清帝國首都。

北京主要古蹟分布圖　圍繞於過去的紫禁城、帶有西藏風格的白塔與雍和宮等建築至今仍然存在。

◎辮髮與流血

那麼，清入關後對漢人擴張的統治行為，究竟給清帝國帶來了何種意義？

首先，在清討伐了李自成後，李自成之亂與其想建立「順」帝國的野心，便土崩瓦解。接著，清國代替過去曾是敵對狀態、但如今已經崩潰的明，擔負起回復漢人地區整體秩序的責任，持續向華中、華南展開軍事行動。

不過也就在此時，清帝國與打算復興明的殘存勢力以及拒絕服從清統治的地方漢人士大夫之間，爆發了一場又一場血腥的戰鬥，這正是始終糾纏著清的穩定與命運的最大問題。且清更將滿洲人的習俗強加在漢人身上，要求他們剃髮結辮、穿上滿洲服，以作為服從清的象徵。

在長江下游的江南地區中，有一群抱持著身為「華」的極高自尊的士大夫。他們動員人民、向人民鼓吹「與其坐以待斃學習夷狄風俗、陷入奴隸境地，不如起身抵抗」。後來在揚州（位於南京東邊隔著長江之處）、嘉定（今歸屬於上海市）等主要城市中爆發的攻防戰中，清廷也對抵抗的漢人進行了殘虐的行為。

不過，就在明的餘黨失去連結、全面瓦解，清也迅速恢復已鎮壓地區的秩序後，反抗的聲浪便開始消退。接受了辮髮與滿洲服的漢人社會，其生產、經濟活動獲得復甦，特別是隨著和平的到來，因政治原因而死亡的狀況急遽減少，人們終於能夠安心生育後代，因此人口逐漸增加。不僅如此，到了十八世紀後，清廷決定把以每位男性農民作為課稅標的的稅制基礎，改為向土地所有關係課稅，此舉更降低了貧困階級因重稅而苦的情形，造就了人口增加與消費擴大相輔相成的空前繁榮，也開啟了清的盛世。

◎鄭成功與吳三桂

接下來進一步延續順治皇帝時代對秩序的重建，讓清帝國得以完全統治漢人者，即是以編纂《康熙字典》而聞名的康熙皇帝。康熙皇帝於一六六一年即位時，還有兩處仍有可能潛藏者反抗清的漢人勢力，一是以台灣為據點，一手掌握海上交易權利的鄭成功；而另一個，就是因助清

康熙皇帝　治世長及六十一年的康熙皇帝像。

有功而受封為藩王，試圖於雲南周邊地區建立勢力的吳三桂。

其中，在日本以近松門左衛門的淨琉璃劇本《國性爺合戰》[4]而聞名的鄭成功，其身分是明末透過橫跨福建、台灣與日本九州之間的海上貿易而致富的鄭芝龍之子（母親為日本人）。被他用來當作主要根據地的台灣，原先是南島語系的人們所居住的島嶼。不過當漢族自宋以來擴張了海上活動後，從福建等沿海地區移居到台灣的人便慢慢增加。到了十六世紀，為宣揚天主教而出現在東海的葡萄牙傳教士們，也在洶湧的海上「發現」了這座擁有壯觀山脈的島嶼，並稱其為福爾摩沙（漢語譯為美麗島）。至此，台灣便在世界史的風浪之中浮出水面。

安平古堡裡的鄭成功像

之後，荷蘭為了尋求東洋貿易的據點，便於一六二四年開始殖民台灣。不過在一六六一年鄭成功攻擊荷蘭據點「普羅民遮城（即後來的赤崁樓）」後，便將台灣納入手中。接著為了推動農地開發，鄭成功收容來自福建南部與廣東東部的貧困民眾。

另外，以雲南為據點的吳三桂，靠著活用以銅礦為主的豐富非鐵金屬礦藏，以及與青藏高原鄰接的地利之便，在極短時間內就透過開發與貿易累積了巨大利益。尤其是在與西藏的關係上，吳三桂與明同樣極度重視茶馬交易，並試圖透過與第五世達賴喇嘛以及他的攝政——桑結嘉措的密切來往，來建立起某種攻守同盟關係。

對剛即位不久的康熙皇帝來說，他完全無法坐視鄭成功與吳三桂的動向不理；因為當時從蒙古高原西邊崛起的新興勢力準噶爾，也以成為和清分庭抗禮的內亞霸權為目標，正試圖拉攏蒙古的騎兵。故此，若繼續放任鄭成功與吳三桂，大清隨時都有可能陷入遭到南北夾擊的窘況。話雖如此，內亞爭霸的局勢連位居藏傳佛教頂點的達賴喇嘛都牽涉其中，與此相比，鄭成功和吳三桂的勢力顯然還是較為局部性且容易處理的問題。因此，在順治皇帝的時代中，清先採取公布海禁令的方式（一六五六年），嚴格限制鄭成功的主要財源，即大陸沿海的貿易活動。

後來，在康熙皇帝登基後，為進一步斷絕鄭成功的活路，更發布了「遷海令」，強制居住在離海岸一定距離內的所有居民移居至內陸，藉此完全封鎖走私貿易的可能性。這個乍看之下荒唐至極的政策，後來竟真的實施，使得鄭成功的財政基礎受到了更大的打擊。

在靠著這些政策削弱了潛藏於海洋上的危機後，康熙皇帝接著又以斷然的態度，來處理吳三桂與其他兩位以南方為據點的藩王於一六七一年發起的反清戰爭——「三藩之亂」，並成功於一六八一年平定吳三桂。之後，康熙皇帝更趁著這股氣勢，派遣遠征軍進攻台灣，於一六八四年完成征服。至此，那史無前例嚴格的遷海令也終於解除。

◎從地政學角度看清初時代

如前述所見，清對於漢人社會所進行的一連串武力行使並擴張統治範圍的過程，究竟帶有何種意義？首先，從權力政治與經濟重心的視角來看，這樣的做法可以打擊由漢人地方勢力與商人、走私業者為核心，在各地區獨自發展起來的活動力。

直到明的最盛期為止，漢人地區的高生產力與銀礦在國際間的高流通量所帶來的豐富財源，滿足了明打算透過經營朝貢貿易來作為「天下之主」、「中華」的自負心態，以及各國、各勢力想與漢人進行交易、獲利的慾望。雖然這同時引發了倭寇的襲擊、豐臣秀吉出兵朝鮮、薩摩對琉球的實質殖民、鄭氏父子的割據，以及明在北方和女真、蒙古人的對立，乃至後金的崛起，不過最重要的是，明所打造出的這個號稱「中華正統」的帝國，確確實實地帶動了「周邊地區」的活絡發展。

在這種狀況下，整個環東海世界不只是財富流通，文化也隨之相互交流，結果便為今日

涅爾琴斯克
黑
龍
江
吉
林
黑龍江城
（瑷琿）
哈巴羅夫斯克
（伯力）
臣汗部
呼倫貝爾
庫倫，今：
達里岡崖
錫林郭勒盟
古
蒙
哲里木盟
卓索圖盟
昭烏達盟
符拉迪沃斯托克
（海参崴）
吉林
撫順
盛京
盛
京
綏遠、歸化
（呼和浩特）
八旗察哈爾
張家口
承德府
（熱河）
山海關
京師（北京）
天津
朝
鮮
平壤
日本
江華島
漢城（首爾）
釜山
下關
長崎
鹿兒島
黃河
西安府
江寧府
（南京）
上海
武昌府
長江
杭州府
（南宋→臨安）
長沙府
琉
球
首里
福州
廈門
廣州府
金田村
香港
台灣府
（台南）
0
600km

大清帝國關係地圖　跨越明修築的長城、入主中原的清，在乾隆皇帝的時代中平定準噶爾，統治了蒙古至西藏一帶的廣大領土。圖為參考《中國歷史地圖集》（中國地圖出版社）製作。

所謂的「東亞」地區，造就了一定程度的文化土壤。此外，因為沿海地區的貧困漢人為求商業上的利益而開始頻繁往來南洋，也為今日我們所看到的東南亞社會（也可說是當地社會與華僑、華人社會的複合社會）打下了基礎。

不過，康熙皇帝不只發布遷海令，掐住了沿海地區乃至環東海世界，在人與物資上交流的咽喉，更封死了吳三桂等漢人地方勢力形成獨立的地域社會，還有與今日東南亞及西藏間建立關係的一切機會。康熙皇帝盡可能地將所有權力集中於北京，並把蒙古、西藏與大清之間的內亞關係問題，當作是最重要的利害事項來處理。

故此，從地政學的角度來看，清開始支配漢人區域一事，代表漢人社會從「東亞」的「中心」，轉變為內亞的「邊陲地帶」；在這之後很長的一段時間，清都是以所謂「內亞帝國」之姿遂行發展。

◎從悲劇中創造出的「傳統」

另外，清初發生的歷史悲劇，又為漢人與滿洲人的關係帶來了什麼影響呢？

很顯然地，對於因明末前所未見的混亂而陷入荒廢的漢人社會來說，雖然滿洲人的出現伴隨著毫不掩飾的暴力強權，但他們同時也是恢復國家秩序的強大力量，因此確實值得歡迎他們的到來。正因如此，原本清的統治是純粹的軍事性質，後來也因為明末官僚的歸順，以及透過新舉辦的科舉選拔出來的官吏而逐漸改變。在這轉變的過程中，組織性的反抗運動也逐漸降溫，造就了受人稱頌，延續康熙、雍正、乾隆三代的「盛世」。

不過即使如此，本應身為漢人「中華」的明帝國，為什麼會如此脆弱地瓦解、毀滅？又為什麼殘酷的清能夠取代明進行統治？這些疑問，再次點燃了許多漢人士大夫心中強烈的華夷思想。後續反滿思想的蔓延，以及皇帝對此的反擊、鎮壓，為「清」這個新生帝國罩上一層陰影。尤其，「為何身為『華』的人們，非得要去接納辮髮和滿洲人服裝這些『蠻夷習俗』不可？」，此疑問更是成了許多漢人的苦惱。

不論是何種社會與文化，服裝與飾品所代表的風俗，一般來說皆是長年累月受到各種異文化影響而逐漸發展出來的結果。因此要將什麼部分看做是「純粹固有」的習俗，實在是一件相當困難的問題。從某個特定時代中擷取出某種特定文化、習俗，並宣稱這是「應該受到保護的偉大傳統文化」，當有人這麼說的時候，儘管乍聽之下相當美好，但其本身事實上就是一種「創造『傳統』，將其奉為絕對，並進而排除被認定為『非傳統』事物」的行為。不管在哪個時代、什麼地點，本就不存在著絲毫未受外來影響、徹頭徹尾純粹的「固有文化」。頂多只是在歲月的累積下，在具有一定凝聚力與範圍的某個群體中，因為許多人逐漸習慣與熟悉，才讓各式各樣的事物逐漸轉變成「傳統」罷了。

就以普遍認為是最能代表日本美俗之一的和服來說吧。和服的另一種稱呼為「吳服」，透露出它原本是過去位於長江下游「吳國」的紡織品，只不過後來傳入日本，才成為日本習俗的代表物。而由滿洲人所傳入、強制漢人穿著的高領服裝，今日則稱為「旗袍」，也被外國認為是漢人傳統的服飾文化。再者，如同第一章所提到的，毛澤東所穿著的那套高領服裝，雖然一般稱為「人民裝」，並被當作是共產主義者獨裁與壓迫的象徵，不過它的正式名稱叫做「中山裝」，是孫文（孫中山）參考日本軍隊、學校的高領制服，並當作為民族革命獻身者的象徵而加以普及的服裝。即使是象徵對帝國主義進行抵抗的「傳統」服飾文化，其實最初也是學習「日本軍國主義」之物。

因此，到底什麼才是該守護的「傳統」，以及究竟怎樣的服裝才算「正統」，都是在社會環境中演變而來的相對結果，服裝本身並沒有錯。至於人們是否會稱呼某種風俗習慣為「傳統」、「美俗」，以及將與該風俗完全相反的事物，貼上「野蠻」、「淫靡」的標籤，基本上全是出於他們原先所習慣、親近的文化，是否受到顯著的侵害來決定。

清初因為拒絕辮髮與滿洲服裝而造成大量流血的悲劇，即是因為基本教義式的華夷思想，在突然面對異文化時，只會產生出「本質上就不能接受」的反應；再加上滿洲人認為，「既然崇尚武力與忠誠的新權力已經在這場大變局之中產生，那麼為了區分敵我並表示服從與忠誠，人民接受支配者所訂定的象徵，也是理所當然的」，這兩種截然不同的發想，結果導致了嚴重的正面衝突。

前所未有的版圖與藏傳佛教

◎是什麼填補了明與近現代中國的落差？

清帝國以強大的軍事力量擊破了李自成與明的殘黨，並在進一步鎮壓了吳三桂引起的「三藩之亂」與台灣的鄭成功後，封鎖住漢人向今日「東亞」與東南亞展開的國際性活動，實現了對全體漢人的統治。清這樣的策略從另一面來說，也是為了與準噶爾競爭對全蒙古的影響力，以及為了角逐內亞霸權而盡可能減少來自其他地方的威脅，並獲得穩定的經濟基礎。另外，原本是「華」用來當作監視蒙古的最前線而建設的首都北京，開始到處出現內亞風格的事物；以這座城市為出發點，內亞開始反過來，對整體漢人社會形成巨大的支配。

從這點來講，筆者認為清國打從一開始便是以內亞帝國之姿崛起，並持續發展，絕非像是日本人一般認為的「東亞的中華帝國」或「歷代中華帝國的最後王朝」之類的國家。對此最具有說服力的證據，就是清帝國一手打造的版圖，即近現代的中華民國、中華人民共和國所繼承下來的領土。

追根究柢，將儒學與漢字的價值擺在首位、執著於「中華」正統性的明，即使透過朝貢關係或民間交易與各個地區建立了關係，仍無法對這些廣袤的諸地區直接行使權力。事實上，明帝國花了很大的心力，才終於打造出以漢人地區為中心，再加上西南地區少數民族領域的廣大版圖。而不屬於這範圍之內的人們，比如說女真、蒙古、西藏人，他們對以儒學和漢字為一切價值根源的「文明」，就沒有感到那麼憧憬，因此根本沒有打從內心服從明帝國，並將其權力當作自身一部分來接納的意思。

另一方面，近現代中國將漢人視為國家主要推手的程度，絕不遜於明。然而近現代中國所支配的地理範圍，卻與儒學、漢字、漢人的分布地區有著相當大的偏離，兩者並不一致。

也就是說，認為「『中華』文明的世界自古以來便在此地區開花結果，並且在經過各王朝反覆的盛衰榮枯後，最終成就了近現代中國」的想法，是錯誤的。至少筆者必須說，這是一個相當短視、只看結果的想法。

因此，雖然兩者乍看之下同樣在強調「中華」價值，不過若想要填補存在於明與近代中國之間，因地理範圍與國家構造的決定性差異所形成的斷層，只單純地把清帝國視為「中華帝國」是不夠充分的。不如說，既然近現代中國在維持自己領土的議題上，尤其針對明帝國時期未能統治到的西藏、蒙古、新疆與台灣，執拗地強調「國家統一」，那麼我們必須探究的，就是清究竟是抱持著怎樣的邏輯，去試著與這些地區發展出密切的關係，以及它們為何會被近代中國的民族主義者認為是「不可分割的領土」與「理應統一的土地」。並且，既然在實際上，當近代的中國民族主義者們愈是如此認為，就愈是引起這些明帝國未支配地區居民的強烈反彈的話，那麼我們或許也有必要去探討這些與漢字、儒學並無多大關聯的人們，當初與清之間的關係，又是怎樣的狀態。

◎藏傳佛教的發展與格魯派

首先從結論來說，清帝國的發展，主要是將內亞人民與漢人透過同一位皇帝結合起來，這個結果幾乎與所謂的「中華世界」、「中華帝國」的運作機制之間沒有任何關係。倒不如說，如先前已略為提及的，清的發展源自信仰佛教（尤其是文殊菩薩）的滿洲人，在拉攏蒙古人的騎兵兵力作為同盟者的過程中，被捲入圍繞藏傳佛教守護者寶座的內亞競爭、或者說是權力政治局勢的情況。（順道一提，雖然藏傳佛教俗稱「喇嘛教」，不過「喇嘛」原先是帶有「上人」意味的西藏語；而所謂的「喇嘛教」，主要是儒學家為了強調它有著崇拜菩薩或高僧轉世的活佛這一特徵，以及其擁有的咒術性、神祕感而使用的稱呼，因此這一用詞並不恰當。）

不光如此，其實這場角逐的開端，乃是發生在比滿洲人與蒙古人結成同盟還要遙遠的時代。雖然這部分可能會占用一點篇幅，不過卻是思考大清皇帝與藏傳佛教教徒的關係時不可或缺的一面，因此筆者希望在此盡量簡略地說明。

本來，在西藏發展起來的佛教，並非是重視個人的領悟與救贖的「上座部佛教」，而是與傳入日本的漢傳佛教（中國佛教）一樣，是以拯救眾生為目標的「大乘佛教」。不過，跟漢傳佛教不同，不是以僧人透過海、陸商路從印度帶回來的遺產為基礎，並發展成以重視頓悟的禪宗為核心，藏傳佛教是在印度險些失傳的前一刻所傳入，並以重視漸進頓悟的修行體系與密教為中心發展而成。不過長期以來，西藏的佛教不是因為各宗派與豪族、貴族們有所勾結而導致腐敗，就是因為太過執著於密教的奧義，而發生脫離原本清淨心態的弊害。

就在此時，身為改革派的格魯派（又稱黃帽派、黃教）的誕生，成了改變此狀況的一大契機。一三五七年，格魯派的創始者宗喀巴出生於今日青海省的西寧近郊，他出生的地方後來建起了一座名為塔爾寺的大寺廟，聚集了許多遠從蒙古或北京周邊前來巡禮的人，相當熱鬧。

時間來到十五世紀後，年紀輕輕就成為有名辯論家的宗喀巴，為了打破藏傳佛教的混沌狀態，而正式創立了格魯派。這個以清晰簡練著稱的新興改革宗派，很快就獲得了人們的支持。不過，從其他既有的各宗派眼中看來，新宗派的成立對他們而言無非是種打擊，因此在宗喀巴圓寂後，格魯派與既有教團之間，再加上捲入

塔爾寺　位於西寧市西南方二十五公里處，同時也是格魯派創始者宗喀巴的出生地。

其中的世俗有力貴族，陷入了持續約二百年的激烈對立狀態。

處於存亡危機的黃帽派，他們採取的諸多策略當中，最重要的就是採用了當時與他們對立的噶瑪噶舉派（黑帽派）創造的活佛轉世制度。所謂的活佛制度，是一種從人群中找出由菩薩或高僧投胎轉世的小孩，接著為其施予徹底的菁英教育，讓他成為下一代繼承人的制度。具體來說，調查團會根據上一代表示「接下來會轉世重生在哪個方位、哪個地區」的遺言，或是以拉薩東南的神聖湖泊「拉姆拉錯」所映出的影像作為根據出發探訪；他們會打聽聰穎孩童的傳聞，並挨家挨戶地訪問，接著讓那名孩童猜出眼前的物品哪個才是上一代的遺物，又或者透過提問，來推測「這孩子可能就是上一代的轉世」，來選出作為繼承人的孩童。接著到了十六世紀中葉左右，格魯派正式確立了派別中地位最高的活佛即達賴喇嘛。目前因為西藏問題日趨嚴峻而於一九五九年流亡印度，在國際上著名的第十四世達賴喇嘛，基本上也是使用相同方法挑選出來的。

當然，這種選擇活佛的方法存在一個嚴重的問題，即是在調查與決定的過程中，有力人士能夠輕易地恣意介入，因此往往也成為腐敗的溫床。此外，它也有著並非所有被選上的人都能夠成為優秀活佛的問題；譬如本書之後會談到的第六世達賴喇嘛就是一例，他因為無法支撐住來自周圍的學習壓力，而成了一位生活放蕩的活佛。不過撇除特例，被選為活佛的孩子通常都能順應人們期待，累積佛教修養、繼承教團與寺廟的名譽，因此只要能夠適當地運用，活佛制度仍算是個合理的制度，可說是與柏拉圖所構想的「哲人王」相通的概念。

◎達賴喇嘛政權的誕生

為了擺脫危機，格魯派所採取的另一項策略，就是「尋找一個更強力的施主（保護者）」。他們把此希望放在西藏之外，選擇了蒙古高原。如同第一章提及的，早在蒙古帝國時代時，藏傳佛教——特別是薩迦派，就已經開始對蒙古人產生影響。不過在元帝國沒落、蒙古高原陷入群雄割據的狀態後，原本以貴族為中心的藏傳佛教也隨之衰退。然而，當俺答汗的勢力在十六世紀中葉開始壯大，並改善了與明之間的關係，政權相對安定後，蒙古人便又再次將注意力放到了不僅僅是宗教信仰，同時也是各種知識泉源的藏傳佛教身上。

到了一五七八年，俺答汗與第三世達賴喇嘛在青海湖湖畔，進行了一場歷史性的會面。追根究柢，達賴喇嘛這個在蒙古語中帶有「學識淵博，有如大海一般的上人」之意的稱號，其實是俺答汗在此時獻予第三世達賴喇嘛的。這場會面後，格魯派的藏傳佛教便以很快的速度傳遍了蒙古諸部。不只如此，第三世達賴喇嘛的繼承者，就是從與俺答汗血脈有關的蒙古子嗣中挑選出來的。

在那之後，不僅在蒙古地區，達賴喇嘛與格魯派的權威就連在藏傳佛教的大本營西藏也有了提升。值得一提的是，一六三七年，青海蒙古的固始汗在青海一帶稱霸，在一六四二年更趁著這股氣勢，征服了相當於今日西藏自治區的地區。不過，由於固始汗是個虔誠的格魯派信徒，於是他將征服到手的地區直接「捐獻」給達賴喇嘛，自己則滿足於「西藏汗王」這一名譽頭銜。這一次的征服事件，對於西藏世俗貴族而言是個相當大的打擊，同時也讓持續至當時的宗派對抗，以格魯派獲得完全勝利而告終。

獲得了固始汗貢獻的權力後，第五世達賴喇嘛花了很長時間，整頓了由僧、俗大臣

布達拉宮　即使第五世達賴喇嘛已圓寂，布達拉宮的營建仍未中止，最終於 1695 年完工。

與官僚組成的政府組織以及西藏獨自的軍隊。這便是在中國共產黨政權前來摧毀之前，一直存續到一九五九年的達賴喇嘛政權（以及之後延續至今的西藏流亡政府）之起源。接著，第五世達賴喇嘛為了建立起自己在宗教上、政治上的權威象徵，於是開始著手興建一座巨大宮殿——布達拉宮。

◎順治皇帝與第五世達賴喇嘛的會見

格魯派的藏傳佛教以過人的氣勢占領整片蒙古高原的結果，造成了蒙古的王公們在承認滿洲人皇帝為蒙古人共同的可汗「博格達．徹辰汗」時，最大的前提就是要求皇帝必須基於對文殊菩薩與佛教的信仰，保護達賴喇嘛與格魯派的藏傳佛教。

因此就清的立場來說，皇帝要如何對身為格魯派之首的第五世達賴喇嘛表現出深厚敬意，便成了最重要的課題。當時，皇太極為敦請第五世達賴喇嘛，於是送了一封親筆信，主旨是請他來「弘揚佛教，為眾生帶來利益」。雖然皇太極在清入主北京前就已過世，不過順治皇帝仍繼承了他的想法，在後來又送出了親筆信。最後，第五世達賴喇嘛終於點頭答應，於是在一六五二年時，實現了雙方的會面。

雖然乍看之下，這件事也有種西藏的代表前來北京「朝貢」的感覺，不過實際上，「互相的對等與讓步」才是這場會談的基本精神。在會談開始前，順治皇帝為了率先表達自己的敬意，甚至打算親自遠赴青海，完全不顧漢人官員們說他「身為天下之主卻親自前往迎接，實在不妥」的批評。然而，這場會談最終卻仍在北京舉行；這是因為大清當時不僅接連發生了各種天災，還陷入了被迫與明殘黨周旋的狀況中，不得不讓順治皇帝認為若此時再不優先處理這些問題，必然會對清與漢人之間的關係造成重大的傷害。但是在順治皇帝下此決定之前，他仍不斷地與達賴喇嘛方面取得聯繫，極力避免有失禮數；在最初會面時，也是由他親自到北京城外迎接達賴喇嘛。

順治皇帝與第五世達賴喇嘛　此幅布達拉宮內的壁畫，描繪著 1652 年兩人在北京的會見。

就這樣，對建國並遷都到北京不久的清來說，這場首次的盛事總算是成功落幕了。之後，順治皇帝祈願，藉由達賴喇嘛與藏傳佛教的光輝能夠保佑清帝國的統治更加繁榮，於是在北海建立了白塔。

◎準噶爾的崛起

然而，清與藏傳佛教、蒙古之間的關係，儘管當初看似穩定，最終仍然沒有長久持續下去。這是因為，以阿爾泰山脈與天山山脈之間的準噶爾盆地為據點的漠西蒙古部族準噶爾，在此時期開始快速崛起，成為清帝國在十七世紀後半到十八世紀中期約莫一個世紀間的主要對手。另外，準噶爾這一方也試圖拉攏蒙古的有力人士建立霸業，此時他們的最大競爭者，便是自後金立國以來就不斷擴大對蒙古影響力的滿洲人。

後來，準噶爾的噶爾丹汗一方面出於對滿洲人與清的競爭心態，另一方面又因為自己過去曾身為格魯派僧人出家過，所以主張自己才是最能夠保護格魯派佛教的人。不光如此，噶爾丹還漸漸與第五世達賴喇嘛及攝政桑結嘉措建立了祕密聯繫。

而且當時的局勢，更是忽然朝著對噶爾丹有利的方向發展。在康熙皇帝鎮壓吳三桂引起的「三藩之亂」的過程中，他開始懷疑達賴喇嘛是否「不僅透過在雲南的茶馬交易助長吳三桂勢力，還保護了其殘黨」。這讓第五世達賴喇嘛忽然對清感到相當不快，後來於一六八二年鬱鬱而終。不過桑結嘉措此時選擇隱瞞第五世達賴喇嘛的死訊，還假借達賴喇嘛的名義接近了噶爾丹。

這股對清來說相當不穩定的動向，最後在噶爾丹汗於一六八八年開始入侵北蒙古的喀爾喀部時浮上檯面。這起入侵事件，最初是源於喀爾喀部的各王公間因爭論遊牧民的歸屬問題而產生的對立，為了調停此事，他們邀請了達賴喇嘛（不過實際上是桑結嘉措）的特使，以及當時在北蒙古以新活佛之名凝聚信仰力量的哲布尊丹巴；不過因為達賴喇嘛特使受到的待遇比哲布尊丹巴還要低，讓噶爾丹憤怒地認為「這樣的安排對達賴喇嘛過於不敬」。後來，噶爾丹的弟弟遭到哲布尊丹巴的刺客殺害，噶爾丹為了報復，以及在北蒙古擴大勢力，遂打著達賴喇嘛的名義舉兵。

原先打算以哲布尊丹巴的影響力為立足點，向北蒙古擴大勢力的康熙皇帝，因為噶爾丹的出兵而受到了強烈震撼。不過在一六九六年，康熙皇帝親自率領遠征軍，站上前線與噶爾丹進行了一場死鬥並獲得勝利後，喀爾喀部便全數向康熙皇帝表示歸順之意。至於噶爾丹的下場，後來則是在準噶爾的內部對立中，被新領導者策妄阿拉布坦逼上絕境，最終選擇自我了斷。至此，清帝國終於解決了眼前最迫切的危機。

◎因「放蕩的達賴喇嘛」而起的危機

然而，在這一連串的事態發展當中，康熙皇帝看出桑結嘉措隱瞞了達賴喇嘛的死訊，並正在策畫反清，於是在打倒了噶爾丹後，便嚴厲譴責了桑結嘉措。對此桑結嘉措立即做出辯解，而康熙皇帝也認為「若是太過追究此事，損傷了達賴喇嘛攝政的面子，或許反會招致蒙古人的不滿」，因此也就沒再進一步逼問下去。

但沒過多久，就發生了一件攸關格魯派命運的重大問題。攝政桑結嘉措私底下培養的第六世達賴喇嘛，因為對於自己必須要在布達拉宮深處默默勤勉向學、而且往後極有可能被捲入現實政治腥臭的命運感到厭煩，於是走上了猶如吟遊詩人般的放蕩生活。再加上桑結嘉措後來被拉藏汗所殺害（拉藏汗是捐獻權力給達賴喇嘛的固始汗之子孫）。於是拉藏汗與清聯手，廢黜了第六世達賴喇嘛，擁立了另一位「真正的第六世達賴喇嘛」。

當然對於康熙皇帝來說，或許是設想到若繼續放任行為放蕩的達賴喇嘛不管，自己身為佛教守護者的立場可能也會受到影響，因此才會覺得這作法並無不妥。只是，此時康熙皇帝的腦海中，也浮現了「要是準噶爾的新領導者策妄阿拉布坦綁架了第六世達賴喇嘛，接著重新擁立他的話，那麼蒙古的人心將可能會傾向準噶爾」的擔憂。因此他嚴正下令，要求控管第六世達賴喇嘛的人身安全。

然而在一七〇六年，第六世達賴喇嘛卻在受人護送回西寧的途中圓寂；不僅如此，到了一七一五年，視「放蕩的六世達賴喇嘛」為正統的人們，更在位於西藏東部的理塘（今日四川省甘孜西藏族自治州理塘縣）發現了第六世轉世而成的第七世達賴喇嘛。於是乎，許多的蒙古人、西藏人皆向康熙皇帝請求取消廢黜「放蕩達賴喇嘛」的決定，同時正式承認第七世達賴喇嘛。

至此，清面臨了進退兩難的困境。因為此時要是應人們的要求，承認第七世達賴喇嘛而否定自己擁立的「真正的第六世達賴喇嘛」的話，那麼便有可能喪失自己擁立「真六世」的權威。另一方面，康熙皇帝收到了準噶爾的策妄阿拉布坦正計劃攻打拉薩的消息，要是屆時策妄阿拉布坦擁立了第六世之轉世者的話，造成的打擊，將比起因為撤回擁立「真六世」的決定而導致面子掛不住的問題，還要大上許多。

但康熙皇帝可說是集幸運於一身的人物。一七一七年，進攻拉薩的策妄阿拉布坦軍，由於不僅殺害了拉藏汗，還對西藏造成了各種人事物上的危害，使得準噶爾在西藏人心中的評價完全跌到了谷底。無疑的，這讓策妄阿拉布坦已沒有擁立放蕩第六世之轉世者的可能。

康熙皇帝則抓住了這個千載難逢的機會，決定揮軍進攻拉薩，透過正式將該地區併入大清版圖，藉以向全體蒙古和西藏人表示「清才是真正守護格魯派佛教的政權，而非準噶爾」。但與此同時，要實現這個計畫，康熙皇帝就必須順著蒙古人、西藏人的意，苦澀地承認達賴喇嘛的權威，已由放蕩的第六世轉世而成的新第七世手上繼承下來。

雖說如此，既然清皇帝身為保護藏傳佛教的「文殊菩薩皇帝」，那麼隨著清版圖的擴大，便無可避免的、必須尊重被合併進清帝國的人們所信仰的藏傳佛教的權威。清對藏傳佛教的保護，再也不能只基於薄弱的信仰，或者是統一蒙古的目的而單單給予尊重即可。換句話說，因為清是以軍事力量保護藏傳佛教，因此佛教徒們的想法便成了強烈的制約，使皇帝在行使權力時必須負有責任。

一七二〇年，皇子胤禛（即後來的雍正皇帝）代替年邁的康熙皇帝，實質上主導、推動了清向西藏的大遠征。清在這場大遠征獲得了碩大成果，使得「文殊菩薩皇帝」的名號在蒙古、西藏人的社會中聲名大噪。

◎前所未有的版圖與「轉輪聖王」

自此刻開始，清便積極行使自己獲得的權利，在顧慮到所有藏傳佛教徒期望佛教繁榮的心願的同時，建構起「內亞的和平」。在這過程中，雍正皇帝藉著漢人地區的經濟成長與儉約的治國方針，充實了清的國庫，實現一段時間不長但穩健的治世。而在一七三五年登基的乾隆皇帝，則將這股「國家全盛期的力量」，全力貫注在徹底打倒準噶爾殘黨的勢力上。結果至一七五九年為止，清已經將準噶爾，以及原先受其支配、居住於塔里木盆地的突厥裔伊斯蘭教徒，都納入了自己的版圖當中。乾隆皇帝將這個地區命名為「新疆」，而清帝國此時所支配的版圖，也達到了前所未有的規模。

不過，就如筆者所強調的，在版圖擴張的過程中，就算強迫灌輸華夷思想以及儒學、漢字的優越價值也沒有任何意義。因為清當時是為了格魯派藏傳佛教守護者的寶座而使用武力或是施以妥協。

況且以沒有軍事力量的佛教陣營來說，為了在危機中自救，他們也勢必需要仰賴世俗權力者的庇護。於是他們設立了一套嚴格的標準，用以確認世俗權力者究竟有多高潔的心靈與虔誠的信仰，並肯定這樣的權力者為了佛教興隆而動用軍事力量的行為。這種權力者，一般被稱為「正法王」，而其中在信仰與政治雙方皆有著壓倒性力量的人，則被稱為「轉輪聖王（Chakravartin）」。最初，這個稱呼多用來讚頌古印度的阿輸柯王（阿育王），不過當時清的歷代皇帝，也被西藏人與蒙古人當作轉輪聖王來敬重。

原本這一連串的舉動，就今日西藏流亡政府的立場來看，只能給予否定的評價。畢竟，雖然達賴喇嘛政權在經過這場遠征後仍然存續，但這同時也意味著，此政權已成了受皇帝從八旗軍人中選出、派駐拉薩的「駐藏大臣」監督下的地方政權。不過，在西藏政治問題尚未浮上檯面前，駐藏大臣這一職位通常是由幾乎等同於「窗邊族」[5]的人來擔任的「涼缺」，故實際上達賴喇嘛政權仍然有許多行使自身權限的空間。所以西藏流亡政府才會根據這一點，批判中國政府所謂的「駐藏大臣代表大清的國家主權」之說，並主張西藏在歷史上是主權獨立的國家。

不過追根究柢，因為這個時代的北京與拉薩，還未有一絲近代國際關係的思考模式，因此光就這個狀態來看，筆者認為討論「中國主權」還是「西藏主權」都是毫無意義的。但至少能肯定的是，當時的西藏人逐漸認為皇帝的政策與行動有助於佛教社會的穩定，所以用較平和的方式接受了它。因此，思考由「不論是好是壞，清在政治上、軍事上帶有的模糊性統治方式」，與「連皇帝都廣納進去的藏傳佛教世界」所巧妙融合出的狀況，究竟是歷經了何種因果關係，才造就「主權」與「主權」，或者說是「中華」與「獨立文化」針鋒相對的結果，這樣的問題意識對我們更加深入思考清帝國的興亡，才是最為重要的。

1 昭和摩登（昭和モダン），指一九三〇年代昭和時代初期盛行的「和洋混搭」之近代市民文化。

2 作者此處會特別註明，是因為「汗」的日文是以假名「ハーン」標記，並且不想因為使用「皇帝」一詞，讓讀者以為帶有特定的觀點。

3 為雍正時期出版的官修典籍，內容依照儒學思想，列舉出人們應遵守的德行、道理。

4 淨琉璃是一種日本傳統的人偶戲劇。本劇原篇名即寫作「國性爺」，後來在改編為歌舞伎時則改回「國姓爺」。

5 源自日文的詞彙，指遭公司冷落的職員。

第三章

盛世下的隱憂

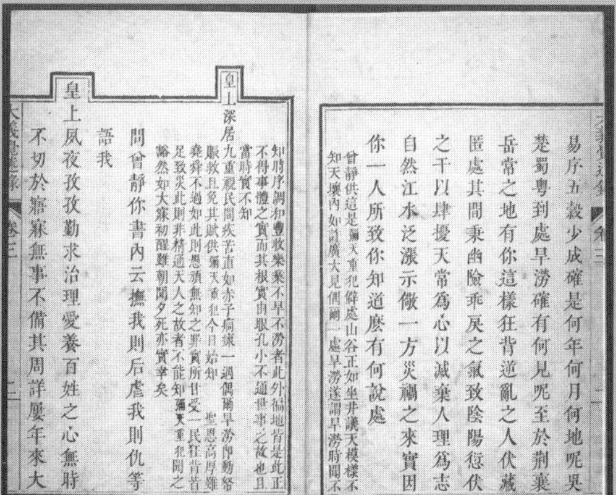

易序五穀少成確是何年何月何地咒哭
楚蜀粵到處旱澇確有何見咒至於荊襄
岳常之地有你這樣狂背逆亂之人伏藏
匿處其間秉幽險乖戾之氣致陰陽愆伏
之干以肆擾天常爲心以滅棄人理爲志
自然江水泛漲示儆一方災禍之來實因
你一人所致你知道麼有何說處
曾靜供這是彌天重犯僻處山谷正如坐井議天模樣不
知天壤內如許廣大見偶爾一處旱澇遂謂旱澇時間不
知時序調和豐收樂業不旱不澇者此外徧地皆是此正
不得事體之實而其根實由眼孔小不通世事之故也且
當時實不知
皇上深居九重視民間疾苦直如赤子痌瘝一遇偶爾旱澇即勤搼
賑救且免其賦供彌天重犯今日始知　聖恩高厚雖
堯舜不過如此則愚頑無知之罪實所甘受一民狂背皆
足致災此則非精通天人之故者不能知彌天重犯聞之
豁然如大寐初醒雖朝聞夕死亦實幸矣
問曾靜你書內云撫我則后虐我則仇等
語我
皇上夙夜孜孜勤求治理愛養百姓之心無時
不切於寤寐無事不備其周詳屢年來大

《大義覺迷錄》　出自雍正皇帝之手，清的最優秀政論集。

雍正皇帝的苦惱

◎皇帝們「利用」了佛教？

大清皇帝以身為保護佛教的「博格達．徹辰汗」與「文殊菩薩皇帝」的身分，贏得了蒙古騎兵等藏傳佛教徒的尊敬與服從；同時東鎮漢人、西抗準噶爾，打造出屬於清帝國的「滿洲和平（Pax Manchuria）」。

不過這是就大清視角中的藏傳佛教定位來看的結果。從另外一個角度看，也難免給人一種「擅長權謀術數的皇帝，不斷利用佛教」之感。甚至會有不少人這麼想：「雖然在表面上，皇帝處處為藏傳佛教著想，但其實他對藏傳佛教並不特別感到興趣，亦非虔誠信徒；事實上，他反而更醉心於具有壓倒性優勢的、擁有傳統及內涵的儒學與漢字世界。皇帝能夠號令天下，也是因為他努力把自己塑造成擁有儒學資質的天子之故。所以那些被統治的漢人們，才會承認他是皇帝。」

事實上，大清皇帝在用漢文說明自己為什麼要保護蒙古人和西藏人信奉的藏傳佛教時，幾乎一定會引用儒學經典《易經》中的「以神道設教」這句話。然而近現代中國的民族主義者們，從皇帝的態度中，推斷出那其實「不是出自真心的行為」，並且反覆力陳「作為中華世界之主的皇帝，是為了使落後的邊境民族順從，才假借了神祕的宗教力量來試圖教化」。而這當然也是民族主義者口中「為何蒙古、西藏是中國的一部分」的「歷史實證」。既然「中華」皇帝的絕妙支配已然形成，那麼「獨立」自然是不可能發生的事。

不過這個前提，卻有著幾個很大的問題：

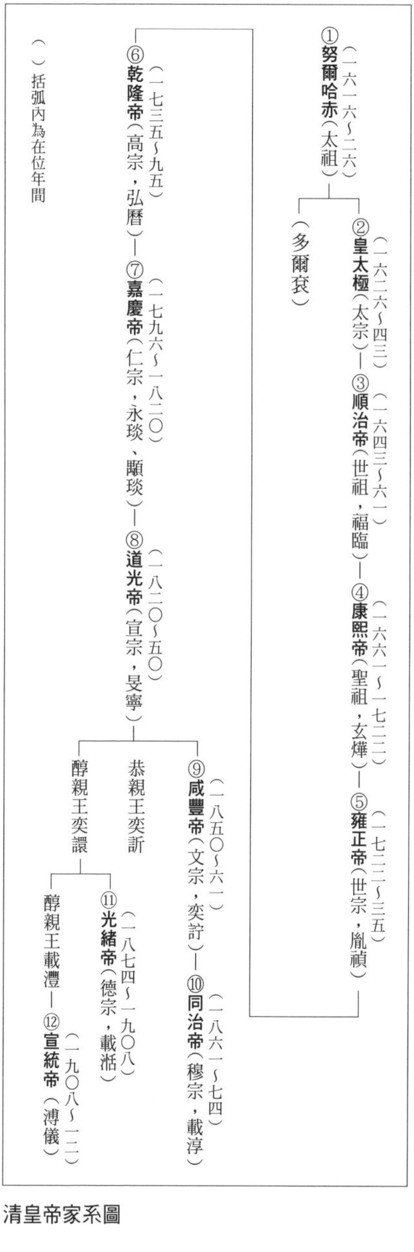

清皇帝家系圖

首先，我們必須要質問的是，漢人的菁英人士在心底，究竟有幾分是真正把滿洲皇帝以及他們所建立的帝國「清」當作是「中華」來看待？

另一方面，雖然皇帝強調「以神道設教」的精神，但這樣的言論，又是否真的是基於漢人士大夫所提倡的「以進步文明立場來教諭落後人們」的精神？

再者，就文句的脈絡來看，「以神道設教」中的「神道」，顯然指的是內亞人所信奉的佛教。假設帶領人們透過佛教的力量進入和諧世界，就是所謂「教化」的話，那麼接受了該「教誨」的蒙古人或西藏人，他們所親近的世界自然就與充滿漢字、儒學的「中華世界」有所不同。也就是說，既然是「以神道設教」，那麼就沒有必要去學習漢人的「儒教」價值觀。

就以後續歷史呈現出的事實來說，至少在一般的蒙古人、西藏人當中，幾乎都沒有認為儒學或漢字的地位比佛教文化還要高的跡象。時至今日，「中華」的概念，也仍未被翻譯成蒙古語、西藏語，以及維吾爾族、哈薩克族等所使用的東部突厥語方言。

◎在「中華」與佛教的夾縫間

當然，今天已經歸屬於中華民國、中華人民共和國的西藏人和蒙古人，對於眼前的狀態，並不是選擇袖手旁觀，而是去思考歸屬在稱為「中華」的國家之下所包含的意義。舉例來說，在二十世紀中期，身為藏傳佛教格魯派的知名僧侶，歷任過青海省副省長以及中國佛教協會會長的喜饒嘉措，就盡其所能，努力將「中華」一詞所帶有的微妙語感翻譯成淺顯易懂的藏文，為了解釋和宣揚「中華」這一國號為何尊貴，又為何不僅僅是漢人，連西藏人也值得共同擁有。

不過，雖然在日本人眼中是一目瞭然的「兩個字」，但喜饒嘉措嘗試將它推廣給不同文化的人們理解的挑戰，最終卻遭到挫折；因為譯文太過冗長，反而導致沒人肯積極地去使用它。當然西藏人與中國共產黨從一九五〇年代後半愈發惡化的不幸關係，也是不能忽視的要素。

最後，身處在漢人所主導的國家中，成為「少數民族」的他們，只能透過學習漢字，在日常生活中使用「中華」這個詞彙。即便如此，對於外來的言語和文字，他們仍無法真心接受、只是表面服從，這一狀況卻一點也沒有改變。

這個例子，清楚表明了當人們試圖藉由強制力——也就是「權力」，來獲得不同文化、社會背景的人們服從或忠誠時，擁有權力那一方所鼓吹的特定思想或意識形態，其實未必能讓對方「照單全收」。

那麼這個稱為「清」的帝國，又是怎樣成功創造出如此廣大的版圖，並且受到各個民族服從與尊敬的？筆者認為，這或許與皇帝並不會強加特定的價值給他們，而是尊重個別宗教文化下的社會型態（「教」）的態度有關。我們可以簡單認定，滿洲皇帝之所以這樣做，或許只是滿足於反映實質成果的「版圖大小」。也就是說，大清的統治原則就是，只要你肯接受皇帝的統治，皇帝就會全力保證你所希望的事情（也就是現存的文化與社會的安定）實現。這是一種很容易理解的實力主義。

◎雍正皇帝與奏摺制度

清帝國皇帝後續的思索與行動，似乎都是建立在這樣的考量之上。此處有一個很重要的線索，讀者們不妨思考一下，在接手康熙皇帝長年的統治後，打造了大清在一七二〇到三〇年代全盛時期的雍正皇帝，他的思想與行動所呈現的樣貌。

一般在「中國史」的架構裡，雍正皇帝被認為是「專制君主的極致」。當然，光是皇帝在主張自己是承奉天命、教諭萬物的天子這點，就已經稱得上是「極致」了；不過雍正皇帝被稱作「專制君主的極致」的原因，則來自於他的特質：對自己擁有的至高權力抱持著超乎常人的責任感，並在政務上徹底追求完善。

雍正皇帝的完美取向，體現在他所創始的文書行政結構「奏摺制度」中。

所謂的奏摺制度，是一種藉由「奏摺」這種高度機密性的文件，來直接連繫起皇帝與派遣至各地的總督、巡撫、欽差大臣等高官的制度。出任「巡撫」的人，擁有各省的最高行政地位；而出於廣域行政需要而管轄數省的人，則叫做「總督」。至於「欽差大臣」，就如字

雍正帝　其治世在康熙、乾隆之間，治理時間雖短，卻建立了帝國的基礎。

面所示，是為了特定政策目的，受到皇帝命令被派遣到各地的大臣。例如駐於今日烏蘭巴托（舊稱庫倫，為蒙古首都）的庫倫辦事大臣、駐於拉薩的駐藏大臣等。他們有些是駐於內亞重要地區的常設職位，有些則是臨時職位，比如像是處理鴉片問題而被派遣到廣東的林則徐。

擁有書寫奏摺權力的人，通常只限於深受皇帝信任的一小部分高階官員。他們親手緘封了詳細記述了各地近況或事件處理狀況等內容的奏摺，快馬加鞭送至皇帝手中。皇帝在親自閱讀後，會用硃砂筆在上頭寫下意見（即所謂的朱批），經過皇帝批閱的奏摺則會再次密封，送至各地的高官手中。在他們把包含皇帝意見的內容複抄一份在手邊後，會再將原件送還到皇帝身邊。所有的奏摺，以及包含皇帝意見的內容，全都彙整到雍正皇帝新設立的「軍機處」當中。

◎理藩院與軍機處

所謂軍機處，是為了幫助皇帝決定政策，並且高度、迅速地處理政務而設立的機關，其中的成員都是從滿洲貴族、八旗旗人、科舉官僚中遴選出，特別有才幹的人士。軍機處的首長稱為「軍機大臣」，通常是特別受到皇帝信賴，且兼具堅毅精神與職務歷練的人物。

到這裡，或許讀者之中有些人會認為「這樣一來，通過科舉考試選拔出來的大量官員，不就沒有出頭的餘地了嗎？」確實，大清為了拉攏漢人士大夫，讓其參與中央或地方的職務，於是採用了明國的以測驗朱子學知識為主的科舉制度。科舉的合格者，會到統稱為「六部（為中國古代對吏部、戶部、禮部、兵部、刑部、工部的統稱，各部最高長官稱為「尚書」）」的中央官署內擔任官員，或擔任各地的知縣。

不過，被併入大清的支配框架中的，並非只有漢人的「中華」而已。包括滿洲人故鄉（盛京以北的地區）、蒙古的大草原與大沙漠、以及雪山峽谷連綿的西藏也是極為重要的一部分。此外，一七五八年準噶爾滅亡、一七五九年新疆成立後，天山南北的綠洲與草原，也被包含了進來。這些地區中的各種具體支配架構，更因為配合了各地的實際狀況而豐富多元：

①分配給八旗旗人作為領地的「旗地」。

②作為蒙古大小王公接受軍事義務（特別是定期的狩獵訓練）或前往北京「參勤交代」（年班制度）的交換，認可其對牧民與牧地統治權所封予的「盟旗」。

③採政教合一的體制，並擁有由獨立的僧俗官員組成的內閣、行政組織與軍隊的「達賴喇嘛政權」，以及捐贈給達賴喇嘛的各處內亞飛地。

④由各地寺院領地形成的獨立「旗」（即「喇嘛旗」）。
⑤將青藏高原東部各部族的首長，看作是相同於西南非漢人地區的「土司」、「百戶長」、「千戶長」概念，並承認他們小規模統治的地區。
⑥在大清驅逐準噶爾勢力的最終階段中，為他們提供協助的突厥裔穆斯林首長的統治區。例如新疆的哈密與吐魯番等。
⑦當大清打敗準噶爾，建立起以伊犁將軍為頂點的軍事支配後，由被任命為「阿奇木伯克」的各地突厥裔穆斯林有力人士所管理的新疆綠洲。

在維持皇帝與以上這些形形色色地區的關係時，大清的基本原則是任用八旗軍人，而非科舉官僚。雖然這原則在十九世紀後漸漸變調，但大體上還是保持到了清末。這些地區的王公、喇嘛等人，有時會定期地「出差」到北京，有時則會被清廷要求派遣代理人來北京，而這些行為在漢文當中，也會被稱作是「朝貢」。

不過，這些地區與朝鮮、琉球等朝貢國不同，後者受到「禮部」管轄，且基於儒學「禮儀」與大清連結；它們不受「禮部」管轄，而是受大清建國時所設立的「蒙古衙門」發展來的「理藩院」統御，並被統稱為「藩部」。從兩者間具體的禮儀與文書往來上，可以窺見滿洲皇帝保護藏傳佛教與伊斯蘭教的立場。此外，以藩部為媒介，和清帝國產生共存或對立關係的是俄羅斯與尼泊爾，這兩國的事務，也同樣由理藩院所管轄。美國的中國研究者馬克・蒙科爾（Mark Mancall），曾以「東南弦月」一詞來形容禮部所管轄的「儒學、科舉官僚、朝貢」領域，用「西北弦月」一詞形容理藩院所管轄的「內亞文化、八旗軍人、大清的監督與當地獨立統治相結合」領域，表現兩者各自屬於不同政治原理。

從清帝國皇帝的權力來看，若真要比較朝貢國與藩部，哪一方的存在比較親近皇帝的話，可以說與平常完全不干涉內政、只會定期往來的朝貢國比起來，顯然是透過各種軍事、政治上的義務，以及恩賞、保護的關係與大清連結，並被當作是版圖一部分的藩部要親近多了。

從這例子來看，我們可以發現大清的統治，是依照各個地區的社會、文化特徵，或者是政治、軍事上的關係親疏來建立統治的架構。既然如此，將「大清為了拉攏儒學菁英，

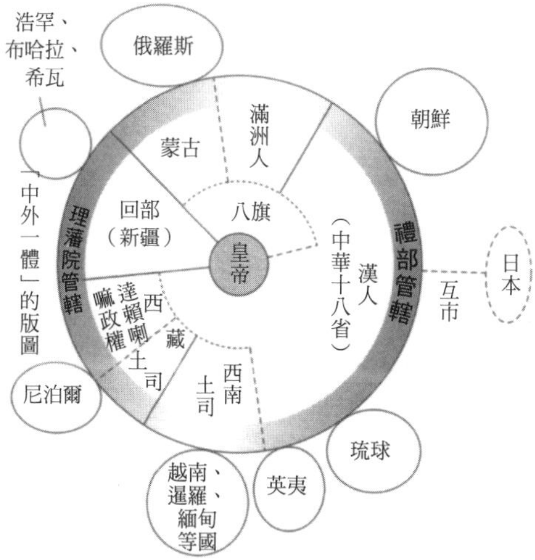

大清帝國的秩序　歸禮部管轄的「東南弦月」與歸理藩院管轄「西北弦月」擁有著異於彼此的政治原理。

而在漢人地區實施的科舉官僚制度」看作是清帝國最具代表性的政治制度，其實就沒有那麼妥當。不如反過來說，就連科舉官僚制度，也是這種活用各地區特性，以將其納入皇帝支配架構中的表現之一。即是說「以神道設教」的說法，其實也同樣套用在儒學與漢人社會上。

當皇帝、滿洲貴族，以及八旗的軍人想要統治橫跨「東南弦月」與「西北弦月」的領域時，便需要超越禮部與理藩院的架構、從更大局的立場收集資訊，以求迅速的決策與執行。為了這個目的，於是他們設立了軍機處——處理軍事機密的部門，並且透過這個機構，強烈反映皇帝的意志。

◎雍正皇帝的獨裁

宮崎市定所寫的《雍正帝》，是本以評價雍正皇帝而聞名的著作，作者在書中如此寫道：

> 對於雍正皇帝來說，「完美無缺地統治中國」是最重要的課題，他的行動、信念，全都是從這點出發。要統治中國，就必須變成一個中國式的獨裁君主；而提供了獨裁君主制理論性根據的，正是所謂的漢文化。（中略）而要作為一位漢人國家的獨裁君主，自

己也必須成為不落人後的「中國式文化人」。

為了描述雍正皇帝是一位怎樣的「中國式獨裁君主兼文化人」時，作者特別指出，雍正為了防止社會頹廢，而身體力行儉約的生活。作者也舉出他與康熙皇帝的不同——康熙對傳教士帶來的西洋文化產生興趣，而認可基督教傳教行為；雍正則因為基督教否定了崇拜祖先的行為，所以將它當成邪教看待。此外，作者也用「堅固無比的水泥要塞」來形容雍正皇帝的性格，並提到這是他在皇子時期曾親身體驗過骨肉間的後繼者之爭，所以試圖讓自己成為一個不受任何人欺騙且完美無缺的人而產生的結果。事實上，為了阻止宮廷內爭再次發生，造成皇權的莫大傷害，雍正皇帝於是訂定了一個制度：規定皇帝必須事先把有品德的皇子名字寫在紙上，然後藏到掛在紫禁城乾清宮的龍椅上方、

故宮乾清宮內的龍椅　皇帝會將心中的繼承者名字，藏在「正大光明」的匾額之後。

由順治皇帝御筆親書「正大光明」四字的匾額後方，待皇帝駕崩後再將其取出，藉以擁立下一位皇帝。

不過，本書所做出的評價，其實依舊存在著一個前提，即在「中國史」架構中，將清帝定位為「中華帝國」的皇帝，並認為他總把儒學與漢人的世界放在第一位。除此之外，該書在談論雍正皇帝與官場或西洋文化之間的關係時，經常搬出其父親康熙皇帝的統治來做比較；對於大清同時也與準噶爾進行過一場場骨肉之爭這些「內亞帝國」面向，反而沒什麼提到。筆者看來，宮崎先生認為最能象徵雍正皇帝是「中國式獨裁君主」的奏摺制度與軍機處，本身就表明了雍正皇帝其實並不信任那巨大的科舉官僚組織，而是盡可能不讓他們介入決策。

的確，雍正皇帝本身並沒有一點否定儒學思想的想法。在他的日常言行當中，最常出現的就是「要怎麼做才能領會做人之道」的問題意識。他也經常根據儒學經典，提倡所有人都要知道「倫紀以明、名分以辨、風俗以端」的重要性。

不過，雍正皇帝同時也是位熱心的藏傳佛教徒，他在向蒙古的活佛章嘉呼圖克圖（又稱章嘉活佛、張家活佛，為藏傳佛教內蒙古地區最高活佛）拜師後，非但屢屢在繁忙的政務中，抽空出來沉浸在教義問答裡，還將自己在皇子時期所居住的宅第改建成藏傳佛教寺院。到了乾隆年間，這間寺廟改名為「雍和宮」，在今日的北京仍為相當重要的藏傳寺廟，聚集了許許多多的參拜者。

雍正皇帝的目標不單只是成為一個完全的「中國式文化人」，同時也要成為一個「藏傳佛教文化人」。而我們也能看出，當他以皇帝的身分，對著帶有儒學家與藏傳佛教徒這兩種完全不同背景的人們發號施令時，他總會從經典中，擷取出對這些人來說淺顯易懂，對自己的支配又有利的要素。

雍和宮　為北京最大的藏傳佛教寺院。

◎杜絕奢華風氣

反過來說，不管是儒學家，還是藏傳佛教徒，只要對方阻止自己「打造一個和平、沒有衝突與矛盾的世界」，雍正皇帝都會對其進行嚴厲的非難或攻擊。一旦確定了政治目標，他便會縝密地計算到底要在何種具體政策（包含鎮壓言論與行使武力）中，挹注多少的費用或勞力才合適，並且試圖在節省莫大的國庫負擔同時，推行適當的政策。

對於八旗軍人與漢人社會，雍正皇帝更是特別要求嚴格的節儉行為，廢止奢華風潮。在雍正皇帝即位的一七二〇年代，清國的官場在康熙皇帝的漫長統治中，早已養成了奢華風氣，深陷腐敗的泥淖。儘管華北的旱災、華中的水災不斷，八旗軍人與科舉官僚在婚禮或宴席會場上，依舊沉湎在幾乎能吃垮一般家庭的浪費中。如此的奢靡放蕩行為，還被漢人社會當作是「尊禮君子之舉」而受到極度的褒揚，於是產生了一種惡性循環。

此外，在康熙皇帝時代裡，各地為感謝皇帝的恩澤、祈禱皇帝長壽而舉行的儀式、法事，也變得愈來愈頻繁，這點特別讓雍正皇帝感到焦躁難耐。就雍正的觀點來說，這些行為乍看之下是忠誠的體現，其實也只是官僚或當地士紳假皇帝之名，而行追求享樂或慰勞之實罷了。而這些行為，無非就是浪費著從一般民眾身上課徵來的寶貴稅收，最終再將超越稅金的過重金錢負擔推給民眾（即所謂的「攤派」），以中飽私囊。如此嚴重的狀態，若說全都是「為了皇帝」的話，不會太過惡質了嗎？（順帶一提，現在中國同樣有著這類「官」對「民」課徵超出必要額度之稅，而無法負擔的嚴重問題。）

於是，雍正皇帝發布了詔書，使用極為嚴正的口吻寫成，試圖藉此阻止橫行在科舉官僚與士大夫們間的奢華浪費之風：「能讓朕安心的，唯有真正的施惠於民；朕絲毫不打算沉醉於世人對朕的崇拜。只要天下人人忠於自身職業、本務即好，不需一味耽於奢華、浪費，一面又口出祈求朕之福氣等虛言。」

此外，雍正皇帝又是怎麼看待內亞的？很顯然，他把準噶爾當作主要的攻擊目標。一旦談及準噶爾，他在奏摺中留下的，總會突然出現情緒起伏，或是不惜挹注多少預算的態度。例如在一七二五年，在逐漸懷疑曾一度達成和解的策妄阿拉布坦，是否又再次介入西藏的內部紛爭時，雍正皇帝就斬釘截鐵地表示「不須在意出兵所需的費用，即使捨棄千萬錢糧，只要能除掉策妄這一大患」以及「若不能適當處理西藏問題，蒙古人民將心生懷疑。此實為國家隱憂，攸關社稷生民」。

簡而言之，雍正皇帝的意圖，便是要求漢人徹底節儉，使帝國財政充裕，再帶領大清與準噶爾的內亞戰爭走向勝利。就經濟的角度來看，此狀況亦帶有「內亞透過剝削『中華』來獲取繁榮」的意味。

◎追求「滿洲人」的本質

追根究柢，雍正皇帝不僅對漢人世界不那麼強烈憧憬，更是壓根不信任容易染上奢侈、靡爛風氣的科舉官僚與士大夫。這個假說的證明，清楚呈現在雍正皇帝對於科舉考試實際上已陷入「記憶測驗」的形式，因而難以獲得真正悟得儒學精神之人才的嘆息中：

朕躬自披覽（科舉作答），見文章優劣固有不同，然皆為記誦之常談，未能真知其中理蘊，所言止於儀文末節，而非禮義廉恥之大者。（中略）上為人君，下為人臣，皆當求其大者以為務，而非限於儀文末節間。（中略）身體力行（禮義廉恥），則人心風俗蒸蒸日上，唐虞三代之治亦可復現。（《大清十朝聖訓．世宗憲皇帝》雍正五年六月壬寅）

如此一來，認為科舉官僚無法期待的雍正皇帝，究竟打算靠什麼來處理繁複的難題？在這樣的煩惱中，雍正皇帝把目光轉向滿洲「傳統」，看見了答案的一絲曙光——也就是滿洲人在努爾哈赤時代便已建立的「武風」。於是，雍正皇帝用「文弱」稱呼科舉官僚、士大夫間盛行的風氣，對此表現出露骨的厭惡與警戒。同時給滿洲人敲響了警鐘，警告他們，滿洲人純樸風氣值得讚頌，有可能會因為漢人的奢華與「文弱」而消失。雖然篇幅稍嫌冗長，筆者仍試圖引用之：

文武學業，俱屬一體，不得謂孰重孰輕，然世鮮文武兼通者。我滿洲人等因居漢地，不得已與本習日漸相遠。（中略）如今若崇尚文藝，則子弟中稍穎悟者，亦專意於讀書，而不留心於武備。即使果能力學，亦豈能及江南漢人？何必捨己之長技，而強習己所不能？我滿洲人等，篤於一意侍上、竭誠行孝於父母；不好貨財，即使極貧困窘迫，亦不行無恥卑鄙之事，此乃我滿洲人之所長。讀書（學習儒學經典）者，亦欲知此而行之。若徒讀書而不能行，不如不讀書而能行。（中略）本朝之龍興，混一區宇（天下），惟恃實行與武略耳，並未嘗恃虛文之粉飾。（《大清十朝聖訓．世宗憲皇帝》雍正二年七月甲子）

簡而言之，雍正皇帝認為，既然滿洲人是靠著自身的質樸與實力來取得天下，那麼即便漢人的漢字文化有多麼豐富，滿洲人也不須因此感到遜色，應該對自己的實力有信心，並全心將這樣的實力發揮出來即可。

不如說對雍正皇帝而言，本來統治天下的目的，就是一面保住自己權力，一面又安定國家秩序。一群人不管隸屬何種社會或文化，只要他們的執行力強，又能夠解決所有的問題，那他們就是真正的支配者、是掌握權力正當性的民族。以儒教或佛教為首的各種政治、宗教思想，也要經過這種權力來適當地推廣、實踐後，才開始有意義。筆者認為，這就是雍正皇帝的思想核心。因此，認為「雍正皇帝即使身為滿洲人，但他仍試圖成為一個『中式文化人、中式專制君主』」的看法，其實與他的真意有所偏離。

批判歧視的《大義覺迷錄》

◎暗潮洶湧的反滿思想

面對漢人的奢華與「文弱」風氣，而保護官僚體系不被侵蝕、財政不出現虧空、以及滿洲人的本質不被腐化的雍正，再次要求漢人基於儒學思想加以人格陶冶時，因為華夷思想伴隨的民族歧視，漢人對滿洲人的反感問題終究爆發了。對此，雍正皇帝親自做出徹底反駁，便是清國全盛期最優秀的政論《大義覺迷錄》。

渡過明末清初的混亂而殘存下來的士大夫中，有不少人表面結辮以示服從，但背地裡則寫著「野史」，描述滿清的殘虐和恐怖，而自己又是怎麼進行抵抗。他們過著在經典中找尋內容，以將排斥大清與滿洲人之舉正當化的讀書生活，無時無刻等待著明國的復興。

在這之中，特別引人注目的便是明末朱子學者呂留良的思想。呂留良重視古代社會視為理想的「井田論」，提倡將人的活動範圍限制在某個固定區域內以平均經濟，並透過防止大土地所有者所造成的社會落差，達成自給自足的效果。就某種意義上，呂留良可算是一位典型的儒學家；而讓他在當時鶴立雞群的原因，就在於他為了提倡平均、自足、充滿禮節的社會，將朱子學加以絕對化，並強調反對朱子學的學說全為邪說這點上。

此外，呂留良表示，朱熹判斷事物對錯的基準就在於「義理」的觀念。他認為其中最重要的大義就是「華夷之別」，也就是「中華」與「夷狄」的區別，並表示捍衛「中華」，甚至必須優先於君臣之間的「義」。

因此，對於由滿洲人所建立的大清來說，呂留良的論述是相當危險的思想。然而呂留良思想會廣為流傳，正是因為大清在科舉考試中，主要就是測驗朱子學的知識。朱子學本身是一門致力探討如何治理現世，以明「天理」的學問；而在清國歷代皇帝裡，特別尊敬朱熹學說的人，就是康熙皇帝。因此在康熙皇帝的時代，朱子學者們因為自己的身分而受到優待，思想控制自然也就鬆懈了下來。

◎曾靜的儒家政治期望論

這種無法見容於清國的呂留良著作私下散播的狀態，也沒有維持太久。在一位叫做曾靜的地方知識分子創作了《知新錄》後，矛盾便浮上檯面。

曾靜在《知新錄》中，表示「皇帝終究得由儒學家來當」。單以這論點來說，或許有人會想：「既然皇帝都選擇尊重儒學思想了，那曾靜的論述又有何危險？」然而回顧漢人的歷史，我們可以發現，當原來的帝國被另一個帝國取代時，幾乎可說一定會發生「放伐」（即武力討伐并放逐暴虐的君主）與「易姓革命」，而鮮有透過和平手段、舉薦德高望重的儒學家當掌權者的例子。因此他們認為「藉由武力而稱霸天下的人，即使後來尊重儒學、自稱天子，也不屬於理想的狀態」。抱有這種想法的人們，從很久以前就用「素王」來稱呼孔子——在春秋時代遊說諸國、宣揚正確的統治方式，但始終無法坐上權力寶座的孔丘；這稱呼本身也是他們對本應成為天子的孔丘，以及他的後繼者所表現出的敬意。

因此，曾靜表示「戰國時皇帝該孟子做，宋代皇帝該朱子做，明末皇帝該呂子（呂留良）做」，並跟隨呂留良的論點，強調支配天下的皇權應由漢人繼承，方為正統。曾靜之所以會這麼說，是因為就他的論點來看，真正有資格成為皇帝的人，只可能生於陰陽絕妙調和、充滿正德的漢人之「中土」、「中國」；而「中國」周邊都屬於「傾險而邪之僻地」，因此只會產生夷狄。更甚者，曾靜還稱呼居住於極遠之地、言語與文字不通中國的地方是連夷狄都不如的「禽獸」——暗地裡指稱語序與漢語完全不同的滿洲語，以及源自粟特字母的表音文字滿文，都是「禽獸」的表現，藉此強調漢人的優越性。

◎推翻華夷思想——雍正皇帝的審問

此學說非但將滿洲人貶低至極，也否定了不是由「儒學的漢人之王」所打造的清帝國；曾靜的思想，甭說是雍正皇帝，就連一般滿洲、蒙古人來也無法坐視不管，甚至想直接判其死罪。

然而令人吃驚的是，雍正皇帝所採取的應對方式與大家所料想的完全不同。他直接把鼓吹反滿思想的當事人曾靜，傳喚到紫禁城，並在他面前清楚說明《知新錄》所主張的反滿思想與華夷思想錯得有多麼離譜。記錄了當下這一問一答而成的，便是《大義覺迷錄》。理所當然地，此處所謂的「大義」，指的是大清與滿洲人超越華夷思想的支配之正當性；而「迷」，指的就是陷入了華夷思想狹隘視線的漢人社會。

雍正皇帝在《大義覺迷錄》中特別視為問題的，就是《知新錄》中「中國為人，而夷狄為禽獸」的二分法。因為照這想法來說，一個人就算只稍微偏差一步，錯生在夷狄之地，未來不管他做了多少努力去追求更高超的人品與德行，也永遠得不到回報；漢人文化與社會才是「正統」的想法，讓優秀的夷狄被認為在價值上劣於凡庸的漢人。

對此，雍正皇帝先承認「反正我本來就不是生在創造出儒學與漢字的『中華』，所以就是你說說的夷狄」，然後，試圖完全粉碎華夷思想將人類的德性、能力與土地連結的基本看法。他使用的最大依據，就是身為漢人「中華」的明國在受到蒙古的壓迫時，表現出與「中華」名號毫不相稱的脆弱面，更在後來走上極為悲慘的毀滅之路這一事實。且就雍正皇帝所見，如此的漢人當今亦流於奢侈糜爛之風，而持續向下沉淪。與之相比，滿洲人重視勇敢、樸實的風氣，並增強自己實力，最終成功在內亞與漢人雙方間締造了和平。因此雍正皇帝認為，人品、道德的素養跟出身自何種民族或文化無關；不論滿洲人或漢人，皆可能存在德行崇高的人與平庸的人。

以此為基礎，雍正皇帝強調，如果照呂留良與曾靜的說法，中國果真是個陰陽和合之地，那此處應只誕生具備道德的人類，而絕不會出現耽於奢華、腐敗墮落的士大夫、商人之輩，或者隨便挑起民族歧視、禽獸不如的卑劣人物才對。雍正皇帝更是毫不留情地批判呂留良、曾靜等朱子學者一面主張「天下一家」、「萬物一源」，另一面卻又表示「中華以外之四方全為夷狄，遠離中國者皆是禽獸」的說法，表示「若果真天下一家、萬物一源，則不可能有中華與夷狄之區分，這是自我矛盾」。

就身為滿洲人的雍正皇帝來看，存在於天下中的，不是只有漢人文化，而是有各種文化與生活型態；各種不同的人各自創造、選擇適合自身的宗教和社會，才是最正確的「上天旨意」。形形色色的人，因為敬佩於為了保障他們各自的生活方式，而不惜粉身碎骨的皇帝，於是宣誓服從；而皇帝則因收到上天託付，必須更加努力。他認為如此的政治構造，才是真正的「天下一家、萬物一源」。

不知讀者當中，是否有人能夠反駁雍正皇帝如此貼切的論點呢？至少以筆者來說，我長年懷著「建立於華夷思想上的歧視性帝國，真的能夠具備將不同人們結合的魅力嗎？這種事在歷史上是存在的嗎？」之疑問，第一次看見雍正皇帝對華夷思想做出如此鮮明的批判時，不禁大喊快哉。

而那位曾靜，當時也無法對雍正皇帝做出反駁，只是垂著頭，一味地表示「皇上所言甚是，自己是山野愚夫。只是見識狹隘，才染上反滿排滿思想」。最後，曾靜受到雍正皇帝的恩赦，免於死罪。他的想法為之一變，成了大清與皇帝偉大的代言人，所到之處，皆四處分發《大義覺迷錄》，徹底宣傳雍正的觀點。

逐漸崩解的驕傲

◎「中外一體」的新時代與近現代中國的原型

雍正皇帝掃除了這種「民族與文化的不同，會決定一個人的人品與能力的本質差異」的觀念後，在自己的上諭與言行錄中，開始積極使用「中外一體」一詞。

如同先前所述，雍正皇帝在向漢族菁英人士說明自己的思想時，並不否定滿洲人本身身為他們口中「夷狄」的事實，而且不斷重申「對漢人來說，滿洲人確實是『外國人』」的要旨。不過，因為今日滿洲人的成功而清楚證明了「文化的出身與人品、實力之間並無明確的關聯性」、「創造出儒學與漢字的『華』帶有優越性的想法毫無實證性的根據」等觀點。即是說，人們並沒有必要因為出身不同，就去歧視在同樣一位皇帝治下共享和平的人們。

因此我們可以認為，雍正皇帝是為了強調「不論對方原先是『中國』還是『外國』，服從當今皇帝的實力與公正的統治、享受和平的人們，全都作為大清的臣民而平等」，都是「一君萬民」結構下的一員，因此才創造出了「中外一體」這種說法。「中外一體」，是基於「皇帝君臨的天下，最終將擴及所有生靈」的觀念而來，因此是一種將全世界當作潛在對象的概念。不過就筆者淺見，以實際狀況來說，這一詞非常少用於朝貢國或者沒有交流的國家。相反地，這是強調作為「外國」的滿洲、蒙古、西藏等內亞民族，與作為「中國」的漢人，於皇帝之下皆為一體時才會使用。

接著，延續雍正衣缽的滿洲皇帝們，以及在他們左右的決策者們，為了表現出清帝國的正統性與偉大之處，他們在親近「中外一體」說法之餘，又將「以漢人為中心的土地」（中華十八省／中國）還有「滿洲人的故鄉、內亞的

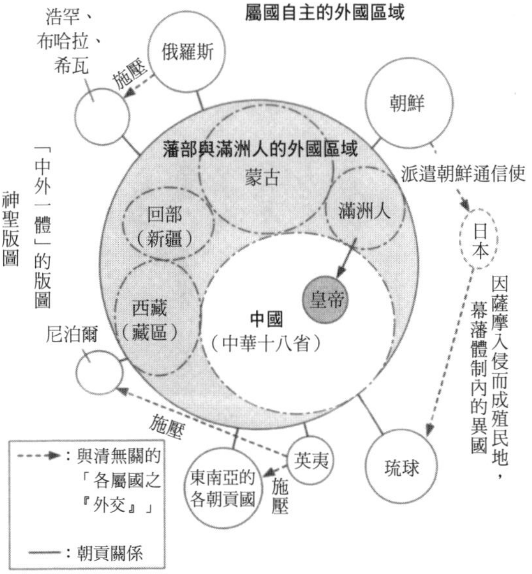

雍正皇帝的「中外一體」　將滿洲、蒙古、西藏等「外國」與「中國」看作一體的方式，醞釀了近代國家觀。

藩部」（外國）從周邊各國、各地區中明確做出細分與區隔，強化了版圖一體化的自覺（當然，這個過程是慢慢演化到十九世紀末為止）。

這塊版圖的範圍，大約就等於今日中華人民共和國加上蒙古國。也就是說，近現代中國的領土主權（對一定領域的排他支配權），其實在十八世紀對華夷思想的批判聲浪中，以當時所謂的「中國」與「外國」加總後的型態出現了。既然華夷思想不能讓相異的文化以對等關係共存，那麼《大義覺迷錄》，便成了一本讓近現代中國這一主權國家有誕生機會的聖經。

當然，若依照雍正皇帝的說法，整塊大清的版圖打從一開始就並非全屬「中國」。且這樣的想法對當時的士大夫來說也一樣，因為他們並不相信沒有儒學與漢字的地方能算是「中國」。因此，人們花了很長一段時間，才習慣將同屬清帝國之下的「中國」與「外國」這兩個完全相異的存在，統一稱為近代國民國家——中國。不過以結果來說，就如同在本書序章的梁啟超論點一般，就連不包括在「中華」文明之中的各民族、文化及其歷史，僅因為「同樣是在『中國』這個國民國家之中發展」的理由，便全被歸納進「中國史」的框架之中。

◎乾隆皇帝時代

不過，在走到這步之前，皇權方最需要克服的，就是漢人將「中外一體」的說法單純看作是滿洲人欺壓與欺瞞的苛刻視線。因此為了讓雍正皇帝的想法廣泛被人所接受，使清帝國持續下去，無非是需要時時刻刻遵照《大義覺迷錄》的精神，持續滿足以下的條件：

一、滿洲人才是真正備有勇武與實力的一方，且生活遠離華美與奢侈，節儉樸實，是真正配得上擁有政治和軍事主導權的「有德之人」。

二、真正創造出一個不存在反滿思想或民族歧視的「平等樂園」，讓這種想法深植於每個人的心中。

三、就如同皇帝與藏傳佛教之間的關係、及所顯現的意義一般，既然大清自身站在保護各種宗教、文化存在的立場，那就必須繼續維持他們獨特的治理方式。

然而要滿足這些條件，就連自認在政治、社會等各方面皆屬於「進步」的現代社會，也是極其困難的課題。

而馬上就得面對這些難題的雍正皇帝後繼者，便是乾隆皇帝（弘曆）了。從一七三五年開始，到一七九五年為止的在位六十年間，乾隆皇帝與雍正皇帝同樣試圖通達儒學思想與藏傳佛教。他的統治時期，在表面上被許多人認為是大清盛世的頂點。且在他統治時期前半的一七五〇年代成功根除了準噶爾勢力，締造清帝國最大的版圖；人們也因這一點，將乾隆的時代定位為「中國史」架構中重要的時代。不過就筆者所見，這個時代反而是看似無所不能的乾隆皇帝，陷入雍正皇帝巨大遺產內的各種矛盾，奏起悲壯的衰敗序曲的時代。

乾隆帝　是中國歷史上最長壽的皇帝，也是中國歷史上實際掌權時間最長的皇帝（合共六十三年）。

◎乾隆皇帝與「國語」

首先，筆者想請各位試著思考有關「滿洲人的勇武與實力」這個問題。普遍來說，滿洲人被要求具備努爾哈赤草創時期以來的「滿洲人特質」，絕不能像漢人一樣染上華美奢侈之風；或是邯鄲學步般學習漢人的「文藝」，反而失去了滿洲人固有的「武藝」。這個雍正皇帝早已擔心的問題，到了乾隆皇帝時代更為普遍，某些滿洲人因沉溺於貴族或軍人的特權而染上了奢侈華美的風氣。除此之外，普通滿洲人，也在與有著壓倒性人數的漢人一起生活的過程中，漸漸習慣了漢語及漢人習俗。乾隆中期以降，這樣的傾向已發展成無法迴避的狀態，逼得乾隆皇帝頻繁發布上諭，嚴正要求滿洲人保住「國朝舊俗」。

當「傳統」、「舊俗」等概念需要經由政治手段來強調時，通常是當權者已經沒有自信繼續維持，或者是有強大的外力出現時才會發生的事情，古今中外皆是如此。像是安倍晉三所提倡的「美麗的國家」[1]這種說法，就是典型的例子。不過從另一方面來說，真正而具體定義何謂「舊俗」，以及要使用什麼手段、又要恢復到何種程度，仍是一個相當令人不安的行為。說到底，主張「舊俗」的人，並沒有一個基準能夠正確測量他自己本身帶有多少程度的「傳統」或「舊俗」，且要是下錯一步棋，便有可能遭人非難，投以「這種闡述傳統的方式並不充分，因此你不夠格作為體現傳統、舊俗的人」，使得這做法最終可能會成為無盡的正統之爭，甚或是試圖排除非屬「傳統」、「舊俗」之物的恐怖政治。筆者本身並不否定「傳統」、「舊俗」等觀念，相反地覺得為了連綿不斷的人類社會能夠安定循環下去，這樣的事物也是有必要的。不過，當它們以政治方式被強制「再確認」時，反而經常會造成原本已經默默生根的傳統和舊俗，遭到破壞的命運。

即使如此，就滿洲皇帝的觀點來看，若是「讓『舊俗』繼續維持下去」，已成為攸關駁倒漢人、使之服從的重大問題，那麼最優先的事情，便是須從容易理解的部分開始來導回「舊俗」才行。於是乾隆皇帝在闡明「滿洲人的型態」上，便展現出一種執拗的堅持。

舉例來說，對於負責政務的滿洲人，乾隆皇帝就強調：「儘管你們負責的政務內容同於漢人科舉官僚，並與彼等共同向皇帝宣誓忠誠，不過最重要的是，在面對事物的心態上，你們絕不能與學習儒學的士大夫相同，而是必須去維持努爾哈赤在部族社會中嶄露頭角時，那種武人之間的主從關係。」因此，他提倡滿洲人在書寫奏疏時使用的自稱，不是儒學中君臣關係的「臣」，而是「奴才」這個對部族之長表示僕從身份的用詞，藉以表現出滿洲的舊俗。而這個「奴才」的自稱，甚至到了清末時期，還在「創造均等的國民國家」脈絡下，被拿來當作「滿漢平等」的標靶大作文章。[2]

接著，他還反覆嚴正命令全體的滿洲人，萬萬不可忘記學習「國語」（大清的「國語」絕非是漢語，而是滿洲語，也叫清語）。

大清為了強調漢人與內亞的騎馬民族是「中外一體」的對等關係，從很久以前便命令各地宮殿、拱門的匾額，最少須同時寫上滿文及漢文，其他則按必要性，可再附上蒙古文或藏文。而熱河行宮（別名避暑山莊）的正門「麗正門」，除了滿漢蒙藏文，同時書有阿拉伯字母的察合台突厥文。這種同時以二到五種語言來標記的匾額或碑文樣式，就稱為「合璧」。滿洲皇帝透過標示每種語言文字的方式，表示他對每一種文字文化的對等尊重。

不過，對於滿洲皇帝來說，要是與漢語同樣受到重視的滿語產生了廢弛，當然是無法坐視不理的事態。於是乾隆皇帝也針對「比起北京，在屬於滿洲人故鄉的盛京裡，竟也有許多滿洲人慢慢忘記了國語（滿洲語）」，以及「受到漢人影響，滿洲人也開始使用漢人的地名，造成原本的地名漸漸消失」等狀況，時常做出免職等處分，以做為警示。

熱河行宮的麗正門合璧　自左而起為蒙古文、阿拉伯文、漢文、藏文，以及滿文。（作者拍攝）

◎逐漸廢弛的勇武與十全老人的悲哀

乾隆皇帝在追求「滿洲人特質」上極為重視的另一件事情，便是用來維持滿洲人勇武精神的騎射訓練。

追根究柢，將八旗騎兵兵團視為帝國根基，同時也受蒙古人推舉為騎兵共同可汗的大清，在跨越山海關、遷都北京之後，為了維持原先的軍事能力，以及包含蒙古等各騎馬民族間的連繫感，於是在北京東北方兩百五十公里處設置了稱為「木蘭圍場」的大型軍事訓練場（今河北省圍場滿族蒙古族自治縣）。八旗旗人或者是因「年班」而赴任北京的蒙古王公們，皆要在此扈從皇帝主持的騎射訓練。他們在此重新確認了彼此間的關係，共同出席在離木蘭圍場相當近的熱河行宮中舉辦的「大蒙古宴」——截然不同於儒學世界的「禮」，這是以巨大的蒙古包為中心所舉辦，專屬於騎馬民族的宴席——以增進彼此的情誼。

不過由於大清所指揮、充滿緊張感的軍事作戰機會，在一七二〇年的西藏遠征之後就逐漸變少，這使得八旗軍人陷入了華美、且愈演愈烈的消費文化中。結果便是使大清的騎兵戰力在短時間就失去了機動力與作戰能力，而日漸衰弱。

雖然乾隆皇帝晚年曾稱自己為「十全老人」，自豪著他在自己的統治中，成功締造十次軍事行動的大業（即「十全武功」），不過這之中，若排除大清給予弱化後的準噶爾最後一擊、收下新疆一事，其餘的戰事其實算是敗戰。

其中，「大小金川之役」即是最具代表性的例子。擁有以神祕自然美景聞名，不僅吸引了中國國內，就連日本許多觀光客都爭相前去參觀的「九寨溝」的四川省阿壩藏族羌族自治州，就位於四川省省會成都正西北方與青藏高原東端，是一處巍巍山岳連綿之地。在它的一隅，有一處稱作金川的地區，從很早以前就有藏人的部族（嘉絨人）以獨特的要塞狀房屋居住於此。當我們看到「這些藏人部族與清軍最終進入了武力衝突階段」的記述時，或許會想像出「藏人寡不敵眾，在有壓倒性數量的清軍面前潰不成軍，三兩下就遭到擊破」，然而事實卻完全相反。

大清為了平定他們，總共花了五年歲月、超過七萬的大軍，以及比平定準噶爾、征服新疆所花費的軍資還多上兩倍的公帑（約七千萬兩），才終於征服了這人口僅有三萬人的部族。不僅如此，面對防守於險峻要塞中的藏人，不只騎兵戰力完全起不了作用，更因清軍自身軍紀紊亂，最終造成三名將軍被貼上無能的標籤、走上自殺絕路，也衍生出無數的戰死者。

而另一場敗戰，則是與緬甸之間的戰爭。因雲南邊境問題發生的這場戰爭，在實際的戰況中，發生了將軍戰死，以及一般騎兵完全無法適應熱帶雨林與濕熱氣候的極悲慘境遇。最終是大清做出妥協和讓步，以贏得緬甸王的朝貢，使大清姑且保住了「天下之主」的面子。

切身面臨這些狀況的乾隆皇帝，除了更加強烈要求滿洲人透過滿語騎射來提高自身的執行力之外，也束手無策。

◎紫禁城與「堂子」

在追求「滿洲人特質」上備感焦慮的乾隆皇帝，並非只是想控制滿洲人的行動而已，還有一種比誰都強烈的想法，即認為皇帝以及協助他的貴族們必須代表「滿洲人的精神」。此時，乾隆皇帝重新想起來的，是從東北亞的薩滿教（Shamanism）、佛教信仰等宗教所發展而來、專屬於滿洲人的祭祀儀式——滿洲祭神祭天典禮。這個祭典的場所，民間一般稱其為「堂子」。

打從努爾哈赤、皇太極時代就開始舉行的「堂子」，在遷都北京後仍在紫禁城內每年舉辦，就像在天、地、日、月諸壇舉行的儒家儀式一樣。不過，隨著康熙、雍正時代的慢慢推移，「堂子」也漸漸受世人忽略。於是，乾隆皇帝從儀式中的器具樣式，到祝詞、執行方式皆親自考證、編撰，力求永遠守護「堂子」的內涵。

然而在朱子學者眼中，「堂子」的儀式就有如一種「天子不應有的迷信」行為。畢竟乾隆皇帝在「堂子」儀式中所膜拜的對象，是釋迦牟尼佛、觀世音菩薩、關聖帝君，以及東北亞狩獵民族所長年信奉的眾神，並未含有孔子的名字。

也就是說，滿洲人在北京紫禁城內舉辦的儀式，是一種薩滿教的天神，與佛教的佛陀、菩薩，再加上漢人民間信仰等結合而成的儀式，呈現出「中外一體」的精神。而乾隆皇帝，在皇帝及滿洲人面對這個宛如萬花筒般變幻莫測的世界時，堅定追求屬於滿洲人自己的「舊俗」。

但反過來說，若滿洲人遺失了自己的語言與「舊俗」，造成這渾然天成的「中外一體」再也無法重現的話，又將意味著什麼呢？

◎萬里長城下的猜忌

語言、實力、信仰——若無法同時備齊這些要素，就意味著滿洲人不得不承認來自漢人的民族歧視。這樣的事情，在滿洲人君臨天下、「中外一體」的體制堅不可破時，自然不可能發生。而為了消弭漢人文化中的民族歧視，最好的方法就是像雍正皇帝或乾隆皇帝不斷強調的那樣，滿洲人要有滿洲人的樣子、蒙古人也要有蒙古人的樣子，要以擅長騎術的藏傳佛教徒立場，來持續維持住自己獨特的世界。也正因為如此，皇帝才會如此執拗地堅持宣揚「滿洲人特質」，同時執著於身為騎兵同盟者的蒙古人，也要維持住自己的身分。

然而，在大清所塑造的和平環境中，漢人與蒙古人跨越了萬里長城、相互往來的機會也隨之增加。華北的漢人中，有些人以行商為目的，在蒙古高原展開交易網絡（比如山西商人）；有些人則是為了擺脫貧窮、尋找新天地而試圖前去開墾草原。另一方面，蒙古人之中，同樣也有人在商品經濟的影響下，從漢商那裡染上了追求華美的習氣，或是開始學漢語、取漢名。不管自我意識如何，確實有不少人已經踏上了「漢化」的道路，過著與漢人沒多少差別的生活。別說是滿洲，若連蒙古都漸漸轉化為「華」、「漢」的話，以受蒙古人推舉的可汗立場來保護蒙古宗教與文化的皇帝權力，其存在意義便有產生動搖的可能。

於是，大清在強盛期中所一貫保持的，就是將因為「滿洲和平」而失去軍事意義的萬里長城，做為分隔內亞與漢人的屏障，利用長城來守護內亞的獨特存在。大清透過嚴格地管理長城兩邊的來往，盡可能地不讓蒙古人受到「華」的影響。於是，過去曾嘲笑明國過於畏懼蒙古，只能倚靠萬里長城庇護的清國，也為了守護「中」「外」的各自獨立、以貫徹「中外一體」的帝國正當性，而陷入倚賴萬里長城的嚴重矛盾中。

萬里長城，果真就像個橫亙在漢民族與內亞之間的「隔離意圖」，就連清帝藉由批判華夷思想所締造的「滿洲和平」，終究也無法完全克服這道高牆。

◎焚書與「平等」

就如此，當時不管是誰都看得出，正是因為「滿洲和平」的實現，使得絕對少數的滿洲人與蒙古人開始受到壓倒性多數的漢人文化吸引，最終本末倒置，陷入了只能透過遏止性政策來保住所謂「勇武」與「實力」的狀態。

演變至此，漢人終於也漸漸開始對滿洲人、蒙古人投以輕蔑的眼光，認為他們只是「虛張聲勢，實際並沒什麼大不了的夷狄」，乾隆皇帝的焦躁感不斷日益加深。此時，乾隆皇帝採取了相當激進的政策，選擇直接抹除民族歧視存在的現實。而這樣的結果，便是引發了歷史罕見的大規模言論控制活動——乾隆焚書。

在這場焚書活動中所針對的，即是所有記述了在明末以來的政治混亂中，漢人與滿洲人之關係的記錄。這不單包括與滿洲人和大清敵對的人們所發出的言論，就連在清帝國權力下所編撰的正史《明史》的內容，以及北方諸民族區域的地理情況或與漢人間的歷史關係，也都包含在此範圍內。這是因為，只要觸及宋與金的抗爭，或是明末的遼東情勢等歷代漢人國家與朝貢國、周邊民族間的關係，勢必就無法避漢人菁英將自身的外族觀摻入其中的狀況。不僅如此，若持續放任這些創作以「擁有權威性的經史」之名義流傳下去，便有可能招致最糟糕的事態，即人們最終把民族歧視當作是大清「公認」的行為，從而氾濫。

於是乾隆皇帝親自主導，拚命想清洗掉所有混入大量漢字文獻中洪水般的民族歧視表現。舉個例子，在用哪個漢字來替代異民族的專有名詞時，時常露骨地表現出書寫者的主觀意識，他們利用漢字的表意文字特徵，而採用了同音異義語的組合。這個問題，完全觸犯到了乾隆皇帝的逆鱗。以下，本書就引用乾隆皇帝的上諭來解釋：

> 於明史編撰中，為原人名、地名尋借音字時，仍可見過去陋習未盡除之態。例如能以「圖」字借音者，卻使用「兔」字，不只字義不適切，亦欠缺作為史書應有之「雅」。明史既為本朝撰定，何以容許字音轉寫之誤謬？（中略）無識之輩欲強硬區別語義之優劣，實為無益之舉。書物之中，亦有書「回（指伊斯蘭教）」字時，更加「犬」字成「狪」字者，然（朕）已令其刪除之。此誠為不值一評之無趣之舉。（《大清十朝聖訓・高宗純皇帝》乾隆四十二年八月壬子）

不僅如此，不同於其父皇雍正，乾隆皇帝並不承認自己是夷狄。他表示「視中國為內，夷狄為外之做法，不過是中國人只顧中國事之舉」（引自同上書籍，乾隆四十七年十一月庚子），並試圖徹底取締表示著「民族歧視原先就存在」的「夷狄」兩字。於是，過去傳遍天下的《大義覺迷錄》，也被乾隆皇帝定成了禁書。

就這樣，雍正與乾隆皇帝的「盛世」，在絲毫未能改變這個巨大版圖之中的滿洲人、內亞人與漢人間的關係下，經歷了對漢人的「中華」前所未有的打壓過程，以及為之帶來的巨大版圖後，慢慢走向了衰退。

1 「美麗的國家（美しい国）」是安倍晉三在二〇〇六年參選自由民主黨總裁選舉時，對國民許下的願景。據他的說法，「美麗的國家（日本）」指的是「機會充沛、充滿活力與優雅、重視自律精神，向世界開放的國家」。

2 一九〇七年，漢臣聯名提出「滿漢平議」奏摺，要求無論滿漢，皆不得再用奴才字樣，最終清廷於一九一〇年批准了這樣的主張。

第四章 徬徨的儒學家與神聖的武力

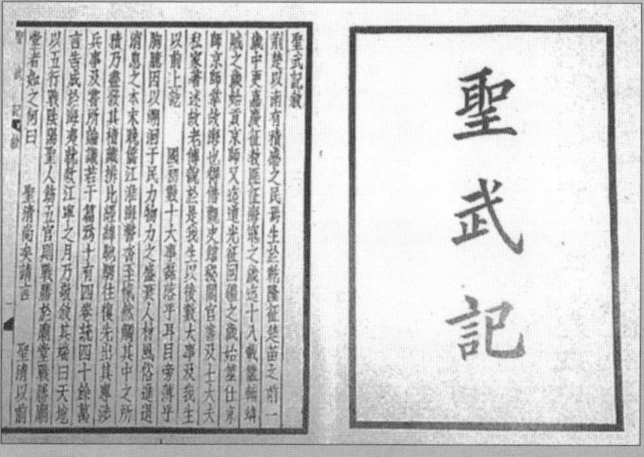

聖武記

聖武記敘

荊楚以南有積感之民焉生於乾隆征楚苗之前一歲中更嘉慶征教匪征海寇之歲迄十八載畿輔靖賊之歲始貢京師又迄道光征回疆之歲始筮仕京師京師掌故海也得借觀史館秘閣官書及士大夫私家著述故老傳說於是我生以後數大事及我生以前上訖 國初數十大事磊落乎耳目旁薄乎胸臆因以溯洄于民力物力之盛衰人材風俗進退消息之本末晚僑江淮海警沓至愾然觸其中之所積乃盡發其櫝藏排比經緯馳騁往復先出其專涉兵事及尚論兵事若干篇為十有四卷統四十餘萬言告成於海夷就款江寧之月乃敘其端曰天地以五行戰陰陽聖人[illegible]五官則戰勝於廟堂戰勝廟堂者如之何曰 聖清尚矣請言 聖清以前

《聖武記》　魏源著，成書於道光二十二年（1842 年）。前十卷以紀事本末體記述清王朝建立至道光年間的軍事歷史；後四卷為作者對有關軍事問題的論述。

籠罩布達拉宮的巨影

◎閃耀的青藏高原

為了解決在漫長治世中滿洲人能力的衰退，以及與漢人之間相互理解上的鴻溝，乾隆皇帝不得不走上疑神疑鬼的孤獨人生。不過就筆者看來，乾隆皇帝此人，似乎總帶有一股強烈的樂天氣息。他不像其父雍正，因為把完美人格當作目標，而在所有政務注入心血，結果造成壽命縮短；就連經歷過數次苦難的敗仗，他也能將之算作「十全」的戰役。這或許是因為，就算眼前常有種種難題懸而未解，但只要像是成功征服準噶爾、實現最大版圖，在統治中完成了幾項成果豐碩的大業，就至少還能保住自尊心的緣故也說不定。

乾隆帝　以「唐卡」樣式繪製而成的藏傳佛教佛畫。

最能顯現出乾隆皇帝如此性格的代表性案例，即是他與藏傳佛教之間的牽連。特別是如第二章所詳細提及，大清在建國上的間接原動力，就是藉由保護藏傳佛教，贏得蒙古、西藏人的支持。透過在藏傳佛教徒面前的「文殊菩薩皇帝」之身分，大清才有可能成為天下之主。

奉行天命的皇帝，無論對佛教徒、儒學家，甚至是對於只信奉阿拉的穆斯林來說，他都必須是世俗世界的頂點、是個滿足任何人心中神聖世界的公正皇帝。唯有這樣做，才是真正的王道——實現專制支配的同時，又保持多樣性的「中外一體、一君萬民」精神。即使身在北京，若能以佛教之王，以及穆斯林的保護者身分令蒙古、西藏、新疆順服，實現和諧圓滿的巨大版圖，這對漢人來說亦為非常難得的事蹟；既然如此，那他們也再無藉口繼續執著滿漢之間的歧視和對立，必定會承認清帝為天下之主——這些正是支持著乾隆皇帝的信念。

不僅如此，乾隆皇帝除了在藏傳佛教精神的共鳴上與其父難分軒輊外，更是在成功消滅了準噶爾後，再無人和他爭奪藏傳佛教最大保護者，他便以此為由，自負自身是與古印度阿育王匹敵的真正的轉輪聖王，也就是最高級的佛教之王。

於是，乾隆皇帝在建有避暑行宮的熱河（承德）投入巨大費用，以空前絕後的氣勢，推動藏傳佛教寺院的新建與擴張。北京更是不在話下，除了有雍正皇帝在皇子時代的藩邸改建而成的雍和宮，還有東西黃寺、福隆寺，以及散落在香山周邊的各大小藏傳佛教寺院。經過乾隆年間盛大的整建，使得北京另外增添了一抹佛教大都市的色彩。此外，大清也興建了清真寺，供新疆突厥裔伊斯蘭教徒中的有力人士來訪北京時使用。乾隆年間的北京，不斷強化著作為一個「內亞首都」的形象。

此外，以藏傳佛教中心拉薩為首的各地藏傳佛教格魯派大寺院，除了大清歷代皇帝一次次的捐贈外，更因為在大清締造的「內亞和平」狀態下，收到滿洲人、蒙古人以及皈依藏傳佛教的漢人所捐獻的莫大金額，造就了黃金屋頂連綿、前所未見豪華絢爛的景致。

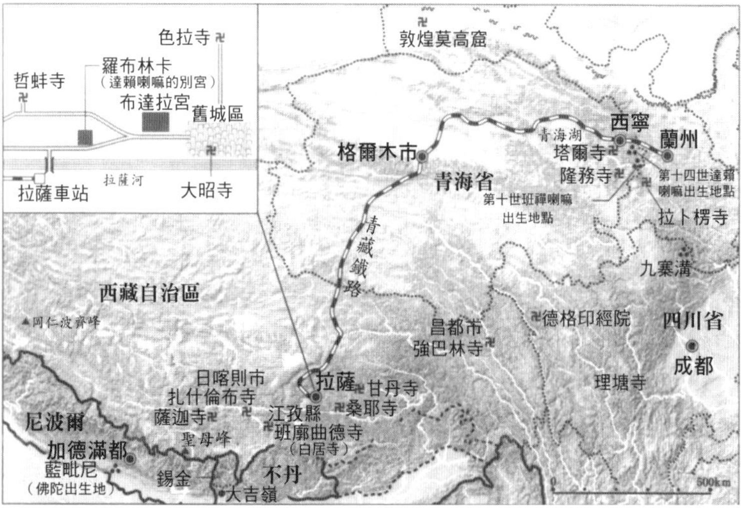

西藏的主要寺院與古蹟　這些建築就分布在橫跨了青海省、四川省西部以及甘肅省南部的青藏高原一帶。

格魯派的開山始祖宗喀巴以顯密合一的大殿堂為目標，於景色絕佳的山上所闢建的甘丹寺，有三千三百名僧侶；作為最大規模的佛教綜合大學，以壓倒性威嚴而聞名的哲蚌寺，則有七千七百名僧侶。其他還有像是日本明治時代的僧侶河口慧海為探求佛典而冒盡各種危險、完成留學事業的色拉寺；位於西藏第二大城日喀則市，由地位僅次於達賴喇嘛的活佛班禪喇嘛所負責的扎什倫布寺；建造於宗喀巴出生地，也就是今日青海省西寧近郊的塔爾寺，以及

帝國之柱——青藏高原的大寺院　大清皇帝以最大的藏傳佛教保護者之姿，成功將漢人社會與西藏治理在同一塊版圖之內。圖①為位於拉薩東邊達孜區內的甘丹寺。圖②為位於拉薩市內的色拉寺。圖③為聖地拉薩市的心臟，大昭寺。圖④為位於拉薩市的哲蚌寺所舉行的「曬唐卡」活動，每每使眾多香客信眾聚集而來。

經多年努力後，在被青藏高原東部人們譽為「第二恆河」的黃河上游成為學問之寺[1]的拉卜楞寺等……在一一走訪過藏傳佛教格魯派的六大寺院後，筆者不禁感受深刻：對於即使時至今日，人口依舊僅六百萬人餘，且不管怎麼看，土地的生產力都不高的青藏高原，竟有如此巨

青藏高原的大寺院　自上而下分別為扎什倫布寺、拉卜楞寺、桑耶寺，座座顯示著藏傳佛教格魯派的影響力。

大且豪華的寺院林立，可見歷史上來自外部的經濟流動是多麼異常的龐大。只要來到位於拉薩的藏傳佛教各宗派共同總本山「大昭寺」，相信您瞬間就能理解，此處既是內亞從古至今的精神首都，也是人流與財富聚集的中心。

◎承德的「外八廟」——乾隆皇帝的大伽藍

另一方面，能顯示出乾隆皇帝與藏傳佛教間獨有的牽連中，最令人驚豔的，便是建設在今日河北省承德市，有如包圍著熱河行宮、俗稱「外八廟」的藏傳佛教寺院群。此處的「外」，指的是萬里長城之外。

在康熙皇帝統治晚年的十八世紀初整飭完成的熱河行宮及其周邊，已是個適合騎馬民族互通情誼的舞台。這裡能讓滿洲人與蒙古人脫離在北京拘泥於形式的日子，參加在木蘭圍場舉辦的狩獵訓練，亦能於行宮中舉辦的大蒙古宴中盡興而歡。或許是認為在這樣的地方，要是能有他們所篤信的藏傳佛教寺院，將會帶有更深的意義，於是蒙古王公們在紀念康熙皇帝在位六十年之際，捐資建造了寺院，這就是外八廟的濫觴。不過雍正皇帝因國務繁重，未曾前往過熱河行宮，因此在他的時代中，行宮與寺院的整治皆產生了停滯。對此，乾隆皇帝則在征服了準噶爾後，便立刻貫注心血，打算將這一帶打造成重要的佛教祭祀場地。

首先，乾隆皇帝在一七五九年，為紀念平定準噶爾、統一瓦剌蒙古，建立了普寧寺。此寺院最大的看頭，就在巨大到需要抬頭仰望的優美佛像；而為了避免佛像受到蒙古高原風雪吹襲而設的木造大佛殿，則是仿效具有歷史淵源的桑耶寺——佛教在七世紀從印度傳至西藏時，建起的第一座僧院。雖然這座建築並非純正的西藏式建築，不過大家仍一眼就能看出，至少它並非是天下之主為了宣揚「中華」文化威嚴而樹立的產物。

此外，為紀念乾隆皇帝六十歲誕辰，而於一七七一年建造的普陀宗乘之廟，亦是效仿達賴喇嘛的宮殿——拉薩布達拉宮——所建，因此有著「小布達拉宮」的俗稱。乾隆皇帝在碑記中，明確記載了此廟的建立原因，是為再現布達拉宮的威嚴。就佛教視角來說，最神聖的聖地仍是印度與西藏，建有避暑行宮的熱河之地，終究只是個受佛教光輝庇蔭的一角。

筆者拜訪小布達拉宮時，是在蒙古高原颳起狂風的嚴冬時節。當時，並沒有什麼人像筆者那樣，就算抵著寒風，也要前來參觀經過了十九世紀後的動盪、完全褪色的堂宇。在沁骨的寒風中，只有閒得發慌的服務員，卻仍嫌麻煩的口哨聲不斷迴盪，感覺就好像在對筆者說「快從我的負責區域中滾開」一樣。乾隆皇帝專制卻又略顯浮誇的帝王形象，在此處是否早已蕩然無存了呢？——正當筆者這麼想的時候，忽然看見掛在頂端的乾隆皇帝御筆「萬法歸一」，頓時如遭雷擊，不禁思索，或許這才是乾隆皇帝積極克服民族歧視與文化差別，試圖打造「一君萬民」空間的本意吧。

承德外八廟　（上圖）普寧寺中設有高度超過二十二公尺、世界最大的木造佛像。（中、下圖）有著「小布達拉宮」別稱的普陀宗乘之廟，頂端則掛有乾隆皇帝親書的「萬法歸一」匾額。（作者拍攝於2000年）

◎與第六世班禪喇嘛的會面

作為乾隆皇帝一連串的大伽藍建造活動，或說是把熱河打造成「佛教主題公園」的集大成，就是為紀念乾隆皇帝七十歲誕辰，於一七八〇年落成的須彌福壽之廟。這座廟宇的建立背景，還有另一個重大目的，那就是用來招待班禪喇嘛，作為其駐錫地之用。他遠從西藏千里迢迢拜訪北京，是為了給身為「轉輪聖王」的乾隆皇帝祈福祈壽。

班禪喇嘛，指的是地位僅次於達賴喇嘛的格魯派大活佛。班禪喇嘛被認為是阿彌陀佛的化身，並於日喀則市的扎什倫布寺中擔任住持。或許乾隆皇帝認為，若要盡可能款待有如此身分的班禪喇嘛，絕不能提供他一般用來虛應故

須彌福壽之廟

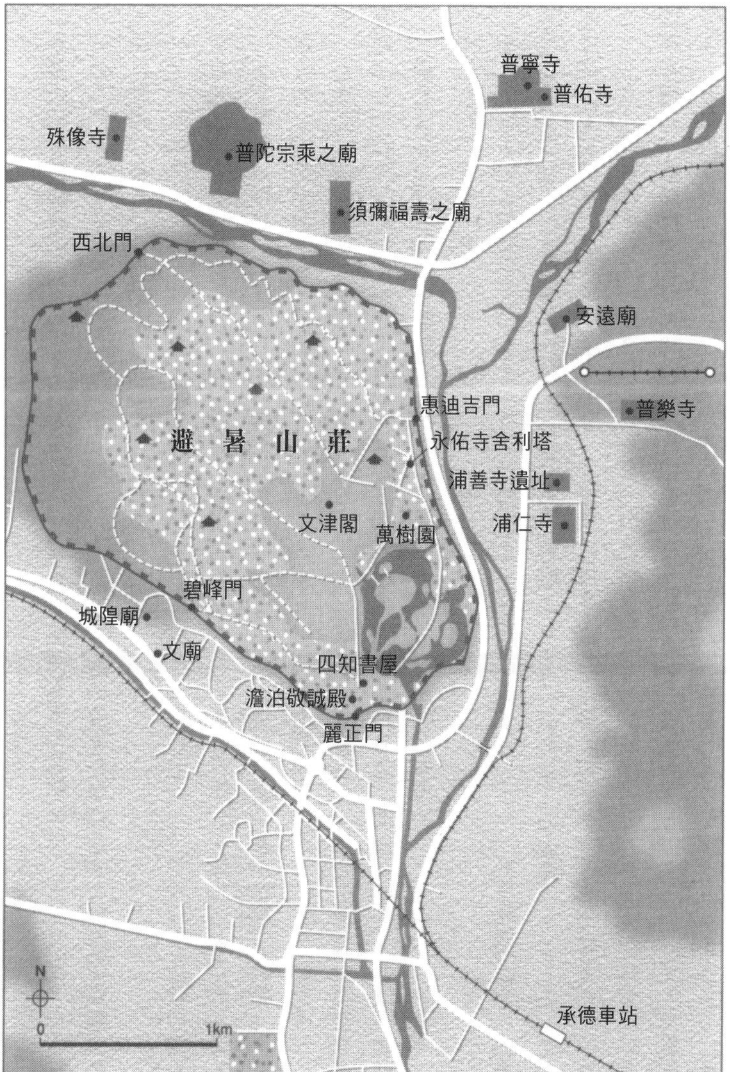

熱河行宮與外八廟的配置　位於熱河、活用了自然地形的行宮，也有著「避暑山莊」的別稱。

事的寺院，因此才將須彌福壽之廟建成了一座忠實呈現扎什倫布寺的建築。而乾隆皇帝的碑記中，亦提到過「布達拉宮既已建成，扎什倫布寺亦不可或缺」，他樂天的一面，彷彿躍然紙上。於是，仿效布達拉宮、扎什倫布寺以及桑耶寺而建成的寺院，就坐落於熱河行宮之北，形塑了滿洲皇帝坐在行宮內的龍椅時，也能受到藏傳佛教佛光照耀的整體形象。

乾隆皇帝為歡迎第六世班禪喇嘛，可說採取了極盡謙遜的態度。在藏傳佛教方面，一五一十記錄了此事的著作《第六世班禪喇嘛傳》（蔣揚活佛著）中就提到，首先乾隆皇帝在給班禪喇嘛的待遇上，就展現了「將朕御用的儀仗、鞠、傘、寶幢、旗幟與御轎贈予喇嘛。望其務必使用，則朕亦有福德」的意向。不過，對於以清淨為重的班禪喇嘛來說，即使是大施主的招待，但面對如此破例的優厚待遇，卻也不免感到誠惶誠恐。直到大清的軍機大臣們一個接著一個地說服——「請大師不要害怕，聖上會如此做，正是代表了聖上對大師的尊敬」後，才終於讓班禪喇嘛同意。

六世班禪喇嘛

接著，乾隆皇帝與班禪喇嘛初次會面的一刻終於來臨。當班禪喇嘛為了向乾隆皇帝獻上哈達（在藏傳佛教圈裡，對上師代表最高敬意的白布）、佛像以及裝飾品，而準備跪下時，乾隆皇帝慌張地握住班禪喇嘛的手，並說了一句為此刻而努力準備的西藏語：「還請喇嘛（上人）不要跪拜」。在後來的茶會中，乾隆皇帝與班禪喇嘛也同樣是互相「勸茶」，最後，兩人同為彼此設想，決定不約而同地一起將茶杯就口。乾隆皇帝更是滿懷喜悅地重複說著這樣的話：「現在我們互相見面，是發善願之心成熟的結果；朕欲向喇嘛學習更多的佛法。」即使從藏傳佛教的角度來看，這也是「雖說天地廣大，但終究是相當難得、不可思議的金旨」。於是兩人後來便在「政治與佛法合一」的話題上，熱烈討論了好一陣子。

◎朝鮮使節的冷漠視線

只是，對於乾隆皇帝這場「祝福滿洲人、漢人與內亞在皇帝與佛法之下合而為一」的大慶典，那些受到朱子學影響、對佛教嫌惡不已的人們，是否真能寬心接受？當然，對乾隆皇帝來說，他始終認為這件事是可能的，還必須讓它實現才行。然而，對堅持基本教義派思考的儒學家來說，要重視「實」的他們，對宣揚「空」的佛教表示敬意，就有如天地倒轉，是完全不可能的事。

清國的儒學家們，經常在自己的信條，以及由雍正、乾隆皇帝所帶來的文化政策之間煩惱，他們的內心想法，本書將在後面詳述。這裡就先來讓我們看看朝鮮王朝這個堪稱「基本教義派儒學家集合體」國度的人們，究竟是如何看待這場祭祀大典的吧。

首先，我們要先提到朴趾源這個人。朴趾源是十八世紀朝鮮首屈一指的儒學家，他作為朝貢使節的隨員、訪問北京與熱河之際所做的記錄《熱河日記》中，就栩栩如生地呈現了圍繞著儒、佛界的各種糾葛。

追根究柢，朝鮮看待滿洲皇帝以及大清帝國的態度，本身就是極其扭曲和糾結的。根據朴趾源的說法，身為最受大明照顧的屬國，朝鮮應持續遵守著漢人因為大清統治而失去的「先王制度」——也就是儒學經典裡的古代理想社會，並使用明末代皇帝（崇禎皇帝）自殺當年為基準的「崇禎後紀元」作為年號才對。朴趾源認為，只有透過這樣的行為，才能證明明帝國（正統中國）的光輝，仍在鴨綠江以東之地持續發光發熱。「為中國復仇雪恥之心，怎能有一日忘懷！」；「上從皇帝、大臣，下至庶民皆實施薙髮（辮髮）的『犬羊』之輩，根本不值一顧！」——這些都是在大清壓倒性的武力下，被迫朝貢的朝鮮士大夫們充滿悲哀

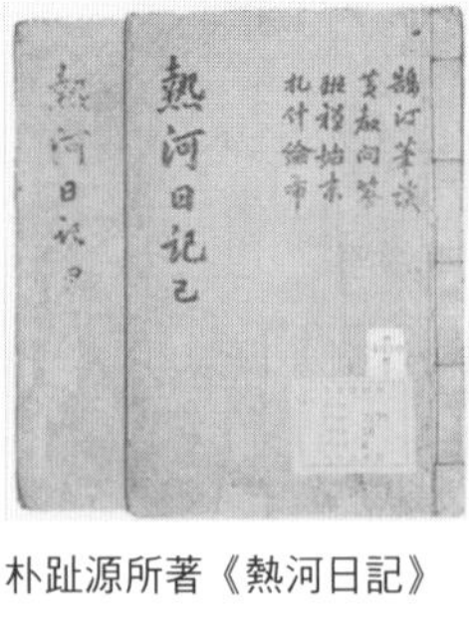
朴趾源所著《熱河日記》

的共同認知。

不過，深思熟慮的朴趾源，心底並無法單純認同這樣的二分法。他認為中華文明所孕育的都市、人民，以及各式各樣的技術、藝術，還有優良的學問與制度仍在大清的支配下持續，毋寧說是胡人（滿洲人）知道可以享受這樣的利益，才前來占領中國。因此，若要實現「尊明攘夷」，就必須學習大清所繼承下來的「中華遺法」，並改變自己「幼稚、拙劣的部分」，待朝鮮擁有強大軍事力量、足以壓倒大清後，才真正有那立場說他們「不值一顧」。

正因如此，朴趾源（以及朝鮮的朝貢使節）認為，容忍當下的恥辱與屈辱，在形式上將清國當作是「中華」的繼承者，應其要求進行朝貢，徹底遵守儒學所說的「禮尚往來」，才是能夠保有作為朱子學者最低限度自尊心的方法。不過，他們對這樣的行為，終究還是有心理上的抗拒，因此並不稱自己為「朝貢使節」，而是「燕行使」，代表「不得不去燕京（北京）的使者」之意。

也因此，當軍機大臣在遊歷了北京與熱河的朝鮮使節面前，出示諭旨詢問朝貢使「是否想和西番（西藏）聖僧見面？」時，讓他們感到一陣晴天霹靂。因為朝鮮使節所交流的，終究只應是繼承了「中華」遺風的「中國人士」（即使朝鮮不視其為正統）；不與他國人士相互交流，才是透過朝貢關係中的「禮」，與皇帝建立起關係的小國所應採取的態度。

然而，在軍機大臣又帶來了一封旨為「班禪喇嘛與中朝（中國）之人同為一體，故彼等務必一見」的諭旨後，一行人更是神色大變。就乾隆皇帝來說，滿漢的「中國」與藩部的「外國」在同一版圖內同為一體，所以這樣的言論並無任何不可思議之處。然而，就算是皇帝的要求，朝鮮士大夫也有著「朱子學之士絕不與佛僧禮拜」的堅決意志。在一旁看著這情景的朴趾源，後來在喝著酒時，腦中忽然湧現這樣的想法：「這不正是尊明攘夷的好機會嗎！要是朝鮮的使臣表示拒絕，呼應此行為的義聲，必定會牽動天下！」，他胸口不禁一熱。

不過，就在乾隆皇帝的一句「朝鮮雖知禮，但陪臣卻不知禮」的發言，傳到了朝鮮使節耳中，將他們打入絕望深淵後，事態便因此急轉直下。事情發展至此，他們終於明白，恪遵朱子學基本教義的朝鮮試圖和大清之間所構築的「禮」，與乾隆皇帝「雖然禮的方法會因『教』而有不同形式，但各自崇尚的精神都相同，所以彼此間也能共通共享」的思想之間，有著根本上的互不相容。一行人中，不論是誰，都因為這一句「不知禮」而激憤，一邊大喊著「吾等寧死！」一邊放聲嚎哭。

在這件事之後，朝鮮使節們的行為，已經是近乎腦袋一片空白的狀態。完全無法抵抗、在「身穿僧服的軍機大臣」催促下、被迫向班禪喇嘛禮拜的朝鮮使節，只是將一切任憑班禪喇嘛的引導。更有甚者，他們彼此的對話，還必須透過藏語↓蒙古語↓滿語↓漢語↓朝鮮語五種語言的口譯來進行，因此會話幾乎無法成立。朴趾源在書中，使用「行荒野之際碰見的奇鬼」、「絕無好下場的萬古凶人」等句，來描述朝鮮使節一行人對班禪喇嘛的印象。

◎廓爾喀的入侵

儘管乾隆皇帝與班禪喇嘛的會面，就藏傳佛教與朱子學基本教義派的朝鮮來說，有著完全不同的看法，不過這場祝賀祭典，最終以聚集了包含漢人士大夫在內的大量參拜者而獲得巨大的成功。想必乾隆皇帝，也在這各個族群的人跨越儒學和佛學的隔閡而聚集的事件中，體會到了跨越歧視、實現「中外一體」的喜悅。與乾隆皇帝迎接七十大壽，卻仍未衰頹的豪情相比，朝鮮使節的憤慨，根本就不足掛齒。

不過，朴趾源對班禪喇嘛的咒罵——「絕無好下場的萬古凶人」，卻也離奇靈驗了；第六世班禪喇嘛，在那之後竟真的罹患天花，猝死在北京。這場突如其來的事件，讓乾隆皇帝打從心底哀嘆。後來，乾隆皇帝以漢白玉石精美雕琢的佛塔，獻贈給喇嘛們在北京當作宿舍使用的藏傳佛教寺院「西黃寺」，藉以靜靜緬懷與班禪喇嘛共同出席大典時的快樂時光。

不僅如此，班禪喇嘛的死，更讓乾隆皇帝不得不意識到，過去歷代皇帝所創造，以及自己拚命守護至今的事物——滿洲人、騎馬民族的勇武，還有同時尊重儒學與藏傳佛教的態度——皆伴隨著一個重大事件而逐漸裂解。此處所謂的重大事件，即是由第六世班禪喇嘛的遺產繼承問題所衍生出的「廓爾喀（尼泊爾）入侵西藏事件」以及「八旗軍人在此事應對上的造假問題」。

尼泊爾在十八世紀中葉所成立的廓爾喀王朝，原本和西藏達賴喇嘛政權之間的關係相當險惡。究其原因，乃是因為西藏向尼泊爾委託鑄造的銀幣純度，在廓爾喀王朝成立後就有了降低的趨勢。這一緊張情勢最終於一七八八年招致廓爾喀發動戰爭，不過當時的戰況以局部性的戰鬥作結，再加上乾隆皇帝亦對姑且算是朝貢國的尼泊爾表示了強硬態度，於是事態開始有落幕的傾向。然而就在此時，派遣至西藏的將軍鄂輝，卻採取了向不義的廓爾喀支付出兵費用以求其撤兵的處理方式。原先有能力輕鬆平定賊人的八旗軍，為什麼要採取這樣的方式以圖解決問題？況且，這樣的對應難道不會讓廓爾喀食髓知味，再次前來擾亂秩序嗎？……乾隆皇帝的腦中，充塞著這些不滿與不安。

果然，乾隆皇帝不祥的預感真的發生了。在班禪喇嘛圓寂之際，其弟夏瑪巴活佛為一手攬下他的遺產，私底下與廓爾喀取得聯繫，結果引發了廓爾喀襲擊扎什倫布寺的事件。在這件事發生之前，更有幾位僧人在夏瑪巴的唆使下進行占卜，並讓占卜得到「不得與入侵的賊人作戰」的結果，造成了最初前往迎擊的西藏人在判斷上的混亂。不過最致命的，還是大清在一七二〇年將西藏納入版圖以來，西藏便不再發生過大型戰亂，因此不用說達賴喇嘛政權的軍隊，就連大清的西藏駐屯軍，都在廓爾喀的軍隊面前顯得脆弱不堪。

若在利益上有其必要性，便可以透過占卜來干預現實世界；如此大舉偏離了「清淨」精神的現象，可說就是藏傳佛教的現實。而滿洲與蒙古的軍人，忘記自己身為皇帝代言人的立場，遇敵不戰、選擇捏造「遭敵軍擊敗」的虛報，並四處逃竄；給予廓爾喀金錢誘其撤退的事件，其實也並非僅是清帝國的失態，而是同時反映出了騎兵已踏上衰弱之路的真實。至今，自己到底是為了什麼而崇尚藏傳佛教？為了什麼而執著於滿洲人的特質……？這個瞬間，乾隆皇帝為了擊倒漢人的歧視目光，以及為實現同時滿足多樣性、一君萬民的空間所做的一切努力，很明顯都是白費力氣。

到了晚年，乾隆皇帝的態度產生了大轉變。首先，他對駐藏大臣保泰的行為揮下了憤怒的鐵鎚，因為保泰不僅不想與廓爾喀正面戰鬥，更為了避開廓爾喀，而試圖讓達賴喇嘛離開拉薩，到別的地方避難：

朕原以為廓爾喀之入侵一事可輕鬆處置，若汝充分激勵藏人、率兵作戰，廓爾喀賊人本應無以行至扎什倫布，更將因雪季之到來而必定敗逃。然而汝不僅不追殺掠奪、歸逃之賊，更欲移喇嘛至金沙江之東與西寧，究竟是何居心？離開西藏，亦非達賴喇嘛所望。此舉豈非等同棄歷代皇帝動兵所得之西藏，以及達賴喇嘛之信徒於不顧？再者，若哪日賊人再進，屆時是否再割成都？此事於理可通？汝之意圖，即是欲移達賴喇嘛至別處後，自己則歸家享受安逸。（引自《元以來西藏地方與中央政府關係檔案史料匯編》乾隆五十六年十月十一日）

然後，乾隆皇帝派遣了他最信任的心腹福康安急馳西藏，最終平定混亂。同時，命畏避不前的保泰改名為「俘習渾（帶有卑賤意思的滿語）」，並處其終身枷刑的嚴厲懲罰，在拉薩街角示眾。在這些事情都塵埃落定後，乾隆皇帝才真正保住了他「十全老人」的名號。

◎成立金瓶掣籤制度

此外，乾隆皇帝對於藏傳佛教，也明確表現出了一種態度，即「以皇帝身分來保護佛教，就不能不對藏傳佛教隨意做出偏離宗教本來目的的行動置之不理。倒不如說正因為要保護藏傳佛教，因此更要堅決限制有問題的行動」。於是，乾隆皇帝在一七九二年親手寫了名為《御製喇嘛說》的文章，試圖以大施主的身分，對藏傳佛教的所作所為徹底施加限制。

在文章中，乾隆皇帝所特別視為問題的，就是西藏的有力人士在繼承教團權威時，竟然可以如此簡單地藉由占卜等形式來介入，以實現個人目的，使原先應追求佛教本義——遠離世俗、貫徹清淨精神——的教團，陷入腐敗淵藪。實際上，就是因為有這樣的狀況，第六世班禪喇嘛的弟弟才會為了奪取班禪喇嘛的財產而從占卜上動手腳。除此之外，乾隆皇帝也用著冷冽的文筆記述道，當蒙古活佛哲布尊丹巴在找尋轉世者時，有力人士為了讓轉世者出現在自己的家系中，也曾將腦袋動到占卜師身上，但結果出生的卻是女嬰。

因此，若要讓佛教不再像過去受到沒有明確根據的預言或占卜影響，它所需要的，就是去介入「佛的意志」這種「偶然性」當中；而此時乾隆皇帝所思考出來的，就是「金瓶掣籤制度」。此制度規定藏傳佛教圈在選舉著名活佛[2]時，一定要先選出三名候選人，並在乾隆皇帝於拉薩的大昭寺與北京的雍和宮擺設的黃金壺中放入寫有他們名字的籤後，再來進行選擇。乾隆皇帝強調，「透過這樣的做法，必定能增加些許公平性」。

◎與中國共產黨抽籤

這裡的問題，就在於人們如何解釋乾隆皇帝創造此制度的行為。至少，這對於承認乾隆皇帝是佛教的保護者——內亞地區藏傳佛教徒心中的轉輪聖王——來說，是可以接受的行為。畢竟掌權者會介入佛教內部，本身就並非特例。在以泰國為首的佛教國家裡頭，身為信徒代表的國王（或者是國政的最高負責人）要教團講求清淨，而施以嚴格的宗教政策亦並非稀奇之事。只要不是政教分離的體制，而是政治多多少少會打著宗教之名，將自己的權威正當化，屬於這種情況的國家，包含基督教世界與回教世界，宗教的存在通常都是一面反映著政治與社會安定的鏡子。於是，志在穩定政治與社會的國家權力，便會試圖導正宗教的意義而進行介入，因此宗教與政治之間，總是會持續產生緊張關係。政教一體，或者是所謂政治與宗教的親近程度，都不只是意味著兩者間的相互妥協而已。

不過，制度成立之初的精神，並不一定能永遠保持下去。假設制度真能夠持續，但行使權力的一方不適任時，又會發生怎麼樣的狀況？

今日的中國政府，將西藏人接受了乾隆皇帝所創造的金瓶掣籤制度一事，解釋為「中國對西藏行使歷史主權的重要例證」。既然統治中華的乾隆皇帝，行使了國家主權而使西藏人服從，那麼中國政府阻止西藏獨立、統一「祖國中華」，就是理所當然的事。如此主張的中國政府，因此也相當重視作為國家主權表現的金瓶掣籤制度。

然而，我們也可以反問，在毛澤東主政的動盪時代，對藏傳佛教與文化施予毀滅性打擊的中國共產黨政權，到底有沒有試著捫心自問，自己是不是像乾隆皇帝一樣，作為佛教的保護者而受到藏傳佛教徒接納？

此外，就中華人民共和國力證自己是多民族國家而高唱的「中華民族」理論來說，搬出與「中華」文明魅力毫無關係的「抽籤」制度，然後又強調「這就是中國主權的體現」，這種作法本身難道不是對「中華」價值的嚴重偏離嗎？且根據「革命史觀」所闡明的中華人民共和國的成立，乃是歷史必然的說法，中華民國、中華人民共和國是推翻了滿洲人的外來野蠻權力，復興「中華」的正統政權。但是排除了滿洲人，卻肯定滿洲皇帝所打造的制度與領域，難道兩者之間沒有矛盾？

一九九五年，由於第十世班禪喇嘛在一九八九年圓寂，因此他們需要尋找轉世班禪。此時，第十四世達賴喇嘛在中國政府進行金瓶掣籤認證前，就先認定確吉尼瑪（Gedhun Choekyi Nyima）為轉世靈童。然而，中國政府卻對確吉尼瑪實施軟禁，並在其後舉行了金瓶掣籤，認定堅贊諾布（Gyaincain Norbu）為「第十一世班禪喇嘛」。這起事件，可說同時造成了「世界最年輕的無辜囚犯」與「名為『愛國神職人員』的少年公務員」之悲劇。而此事的背景，存有中國政府以及西藏流亡政府之間，圍繞著主導金瓶掣籤制度地位而產生的尖銳對立，自是不言而喻。

蛻變為經世儒學

◎「中華」的變質

即使如此，這起事件仍給予我們一個重要的暗示。那就是中國政府在主張其「神聖領土」時，他們所依靠的其實是乾隆皇帝——在藏傳佛教徒面前以佛教之王自居——所創造的制度。與之相比下，儒學、漢字、以及漢人的「中華」魅力反而毫無用武之地。透過這件事情，我們可以了解到，漢人民族主義者所讚揚的「中華」文化傳統，與現實生活中的近代「中華」國家之間，其實有一道相當大的認知差距：

①是自古代連綿延續至今，並以儒學與漢字文明為中心、理念的「中華」。而此「中華」文明開花的地方，就是「中國」。——也就是以文化角度來決定的「中華」。

②不管「中華」的文明是否存續，只要是「中華」王朝所統治過的地方，全都可以是「中華」、「中國」，因此不能棄而不顧，而要持續保住它們。——也就是以權力角度來決定的「中華」。

今日中國共產黨所採取的，即是②的立場。

不過，近現代的儒學家起初並不以②的方式來思考。所謂的「中華」，就是將優秀的自己從低劣的他者中區分出來的文化價值基準。即使在清國的文字獄下躲躲藏藏，也要向明國宣誓忠誠的士大夫們，最執著的也正是這點。對此，雍正皇帝曾果斷表示過，自己並沒必要一定是屬於「中國」或「中華」；而就朝鮮使節的角度來看，肯定也會覺得，乾隆皇帝把屬於「外國」的西藏人與「中國」人視為一體的想法，相當異想天開。

如上所示，文化上的「中國」，以及首都設於「中國」、並且將帝國所支配的所有區域稱為「中國」的做法之間，就有著距今兩百餘年的認知差距。就連本書在序章所介紹過的梁啟超，也提到漢人的知識圈裡，只存在著「天下」，而沒有將國境線、疆界等權力的劃分所表現出的範圍稱作「中國」的想法。所謂的「中國」範圍，始終是以「中華」文明的擴張方式來決定。

因此，生活在儒學思想主導的世界，並且在儒學影響中參與政治的人們，究竟是經過怎樣的過程、又是從什麼時候開始，才把本應為「外國」的地區（即大清的藩部），視為「中華」、「中國」的一部分？這個問題，在思考近代中國的國家形成（以及民族問題）上，將帶有決定性的意義。

至少對雍正、乾隆皇帝來說，今日中華人民共和國所繼承下來的版圖範圍，理所當然就是「中外一體」。只要能夠實現更好的專制統治，「中國」與「外國」的差異，或者首都是設在「中國」還是「外國」（例如盛京），全都無關緊要。只有「大清的版圖」才是一切的事實。

也就是說有一股知識上的演化，使得大清的全體版圖，漸漸被抽換概念為「中國」。當然，這件事就華夷思想的角度來說，是一種相當大的偏離。

不過，現實生活中卻產生了這樣的「偏離」，並對清帝國的結構與近代中國民族主義產生了決定性的影響。不僅如此，這個「偏離」，還發生在儒學家的異民族歧視的言論遭到大清徹底封殺和管制後，試圖尋找活路的狀況下。所謂的考證學，以及經世儒學學風高漲的現象，即是這「偏離」的主體。

◎何謂考證學？

所謂的儒學，與其說是一種宗教，更應該說是一種政治哲學。在這樣的基礎上，以陶治人格為目標，並獲得上天認可、肩負社會責任，並試圖獲得精神上的充實（天人合一），才漸漸帶有宗教的色彩。

因此，作為政治哲學的儒學所重視的，就是積極推動現實世界、改變社會，也就是所謂「經世致用」的價值。

不過長年以來，儒學已經與華夷之辯的思想、民族歧視之發想混在一起，難以區分，因此在異族的清政權成立之際，原本拿來談論政治的儒學思想，便轉瞬間成為了難以啟齒的話題。因此，在大清統治前半期，儒學家針對現實政治的應有形態所做的猛烈批判出現了劇減的趨勢。

另一方面，就如同雍正皇帝在《大義覺迷錄》中清楚呈現的儒學觀，儒學（朱子學）在清帝國文化政策中的存在，乃是為了創造出「服從體制、保持上下秩序、貫徹廉潔精神」的人格。就筆者來說，歷代滿洲皇帝們將匾賜與山東省的曲阜孔廟，並對孔子、朱子展現敬意，與他們向釋迦牟尼佛、達賴喇嘛以及班禪喇嘛所表示出的敬意，其實並沒有太大的差別。即便是被認為最親近儒學思想的康熙皇帝，也並不怎麼認可晚明殘黨或反滿文人援用儒學所提出的論調。即是說，前半期的清帝國，並不是一個讓前近代的「中華」文明有極大發展的帝國，而是一個透過最周全的方式試圖壓抑「中華」的帝國。

不過，大清對儒學的壓制，以及只挑有利自己部分來闡述的文化政策，並未如他們所願般地奏效。儒學作為日常道德規範，以及作為科舉考試之用的學問，使得接近儒學的人數產生爆炸性的成長。而這群人中的菁英，更以「星星之火可以燎原」的態勢，展開了新型態的思考。不僅如此，自明末清初的混亂情勢降溫以來，以長江下游、江南地區為中心的經濟顯著成長，亦使人們擁有投注在知識活動中的豐富能量。於是，比起對大清的專制支配進行正面批判，人們更多將注意力轉移到古文經典上，並積極對其進行各種探究活動。這就是在大清全盛期普遍流行的考證學。

不過，考證學常常只被人們拿來當作賣弄古典知識的興趣，不少人因此大幅偏離了儒學的原始意義，使之成了大清的言論管制有多嚴格的印證。即使如此，考證學還是蘊含了極大的雙重動機，那就是對於「殘酷且禁慾的唯心論」——朱子學，以及「因為過度反對朱子學、強調慾望與主觀，反而造成人們走上另一種極端」的陽明學所產生的反彈。於是，儘管考證學者不直接對現實政治進行批判，仍將無法盡情對現實表達說法的心情，全放進了在古典中尋求借鏡，以反映現實上。

◎顧炎武的矛盾——為何非得認同滿洲人？

他們自然而然地也碰到了一個重大的問題——究竟為什麼，應當身為「中華」的明國會毀滅，而為什麼非得要接受滿洲人這一外來勢力的統治？

理所當然地，此時的人們並不能說出對明的懷念以及對清統治的憤恨。不過，要比較過去的帝國及王朝歷史，並探討它們各自的得失，仍是可能的事。實際上，因為那樣的目的，於一〇八四年的大宋所編撰的《資治通鑑》（不會被禁止販賣），人們在應考科舉之前，都希望能夠閱讀一次。

於是，早在順治、康熙皇帝的時代中，就已經有人透過將「中華」文明所背負的脆弱，拿來比對滿洲等騎馬民族所自豪的「強大」祕訣，在暗中懷抱著對明國的憐惜，同時試著以儒學家的立場，冷靜地對清帝國以及滿洲人做出評價。曾在明末擔任官職，即使受到清國邀請，亦未點頭任官的知識分子——顧炎武，其創作《日知錄》，就是最能代表此狀況的著作。

顧炎武本身是一位在心底默默向明國宣誓忠誠的人物。因此，即使他聚焦於古代經典與過往歷史的考證，仍始終沒有忘記儒學家的本分是要保住天下。他在書中，寫下了這段極為有名的句子：「易姓改號，謂之亡國；仁義充塞，而至於率獸食人，人將相食，謂之亡天下。是故知保天下，然後知保其國。保國者，其君其臣肉食者謀之；保天下者，匹夫之賤與有責焉耳矣。」試圖喚起讀者腦中那段伴隨著明末大亂的痛苦記憶，並呼喊著每個人都有不讓那段歷史再次發生的責任。

顧炎武　明末清初著名的思想家、學者。

話及至此，對於顧炎武來說，最重要的部分無非是清取代明掌握天下的事實，究竟算是「亡國」，還是「亡天下」？對本書提到《大義覺迷錄》時所介紹的呂留良與曾靜來說，大清的統治無非就是「仁義充塞，而至於率獸食人」的「亡天下」狀態。不過，顧炎武並未如此斷言。因為深知明末的黑暗，對他來說，強行恢復了秩序的大清，還是有值得學習的地方。於是他將這樣的思考方式寄託在東北亞各個王朝的歷史上，作了以下的敘述：

金朝世宗嘗曰：「朕見女直（女真）風俗，迄今不忘。今之燕飲、音樂，皆習漢風，非朕心所好」、「女直舊風，雖不知書（指儒學經典），然其祭天地、敬親戚、尊耆老、接賓客、信朋友，禮意款曲，皆出自然。其善與古書所載無異。」乃禁女直人不得改稱漢姓、學南人衣裝。又曰：「女直舊風，凡酒食會聚，以騎射為樂，然今悉禁止，忘記舊俗，習學漢人風俗，是為忘本。」（中略）

犬戎能帥舊德，而守終純固。上含淳德，以遇其下；下懷忠信，以事其上。一國之政，猶一身之治，其所以有國而長，世用此道。然日久漸染華風，不務詩書，唯徵玩好，服飾競於無等，財賄溢於靡用，驕淫矜侉，浸以成習。

顧炎武以正面評價來介紹女真人的國家「金」在自豪保持著純樸風氣時，又試著避開染上漢人奢華風氣，究竟想要表達什麼？答案或許已呼之欲出。顧炎武曾說：「外國之能勝於中國，惟其簡易而已。」——外國單靠行事上的簡便，就能贏過中國，說明就算野蠻人（犬戎）不具有「中華」的儒學與華美的文明，只要他們在實質上擁有優秀的素質，就某個層面來說，就無法單方面地否定他們，而他們會掌握天下的局勢，也是無可避免的。因此，最需要反省的，反而是染上奢華風俗、陷入「文弱」狀態的漢人。——以上，就是生活在明末清初的顧炎武滿懷苦澀的文明觀。

這樣的想法，是否在某種意義上，與雍正皇帝所提倡的觀點——「奉行天命的人，是因為他擁有卓越的勇氣與執行力。於此基準之下，每個人都與身為『中華』或『夷狄』無任何關係，都是平等的。」——有著相似之處？雖說同樣稱為「儒學家（儒生）」，但明國的毀滅以及清國實施統治的事實，卻在漢人與朝鮮人之間，造就了如此之大的意識差異。

◎瓦解的「盛世」

當然，在清前半期中的所有儒學家，並非都像顧炎武那樣，擁有以實事求是的角度來評斷「夷狄」的眼光。相反仍然有許多人認為，雖然就結果來看，不通儒學的夷狄實現了儒學所追求的目標，但最重要的事物，仍是那孕育出儒學的文化空間——中華。

舉例來說，乾隆時期的科舉官僚、大學者趙翼，就在〈天主教〉一文中比較了分布於世界各地的儒教、佛教、天主教以及伊斯蘭教等宗教，並點出儒教的流行，其實不如佛教、天主教廣泛。不過對於趙翼來說，儒學無法繳出傳布的成果，並不是它本身有什麼大問題。因為他認為作為文明精華的儒學，是個「中州清淑之區始能行習」的存在。因此問題終究不在於信徒數量或者分布，而是在於對孕育出了儒學這至高無上價值的「中華」之地，究竟抱持多大程度的驕傲。

不過，始終執著於孕育出儒學的「中華」光輝的想法，最終因遭遇了乾隆末年發生在漢人地區的農民叛亂，聽見「盛世」發出瓦解的聲響後，再次被迫面對深刻的信念危機。

這場爆發於十八世紀末到十九世紀初期，也就是乾隆晚期至嘉慶皇帝的時期內，使漢人地區騷動不已的農民叛亂，人們一般以「白蓮教之亂」（又稱川楚教亂）稱之。叛亂的中心，位於黃河中游至漢水流域一帶山多地少的地區（陝西、甘肅、四川、河南、湖北）。這場叛亂的背景，乃是因為大清前半期，人口從明末的一億人成長到四億人，致使國家漸漸養不起，一貫展開的農地擴大已經到達頂峰，再加上持續開墾山地所引發的土壤破壞，使得平均土地生產力也開始下降。除此之外，因為貨幣經濟的急遽發展，追求奢侈華美的風氣最終還是嚴重到雍正、乾隆皇帝再也無法控制，造成了地方基層官員在政治上的恣意妄為，亦成了大舉威脅到一般庶民生活的重要原因。

◎白蓮教之亂與嘉慶皇帝

這時，被這些在苦境中輾轉呻吟的農民急速接納的，正是白蓮教。所謂白蓮教，是一種宣稱彌勒佛將在五十六億七千萬年後降生，並拯救眾生脫離苦海的信仰，以及透過不斷唸經、唸咒來擺脫眼前恐懼（劫）的基本教義；換句話說，就是帶有佛教色彩的救世主信仰。當農民捨棄貧困的鄉村生活、朝向閃耀的城市蜂擁而上時，這一驚人能量，與對彌勒佛的渴望結合後，便讓反叛瞬間激烈爆發出來。

面對如此事態，背負著收拾乾隆皇帝時代殘局重責的嘉慶皇帝，究竟是如何行動的呢？至少就史料來看，我們能夠知道，嘉慶皇帝這個人，對於認真處理政務、完成自己的使命擁有著強烈的意欲；若他處在對清國有利的時代中，或許能獲得名君的稱譽也說不定。面對一封封各地送來的奏摺，嘉慶皇帝皆會認真地寫上朱批（用紅筆寫的批語），不論如何都想成為雍正、乾隆皇帝稱職的繼承者。且在地方官員、軍人做了不公平的判斷時，嘉慶皇帝也不會忘記要以嚴厲的語調指正他們。

不過到了十九世紀，嘉慶皇帝的周圍，除了極少數的心腹之外，看似已無其他能夠依賴的人。在鎮壓白蓮教之亂的過程中，清軍展現出畏戰、避戰的傾向，因為這現象而意識到深刻危機的嘉慶皇帝，在竭盡心力振作全體軍力的同時，亦加速推動用於鎮壓山岳地帶的要塞建設。然而，這些行為卻未必能夠奏效：要求地方民眾負擔要塞的建設費用，不僅惡化了窮困狀態；最終不得不拜託在地方層級上的士大夫出手相助，以對抗白蓮教等農民叛亂時，武裝行為受到承認的漢人地方社會，便因此獲得了慢慢與大清中央保持距離、擴大獨自勢力的契機。

相反地，以八旗為中心的清帝國軍力，卻因為鎮壓大型叛亂而導致國庫枯竭等原因，可以說已弱化到近乎無力恢復的地步。而就在松筠這位最受嘉慶皇帝信賴的心腹蒙古旗人，以狩獵場荒廢及軍事費用枯竭等理由，提出今後不得已，只好中止代代於木蘭圍場舉辦的騎射訓練時，嘉慶皇帝想盡辦法維持住的父親、祖父所打造出的「盛世」榮光，便完全瓦解無遺。

嘉慶帝

◎於停滯時代中開花的經世儒學

「盛世」的瓦解，不僅單純為嘉慶皇帝帶來絕望，更造成當時關心政治的人們、尤其是鑽研考證學的知識分子圈內的鬱悶。確實，原先以強大著稱的清軍騎兵，今日淪落成為手足無措的殘兵敗旅。當初在《大義覺迷錄》中聲稱滿洲人是因為擁有實力，才得以支配天下的邏輯，如今在漢人眼中，也只是份充滿欺瞞的廢紙罷了。

不過即使如此，延續了康熙、雍正、乾隆三代皇帝的「盛世」，使得經濟富裕、以江南為中心的都市文化到達成熟頂點，並化解了與以蒙古為首的內亞間的長年緊張。因此，即使美中不足，這時代還是具有許多正向的層面。然而到底是什麼讓盛世的成果最終變成一場空？其原因，或許就如同皇帝們曾不斷嚴正警告的一樣，與耽溺於文章知識、染上華美風氣的態度等各種潛藏於「中華」文明中的問題大有關係也說不定……愈是如此思考，儒學家們便愈覺得不能單純將責任歸咎於滿洲人或清帝國，而是該捫心自問，為了恢復國家的秩序與穩定，儒學能再次做些什麼。

幸運地，在嘉慶時期以後的清國，已經不具備雍乾時期那種在表面上打著編撰四庫全書或整理文獻的美名，暗地裡卻進行嚴格言論控制的能力了。在體制從追求完美專制，轉向不完全專制的過程中，反而產生了言論的自由空間。

於是在十九世紀前半到中葉間，從考證學再進一步發展而成、被稱作「經世儒學」的學問便開始沸騰。這門學問，主要是汲取了以《春秋》為中心的古代經典裡的精神，並探討若要在現代重現這股精神、實現「復古」的話，人們究竟該怎樣提出新政策的一種論述。且它並非提倡一切照單全收，將所有制度一律全部回歸從前的作法，而是蘊含著一股為了積極處理當今的狀況，試圖重新樹立儒學與士大夫理想典範的氣魄。也就是說，經世儒學的目標，並非拘泥於古代典籍的內容，而是如何最大限度地活用這些典籍當中的精神。

◎日本的「經世」

順帶一提，在海洋另一端的江戶時期日本，也產生了類似的動向。在佛教的影響力與「下剋上」的觀念原先就很強烈的日本，儒學長期以來不受人們理睬，頂多就是把僧侶等人零碎傳入日本的儒學經典拿來參考的程度。不過，就在日本經由德川的支配而實現「天下太平」的時代，武士在幕藩體制下逐漸變質成為「世襲公務員」後，儒學便被當作一門研究如何讓安定社會永續發展的學問，正式為世人所接受。在這之中，無法被朱子學的觀念論，以及陽明學所提倡的重人欲、重主觀所滿足的人們，開始提倡儒學的本質在於「經世致用」，並試圖在古文經典中追求這股精神。於是，荻生徂徠所提倡的「古文辭學」便跟著誕生。荻生徂徠在其代表性著作《政談》中，提出了各種政策提案，以端正江戶「浮華」的風氣，創造一種人們能「腳踏實地」的狀態。

此外，從為政者的立場，將儒學作為「經世致用」之學來聚焦的，即是有名的德川光圀。他所主導、帶動的水戶學，原先是將重點放在朱子學，並強調忠、孝觀念的學問。不過到了十九世紀，這種學問在人們對於以俄羅斯船隻來航為開端，一連串歐美列強逐漸迫近日本的情況感到危機後，便漸漸與本居宣長創始的「日本國學」密切結合。本居宣長將「漢」周而復始的易姓革命與天皇家的「萬世一系」作對比，宣稱《古事記》中所描繪的「神世」以來的「皇國」歷史才是真實且優秀的，人們對這種說法有著強烈共鳴，於是為了克服對外危機，開始重視起天皇的權威。值得一提的是，由會澤正志齋所著，強烈主張攘夷、成立以天皇為中心的一君萬民國家的著作《新論》，受到了人們廣泛閱讀，使得原先受到幕藩體制照顧的武士，此時卻反過來自行打破德川的支配，為同時實現「尊皇」與「自主獨立」的革命——明治維新——做好了揭開序幕的準備。

◎被神聖化的乾隆皇帝與大清版圖——作為巨大轉捩點的魏源《聖武記》

大清在內亂與國家破產中呻吟，而日本也從「天下太平」漸漸走入被起義與外患包圍的狀態。儒學思想，在這兩個透過長崎的出島、僅擁有極小規模「互市」關係的國家中，同時產生了變化，開始對整體政治產生巨大的影響力。在這變化中，作為一個前景坎坷時代中的新象徵——天皇，浮現在日本的檯面上；至於十九世紀的大清，又發生了什麼樣的事件？

當時，由於清軍騎兵實力變得衰弱，儒學家也沒有必要再對他們卑躬屈膝。不過就嘗盡辛酸的儒學家來說，「文弱」仍是必須否定的要素。另一方面，直至當時，大清的統治已歷經一百五十年以上的歷史，因此對十九世紀的漢人來說，大清幾乎等於是自己的國家了。故此，現今眼前的敵人，已不再一定是滿洲人的帝國，而是身為知識分子的自己失去「實學」流於「虛無」的處境。

在這種議論日漸高漲後，出現了一場巨大的思想變革——在失去一切的儒學家的圈內，產生了「或許清國歷代皇帝的統治，真的非常偉大」的想法。他們認為，明國因為過於拘泥在「華夷」的狹隘思考上，所以才會招致週邊民族的反感，同時，也因為朝貢體制的關係而使國庫產生空虛，最終使統御全天下的大業以失敗收場，更自取滅亡。而與之相較，提倡

「中外一體」的大清，贏得了蒙古、西藏，以及新疆穆斯林的信賴，獲得了廣大的版圖。就算只看地圖，也能看出清帝國真的創造了廣袤的領土，完全就像是把古典時代以來，尤其是司馬遷在《史記》中以怨憤的筆觸，描述「中華」與內亞異民族間的連綿戰事，全都變成了古早傳說一樣。或許大清的體制，才是一個真正值得讚美、擁有價值的體制……？

於是乎，讚美大清的言論，便在十九世紀中葉風靡一時。其中最具代表性的議論，就是由魏源這位堪稱當時經世儒學巨擘所撰寫的《聖武記》。

魏源像　經世儒學的巨擘。

《聖武記》，就如同其書名所示，它試圖以「神聖的武力」的視角，來說明清帝國的成立，以及建國後的擴大過程。不過其內容大部分偏重於描寫內亞，用了相當多的篇章來記述圍繞蒙古、準噶爾、西藏以及塔里木盆地的政治史。魏源在書中高談闊論大清歷代皇帝們是如何透過動武以振奮人心、選賢舉能、適才適所，以及發揚國威的過程。

他更在書中描述，雖然傳統的「中華」在漢人與蒙古高原之間建起了一道難以跨越的高牆，但因為有了滿洲皇帝特有的執行力與現實主義，才實現了蒙古人與漢人的共存。將新疆之地收入版圖，也並非單單只是象徵著大清在藏傳佛教保護者的爭鬥中擊敗了準噶爾的榮耀，而是對漢人來說，意味著「西域之不治，自上古至今數千載」的困擾被一掃而空，因此在這雙重的意義上，新疆的存在更不應被允許放棄。

魏源更強調，過去打著儒學之名進行教化的天子，終究無法實現今日大清與西藏、蒙古之間的緊密關係，因此他不惜使用由衷的讚詞，表示「堯舜、周孔之教所不能和平達成的周邊之爭，今日佛教能鎮。高宗（乾隆皇帝）以佛教之力安周邊，誠為文殊舍利（文殊菩薩）天可汗。」

如此的實力主義和實務能力，就是十九世紀經世儒學所明確發掘到的新時代價值。而在人們的想像力、記憶所能及的範圍中，大清的歷代皇帝被認為最接近這樣的價值，特別是乾隆皇帝，及他創造出的版圖，更是打破了既有「中華」的極限，並體現出最理想的價值，故為無上的神聖存在。

今日做為中華人民共和國的領土所描繪出的國家形狀，並非出自儒學家的狹隘偏見，或是在文化面上與「文弱」並存的「中華」，而是一塊由實力主義的帝國所創造的「中外一體」版圖；這樣的想法，就是經世儒學家們長年與大清這股權力交纏下，重新探討儒學所追求的價值，並從中慢慢得出的確切結論。如今一手打造出這塊版圖的外來的滿洲人，對於經世儒學家們來說，無疑已經是「君臨中華大地的天子」了。只要再找出將全部版圖視為「『中國』、『中華』連續不可分的部分」之依據，近代中國的成立，就已近在咫尺。

◎鴉片戰爭與「重建人心」

在以魏源為首的經世儒學家盡情施展辯才的十九世紀中葉，該觀點的出現，早已有相當明顯的徵兆。當時的他們，除了深切思考如何重建百廢待興的「中華」大地，更必須面對隨著英國在亞洲貿易上的變質（此部分將於下一章詳述），必須去取締不斷增加的吸食鴉片問題。

就英國的角度來看，這場爆發於一八三九年，並且讓環東海世界的政治、外交環境為之一變的鴉片戰爭，無非是對清國取締已經成為英國重大貿易收入來源的鴉片，這樣的「野蠻行為」所展現的憤怒。（當然，英國把對健康造成危害的輸出品受到取締一事當作開戰理由，自會受到道德上的抨擊。以自由主義議會政治家聞名的格萊斯頓〔William Gladstone〕，就針對此事發表了「我無法接受英國國旗的升起，是為了保護臭名遠揚的走私貿易」的國會演說，獲得了滿堂喝采。）

不過，就大清的角度來看，透過在取締吸食鴉片議題上表現出嚴正態度，以求改變人心、國家再造，故這也是一種震盪療法。特別是林則徐——被任命為鴉片問題的負責人而被派至廣東指導沒收、銷毀鴉片的科舉官僚，本身是一位與魏源有著極密切關係的經世儒學家。他會成為取締鴉片的「欽差大臣」，則是因為他在向道光皇帝的建言裡頭，主張面對鴉片問題應採強硬態度，他的說法受到採納，才因此受到拔擢。

就當時清帝國知識圈內的氛圍來說，首先最該做的事，就是重建人心。雖然清國在與英國的局部戰爭中失去了香港，並在一八四二年的南京條約中被迫接受開放沿海地區的五個港口，但對清國來說，這充其量是給予自遠方前來作亂的英國「夷

描繪 1840 年虎門銷煙的中國畫

狄」一點容身之地、對其進行懷柔的一點點痛楚罷了。然而在好一段歲月之後，清國才發現，當時若簽定了實質上的對等條約以開放港口的話，帝國的命運將會有極大的不同。

◎屯田論中的「近代」徵兆

此處暫且不談這件事。雖然清國試圖導正民間風氣、重建國家，但作為此目的先決條件的資金，其匱乏情況卻依舊沒有任何改變。此時，經世儒學家們開始思考，若把一個空無一物的地方打造成一塊可發展出自給自足的農耕之基礎，再同時於該處實施軍事訓練的話，或許就能促進腳踏實地、自耕自守的風氣重新振作。於是，經世儒學家們將眼光集中到了名為「屯田論」的學說上。至於「空無一物」的地方究竟是哪裡？無疑地，那就是指自乾隆皇帝時代以來就被併入大清版圖中，同時也是準噶爾的故地——新疆。

新疆這塊地，當初是處在大清的軍事統治，以及當地突厥裔穆斯林有力人士的雙重統治下。由於比起準噶爾，乾隆皇帝更保護伊斯蘭的信仰與文化，因此當初有許多穆斯林皆認同大清的統治。不過就在大清的國庫隨著白蓮教之亂而不斷枯竭，造成配置在新疆的軍隊無法從北京收到足夠補給後，他們便漸漸成為了當地社會眼中的「強盜集團」。這最終造成了一八二〇年代人稱「張格爾之亂」的穆斯林叛亂事件，使大清在新疆的統治產生了根本上的動搖。

而經世儒學家們所抱持的構思，就是在處於這種狀態的新疆裡，將漢人殖民到能夠獲取天山山脈豐富雪水的地區，試圖透過一方面耕作農地，一方面又自我武裝的方式來保護新疆。當時與魏源齊名的經世儒學家龔自珍，就在《西域置行省議》一文中，敘述著透過屯田的成功，有朝一日亦能將新疆設為一省的構想。

雖然這個屯田構思，很快就因為太平天國之亂的大震盪而沒有走到實施階段，不過在中華人民共和國成立後，他們仍把在延安革命根據地中自給自足的經驗帶入新疆，並加以實踐，創造出所謂的「新疆生產建設兵團」。另一方面，風靡一時的屯田制構想，也在同樣的時代中迅速地傳進了日本。日本將屯田制與開拓北美的經驗結合，實踐到了開墾北海道的課題上。不過，筆者仍要提醒讀者，我們不應忘記這群屯田士兵所被配置到的「空無一物」之地，原先都是遊牧民族、綠洲民族，以及愛奴人賴以維生的土地。

總而言之，隨著漢人經世儒學家漸漸取代滿洲皇帝，占據了政論第一線後，在大清統治下、與「中國」被視為一體的內亞之命運，幾乎也已走到了無法改變的地步，剩下的只是等待整個「大清」被改稱為「中國」的過程到來而已。而這個過程中，則與儒學家如何接納西洋的出現以及列強的競爭，有著極大的關聯。

1 作者之所以稱其為學問之寺，是因為拉卜楞寺保留著中國最好的藏傳佛教教學體系，設有六大學院（一個顯密學院與五個密宗學院）。

2 需要進行金瓶掣籤的活佛，除了達賴、班禪以外，像是蒙古的哲布尊丹巴等活佛，也都必須透過此一程序產生。

第五章 圓明園的啟示錄

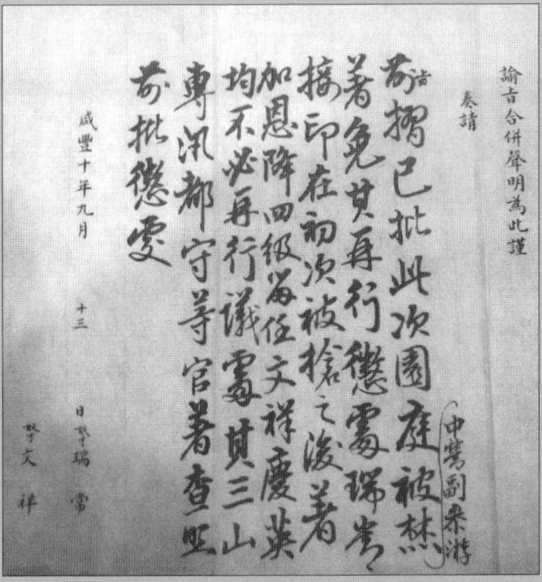

英法聯軍火燒圓明園後的咸豐帝御批

東西文明的相遇

◎乾隆皇帝的祕密花園

有著一望無際的大量高層建築，在天際描繪出複雜線條的北京，就像是象徵著中國足以左右世界經濟的國家力量。不過，在改革開放政策實施前，北京大部分的地區都還像是農村一樣充滿著鄉土氣息。長久以來，北京這座城市，就只是過去的城牆與城牆周邊的地帶。位於北京市西北方一角、濃縮了現代中國科學技術的精華，並且擁有「中國矽谷」之稱的「中關村」，之所以會擁有「村」這樣的地名，也是因為該處多年皆是一片田園。

這附近，有著歷代定都於北京的國家所設置的庭園地帶；從這裡，可以遠眺到西山清爽澄澈的風景。乾隆皇帝就曾投入過大筆資金，在該處建造了兩座巨大庭園——頤和園與圓明園。

頤和園是以一座寬廣的人造湖「昆明湖」，以及矗立在湖畔的人造山「萬壽山」為中心，再加上周邊主要以漢人傳統風格的建築而成的庭園。它佇立的姿態，或許與日本人心中對於「中華」所描繪出的輝煌形象沒有兩樣；不過在萬壽山的山頂上，聳立著一座名為「佛香閣」的秀麗高塔，周圍亦有乾隆皇帝為了紀念其母親六十歲而設立的佛教建築群，充分表現出了乾隆皇帝篤信佛教的一面。

至於圓明園，原先也是一座擁有各式風格建築的巨大瀟灑庭園，特別是在其最東北的「西洋樓」所散發出的異國情趣，更是讓人不由得眼睛為之一亮。從上俯看這座乾隆皇帝命令傳教士郎世寧（Giuseppe Castiglione）所建造的庭園，不管是由獨特的幾何圖型所描繪出的迷宮，還是重現了巴洛克古典風格之美的大理石柱與裝飾，皆讓人遙想乾隆皇帝召見傳教士到殿前，熱心地聽他們講述西洋風情，並在腦中勾勒大海另一端風景的畫面。

筆者認為，北京、承德的佛教寺院，

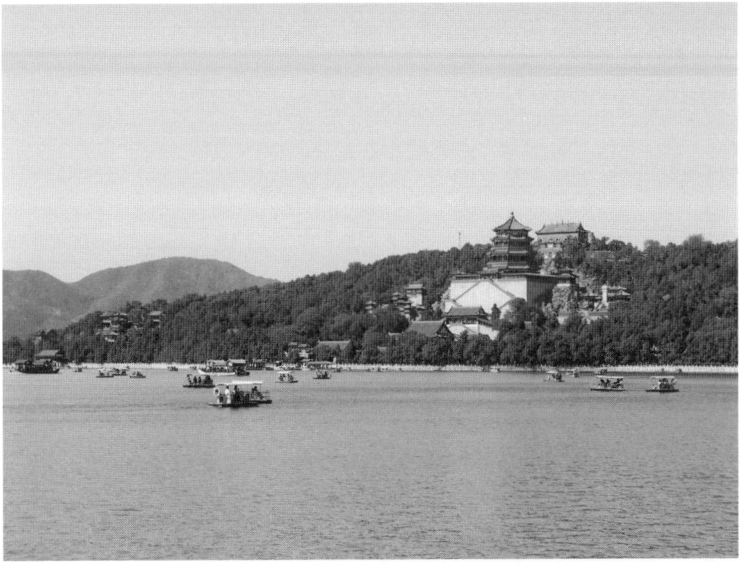

頤和園　原本稱為清漪園，於清末經慈禧太后重建後，改稱頤和園。

郎世寧　天主教耶穌會傳教士及中國宮廷畫家，寫實畫風紀錄了清朝初期的中國宮廷人物與景色。

乾隆皇帝大閱圖軸　出自耶穌會傳教士郎世寧之筆。

以及圓明園的西洋建築，全都明顯訴說著雍正、乾隆皇帝以滿洲人的立場，認為只要是好的事物，不管是什麼「教」都無妨接納的精神，這種精神也透過這些文物流傳至今。不過說到底，乾隆皇帝建造這種極盡奢侈的庭園、寺院群的行為，本身就相當矛盾。正因他在誇耀著盛世的同時，也看見了盤踞在盛世深處的病灶，所以才一面命令八旗軍人秉持勇武，一面嚴命科舉官僚要捨棄奢侈與腐敗的風氣。不過與此同時，在乾隆皇帝把經歷過遠征的慘烈犧牲與難堪失態才獲得的戰果，當作「十全武功」，加以自豪展現的樂天態度，與他的文化相對主義、以及廣泛興趣漸漸重疊後，其結果就是在不知不覺間，耗費了令人難以置信的資金。最終，即使絕對的權力是由一位擁有極高責任感的人來擁有，人們仍沒有手段能夠阻止權力的出軌與失控。

◎廢墟的故事

十九世紀，國力衰頹的清國，在一八六〇年遭到英法聯軍向北京發起的總攻擊，頤和園與圓明園因而盡遭掠奪，並雙雙化為灰燼。乾隆皇帝所描繪的盛世之夢，搖身一變成為向世人宣告作為世界帝國的「大清」走向崩解，並從其殘骸中誕生出近現代「中國」的最具代表性象徵。

不過，在慈禧太后（清末動盪時代的光緒皇帝之伯母，亦可說是清國在十九世紀後半期中的政治幕後黑手）的意志下，花費了鉅額的海軍預算進行大規模修復工程，從而使頤和園得以恢復成今日的樣貌。這筆預算原本是清國在與明治日本嚴重的對立中，用來擴充對抗日本之用的北洋水師的資金。因此頤和園的風雅姿態，可說正是拿整個帝國的命脈所交換而來的結果。

和頤和園不同，圓明園因為並未受到修復，因此原先壯麗的「西洋樓」便仍然保持著它被破壞後的模樣。那樣的姿態，讓人覺得它瀰漫著一股只有悲劇事物才散發出的淒絕美感。

今日，圓明園已被中國政府指定為一處要讓青少年們了解中國受外國侵略的恥辱歷史、並發誓要「保護偉大祖國」的「愛國主義教育基地」。筆者於某個炎熱的夏天造訪該處，圓明園廢墟也因為前來上歷史教育的學生團體與年輕人而擠得水洩不通。不過，看見他們攀上大理石石雕來拍攝紀念照片的樣子，卻令人不禁皺起眉頭。中國這個國家，由於在近代史中多次身為受害者，因此它在主張「以史為鑑」方面總是別具熱忱。然而，為什麼這樣的行為，同時養成了如此

遭英法聯軍破壞的圓明園遺址　圖上為西洋樓，圖下為海晏堂。

不尊重歷史遺產的態度呢？

這或許是因為單純讚揚英雄、貶低敵人的「愛國」風氣，比讓每一位學生和國民思考「國家為何存在？為何今日的國家是這個模樣？」的做法都還要更貼近人們的關係。這種把自己當英雄、不脫鞋就踩上歷史遺跡，或是無視自己國家體面、拿起石塊就往日章旗扔擲等的輕率態度，根本就與生活在歷史中的人們所抱持的苦惱沒有太大關聯。筆者在為了中國而深深對此事感到憂心之餘，也害怕日本是否會走上同樣的道路。至少，未能讓人民在面對現實狀況時，以冷靜、深入的態度去思考的國家或社會，其最終踏上的命運古今大多一致。因此筆者相信，學習世界史，去了解各文明、各帝國的興亡消長，確實可有效地讓國家避免重蹈覆轍。

◎實學的共鳴

為什麼圓明園當時會步上如此命運呢？當然，我們可以輕鬆地從「來自西洋的衝擊」與「西洋與東洋文明的對立」這一出發點來解釋。不管是何種文明或文化，當相異的兩個主體互相接觸時，確實會產生出積極反應，並誕生出嶄新的事物。也就是說，隨著傳教士們一併傳入清國的西洋文化，或許早該在十八世紀的時間點上，就與漢人或滿洲人的文化融合，並對未來帶來莫大改變才對。本章的目的，即是從清國與近代國際關係的關聯，思考究竟在摻入了何種歷史條件後，才產生了這些共存與對立的面向。

追根究柢，由於儒學思想是將焦點放在經世濟民的實用學問上，因此它與西洋近代文化的重要特徵——科學主義與理性主義——產生共鳴的機會很大。實際上，自明末時期，傳教士利瑪竇（Matteo Ricci）入宮以來，西洋文化的影響，就漸漸在儒學家圈內擴散開來。特別是以《農政全書》等著作而聞名的科舉官僚徐光啓，就與利瑪竇關係緊密，並嘗試透過西洋文化，學習製作各種器械。此外，就朱子學的角度來看，伴隨著具有實用技藝一同登場的基督教，也比宣揚「空」的佛教還遠令人喜愛。而以利瑪竇為首的耶穌會傳教士，也為了能更積極地向漢人社會傳教，於是宣揚「人們對唯一上帝與基督的信仰，可以和儒學傳統中的祖先崇拜並存」。透過這些，我們可以觀察到基督教的信仰與西洋文化的影響，似乎漸漸在漢人社會中擴大開來。

以「實用」為關鍵的儒學與西洋文明互相接近的現象，也同樣在江戶時期的日本看見。首先，隨著「天下太平」的到來而官僚化的武士圈，就已將儒學作為一種經世濟民的學問來加以接納。接著，在蘭學[1]自長崎的出島傳入，並且藉由杉田玄白的《解體新書》等廣為流傳，使人們了解到蘭學的內容比起漢人傳來的知識更為正確之後，儒學家們便開始在經世濟民的價值基礎上，對西洋加以積極的評價。

後來，西洋各國帶著強大的軍事力量出現在日本周邊。這樣的事態，一方面被人拿來當作線索，試圖探討水戶學中所主張的「萬世一系的真實」，帶動了日本打造一個以名為「天皇」的「聖人」為中心的強國之志向。另一方面，人們也開始探討「西洋」能夠強大到從千里之外來到日本的祕訣。而受到儒學影響的幕末武士們，他們眼中所看到的答案，便是西洋實現了「經世濟民」的理想，並基於公論與議會來推動政治的做法。

最終，如此一連串的儒學與西洋的共鳴，帶來了將儒學思想、日本文化與近代化的西洋做大膽連結的革命——明治維新。《五條御誓文》中的「萬機決於公論」可說就是此事的體現。為打探西洋各國的實際情況，而自一八七一年開始便受命前往西洋的岩倉使節團，他們眼中所看見的，便是西洋實施普通教育與救濟窮困者的「仁政」。此外，在寺請制度[2]撤廢，基督教信仰受到承認後，內村鑑三、新渡戶稻造等擁有豐富儒學素養的年輕知識分子中，便也一個接著一個出現了基督教徒。

◎禮儀問題

然而，在傳教士從明末時期起就致力於宣揚教義的清帝國，為何長年以來，儒學卻始終無法西洋文明彼此親近？這個問題，與滿洲皇帝支配漢人的事實有著很深的關聯。

自清取代明、稱霸天下時，它就一直抱有一個問題：「究竟要選擇以漢人為主的『中華』所代代傳下來的曆法，還是選擇經過精密的觀星技術驗證，由傳教士所帶進來的新曆法？」由於皇帝所訂定的曆法，是一種要下賜至天下各地的神聖法則，因此絕對不能輕易決定。不僅如此，即使當時的順治皇帝以及部分的儒學家皆開始親近西洋文化，然而絕大多數的士大夫，仍將為了傳教而四處奔走的基督教與西洋文化視為「邪教」。因此滿洲皇帝在「接受『邪』」，或是「守護『正』」的選擇問題上，將大有可能引起人民的反感。實際上，被任命為掌管天文的「欽天監」一職的傳教士湯若望（Johann Adam Schall von Bell），就曾因為捲入這個問題而面臨處刑。所幸在行刑的前一刻，他實際證明了西洋天文學的正確性，才成功撿回一命（而採用了該成果的即是農曆）。

從清國統治之初，「接受西洋事物的行為會成為政治問題」的傾向就已經漸漸形成。對此事抱有警戒的清國，在把方針轉為禁止新宗教傳入之際，也做出了判斷，認為羅馬教會乃是妨礙西洋文化和儒學思想交流的直接原因。因為羅馬教會批判宣稱「對神、基督的絕對信仰，可與祖先崇拜並存」的耶穌會，並要求信基督教的人，必須斷絕儒學式的家禮與祭祀。也就是說，這樣的方針，和大清在統治漢人時，試圖以道德規範來利用儒學的立場並不相容。於是在康熙末年以後，除了在北京、廣東的西洋人與俄羅斯人，其餘人等皆禁止信奉基督教。而這兩者的論爭，即為人們所謂的「禮儀問題（或稱禮儀之爭）」。

大清治下的中國與西洋文化的相遇，就這樣因為雙方的原因而踩下了煞車。最終，西洋文化只能在以宮廷為中心的狹隘範圍內流通，並且成為僅受少數人賞玩的產物。圓明園裡的壯麗西洋建築，正是這個時代所造就。或許，看見了傳教士所帶來天文學與工藝精華的乾隆皇帝，感受到「西洋」雖然處在天下的盡頭，但絕非能一概否定，因此才會想透過建築來重現西洋的精華，藉此陶醉在自己可掌握天下萬物的雄風中也說不定。

那麼，在經世儒學蓬勃發展的十九世紀前半，人們又是如何看待「西洋」的呢？由於所謂的經世儒學，主要是一門透過探究古文經典，來重新解釋、強化儒學精神，並被用於美化大清盛世的學問，因此在捕捉新事物的觀點上，基本上就顯得較為保守。舉例來說，魏源就曾基於其友人林則徐從廣東所帶回的資料，撰寫了一部統整了南洋、西洋情況的《海國圖志》，把正在一步步向東方擴大勢力的西洋諸國形勢，廣泛傳達給人們。然而，這著作真正使人們產生莫大的危機感，並促成國家迅速轉換體制的地方，卻是在日本。

十九世紀中葉，就在「回首過去、復興純粹的儒學精神，先由士大夫親身實踐，再讓這風氣傳播到每個人心中，從而守護帝國避免受到宗教叛亂與腐敗的侵害，發揚乾隆皇帝的威光」這樣的氛圍達到最高點的時候，西洋文化被侷限在名為「圓明園」中的小宇宙中，而它與只要給予英夷香港和通商口岸，「天朝」制度就不會撼動的想法，兩者其實表裡一致。然而，經世儒學家們如此的自負心態，在清國因為鴉片戰爭後爆發的大事件——太平天國之亂——而陷入苦境後，反而高漲到了前所未見的程度。

英國的亞洲政策與鴉片戰爭

◎「廣東體系」的形成

十九世紀中葉這個時代，並不只是經世儒學家的影響力增強的世代，同時也是以英國為首的西洋列強，明顯將影響力向亞洲東方擴大的時代。

此處，讓我們把時代倒回一些，先來看看一八三九年的鴉片戰爭、一八四二年清帝國接受割讓香港與開放五個港口的南京條約，以及一八五六年，北京最終遭到英法聯軍進攻的第二次鴉片戰爭中，英國的亞洲政策是如何展開的。

就英國的立場來看，爆發鴉片戰爭的主要遠因，是因為國內經過西洋所謂的「發現新大陸」與工商業的發展後，對香料、茶葉等嗜好品的需求上升，於是與作為產地的亞洲各區域展開交流，形成所謂東洋貿易之故。而以印度次大陸與東印度群島為首（今日的印度尼西亞）的地區，則因身兼原料產地與商品銷售市場，成了英國、法國、荷蘭爭奪的對象。身為殖民主義的尖兵，英國於一六〇〇年成立了「東印度公司」，並在環繞著印度利益爭奪的激烈戰爭中擊敗法國、於一七五〇年代完全壓制印度後，便打下了將勢力往今日的東亞、東南亞地區擴大的基礎。英國在主要港口中設有工廠，可兼具供商人居留，以及堡壘功能的據點。隨著殖民地經營活動的發展，這些工廠也跟著成了兼具西洋與當地特色的殖民都市或租界，南亞的主要都市也因為其影響，而在今日留有「Cantonment」[3]的名稱。

穿過麻六甲海峽、現身於東海的英國船隻，後來被納入了與清國隔著海洋進行朝貢貿易的架構中。早在十八世紀末，廣東的貿易規模便已急速擴大，當時每年皆有一百五十艘以上的英國船隻來訪。不過，英國再怎麼樣也無法在乾隆皇帝威嚴籠罩的廣東，蓋起武裝的「工廠」。於是他們在廣東只能解除武裝，在狹小的範圍內進行有限的行動。被稱作「廣東十三行」的廣東特許商人們，在對船員的行動負有連帶責任的同時，也包攬船舶的納稅事務。雖然，廣東十三行的商人們時常收到管轄廣東的兩廣總督或廣東巡撫「把海外運來的珍稀物品獻給皇帝」的要求，但他們仍在與外國的交易中建立了扎實的信賴關係，成了廣東貿易中不可或缺的角色。而這種將解除武裝的貿易船視為朝貢貿易之延長，並對其實施貿易管理的架構，就稱作「廣東體系（Canton System，中文稱一口通商）」

◎是帝國主義的壓迫，還是外交關係？

不過就英國來說，對於這乍看之下似乎頗上軌道的一口通商政策，卻有著極大的不滿。畢竟這樣的政策，並不符合他們打算透過競爭式的自由貿易，以擴大在亞洲利權的方針。

十八世紀末飄著各國國旗的廣東十三行

但英國也並未打算馬上以此為理由來攻擊清國。對於經過第一次工業革命而成為世界工廠、經濟中心的英國來說，國家的利益，還是得透過貿易的利益最大化來獲得。因此胡亂與將來有可能成為最重要貿易對象的國家為敵，絕對不是上策。

在英國與其他帝國主義列強的競爭進入白熱化的十九世紀（特別是下半葉），英國向全世界打著推廣自由貿易、西洋文明乃是「白人的負擔」（The White Man's Burden）之論調，全力專注在獲取殖民地的競爭上。不過他們所到之地，不是當地的政情不穩，就是該處的王權勢力微小，星散四處，秩序十分鬆散。這讓英國認為，若不先對該地進行壓制，到時可能會因為其他列強的侵略而造成莫大的利益損失。

另一方面，若英國認為該地極有希望成為市場，或是能夠成為前往市場上的通路，並且該地區已有強大的統治勢力，而不宜與之產生全面衝突，它則會試著對該勢力產生影響，透過建立起某種合作的關係來擴大市場。清國就是這樣的案例，在它直到因甲午戰爭而產生命運動搖之前，基本上英國都表現出以清國的國家權力與地區影響力為大的思考傾向，即便是鴉片戰爭與第二次鴉片戰爭等訴諸實力的行動，最終英國也是透過外交手段，或是條約的形式來解決，以試圖擴大本國的利益。

◎英國與清國的接觸——博格爾與馬戛爾尼

以具體的例子來說，一七七四年，在東印度公司確立了對印度的統治權後不久，英國為摸索可以避開一口通商的陸路自由貿易，派遣名為博格爾（George Bogle）的青年，前往達賴喇嘛與班禪喇嘛身邊，希望兩位活佛能為英國與乾隆皇帝之間做斡旋。雖然因為清國的妨礙，博格爾未能與第八世達賴喇嘛見面，不過他與第六世班禪喇嘛會面時，還是成功得到了正面的回應。

不過就如前章所提到的，身為關鍵人物的班禪喇嘛於一七八〇年圓寂於北京，因此東印度公司當下的目標便碰了釘子。即使如此，由於發生於乾隆末期的廓爾喀戰爭，產生了象徵大清強化對西藏監督力量的金瓶掣籤制度，於是英國在摸索透過西藏的通商方式時，就也開始思考，或許這件事的正確做法，是直接前往北京商討，而非以無法進行自發性外交政策的西藏為對象。

另一方面，到了十九世紀，英國開始大肆展露實力，在喜馬拉雅山周邊頻繁展開軍事活動，尼泊爾、不丹，以及錫金都成了其主要目標。在這些目標之中，英國特別針對夾在尼泊爾與不丹之間的小國家——錫金。錫金從很久以前，就在向西藏的達賴喇嘛政權進行朝貢，同時也受到尼泊爾的政治影響。英國為了獲得前往西藏的最短距離，於是不斷攻擊尼泊爾，還更進一步介入了錫金的王室混亂局勢。最終，於十九世紀中葉，英國成功將錫金完全化為保護國。尼泊爾當時曾以朝貢國的立場不斷向大清求援，但北京一方面無法忘懷尼泊爾於乾隆末年入侵西藏一事，一方面也因為白蓮教之亂與軍事力量弱化的關係，因此並未做出充分的應對。

同時受到英、清雙方壓力的尼泊爾，到了十九世紀中葉，終於下定決心背棄清國。它與英國簽訂互不侵犯條約，並提供英國以勇猛果敢聞名的廓爾喀士兵充當英軍的精銳。而錫金被英屬印度納歸保護國的事實，也成了中印邊境持續至今的最大紛爭的要因。對於近現代中國來說，因為主張自己對西藏擁有由大清繼承下來的主權，因此錫金曾對達賴喇嘛朝貢的這段歷史，便間接意味著錫金與清帝國皇帝及近現代中國有著政治的上下關係。因此，近現代中國難以認同「獨立後的印度從英國手上接下了錫金的保護權，並在錫金廢止君主制度後，成為『錫金邦』（邦為印度的行政區劃之一）」的說法（錫金在中國的地圖裡是一個獨立國家）。

除此之外，英國在摸索經喜馬拉雅山前往清國的路線同時，為求雙管齊下，另外於一七九三年派了馬戛爾尼（George Macartney）使節團到達熱河，試圖向清國提出擴大海上通商與放寬管制的要求。當時，使節團一行人在乾隆皇帝的面前，雖然差點就要被迫進行三跪九叩的儀式，不過他們為了守住大英帝國的威嚴，堅決拒絕，並在後來成功讓清國妥協，允許他們以單膝下跪、親吻乾隆皇帝之手的儀式來代替下跪。然而，在乾隆眼中，如此的妥協也不過是對千里迢迢遠渡重洋、前來朝貢的人給予相應慰勞，而承認對方儀式的行為罷了。因此，他仍不可能簡單地更改大清按照與各朝貢國之距離、關係深淺來制定的通商條件。

◎鴉片貿易的關係圖與鴉片戰爭

最終，英國在整個十八世紀裡未能成功

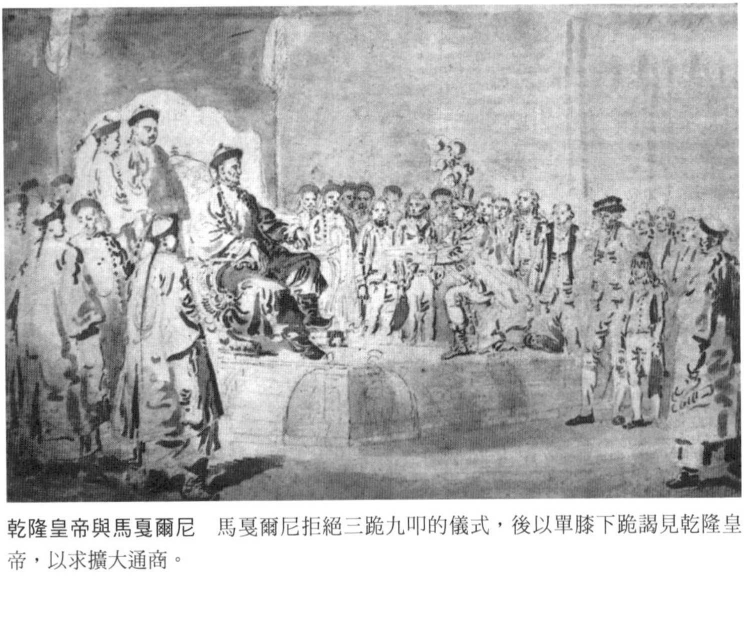

乾隆皇帝與馬戛爾尼 馬戛爾尼拒絕三跪九叩的儀式，後以單膝下跪謁見乾隆皇帝，以求擴大通商。

獲得突破一口通商的外交成果。不過，隨著工業革命的愈形發展，以及亞洲貿易結構的變化，英國也陷入了以鴉片作為手段，來要求清國更加門戶開放的誘惑中。

而讓英國走到這步的一個遠因，即是美國獨立戰爭。當時，英國為了籌措軍資，於是強硬地將東印度公司的茶葉進口關稅調整到百分之一百一十九，造成販售量與關稅收入產生急劇性的下降。而在關稅一口氣調降後，來自廣東的茶葉進口額便也自然而然地暴增。然而，此時英國試圖藉由出口毛織品以抵銷茶葉進口額的計畫以失敗告終，造成英國手上的白銀一下子大量流入清帝國。十八世紀末當時，英國因為第一次工業革命的關係而對白銀有著高度需求，因此受到議會攻擊的東印度公司，可說是陷入相當大的困境之中。

此時，東印度公司看上了以今日的東南亞為中心，開始流行的鴉片（與止痛劑嗎啡成分相同，皆由罌粟提煉而成）。儘管清國發出禁令，東印度公司仍以地方商人為擋箭牌，使用各種手段試圖將鴉片出口至廣東以回收白銀。不僅如此，到了十九世紀，因為英國本地對印度的商品出口急速增加，加速了白銀流往國內的趨勢，身為殖民地的印度，為了擺脫缺乏白銀的狀況，也不得不跟著加入販賣鴉片的行列中。簡單來說，這意味著第一次工業革命與鴉片貿易間，形成了一種扭曲且無法分割的貿易構造，直到鴉片戰爭爆發前，年年流入廣東的鴉片皆達四萬箱之多。

因為鴉片進口而大量流失白銀的清國，在對外貿易上轉瞬就陷入赤字，國內的鴉片中毒人士更是與日俱增。正因如此，林則徐與經世儒學家試圖同時達到財政重建、以及使人心擺脫腐敗，其禁烟議論，才會逐漸擴大影響力。然而，對於英國來說，即使如同格萊斯頓的國會演說所述，把清國取締鴉片的行為當作開戰理由，將會對英國的名譽造成永遠的汙點，但英國當前所處的狀況是，若失去獲得白銀的源頭，國家的產業資本與亞洲貿易利益就將產生莫大打擊。於是，鴉片戰爭就在兩股逐漸增強的勢力——儒學家與西洋（特別是英國）——相互對峙下，準備展開一場無法避免的戰爭。

不過，維持著內亞帝國之姿直至當時的大清，主要兵力皆為騎兵，海軍力量本身就相當脆弱，因此幾乎毫無勝算。在面對靠著近代兵器武裝自己的西洋軍事力量，體認到騎兵已無法派上用場的殘酷現實後，滿洲人和蒙古人在眾人心中，也變得愈發微不足道。

鴉片戰爭　圖為對清軍艦進行砲擊的復仇女神號（Nemesis）。

◎通商口岸與租界

在廣東的戰況對英國有決定性的優勢後，清、英雙方為求和平，便相互妥協。一八四二年，雙方簽訂《南京條約》，清國割讓香港，並開放廣州、廈門、福州、寧波以及上海五個港口。接著在一八四三年，也就是條約簽訂的隔年，清國應美國的要求，基於對英國以外的其他國家「一視同仁」的邏輯，給予他們最惠國待遇。而這個決定，也為環東海地區以通商口岸為中心所展開的政治外交新秩序拉開序幕。

不過，在通商口岸中進行的貿易，就清國的立場來說，只是對作為朝貢關係一環的「一口通商」進行擴大解釋的行為。正因為如此，港口的數量才會有所限制，且即使稱為通商口岸，最初也並未充分具備通商口岸該有的條件。今日無數高樓大廈林立的上海，當初也只是建立在充滿潮濕氣息水田地帶上的偏僻小鎮；而長年以自由貿易中心遠近馳名的香港，當時也只是一座寧靜漁村散落四處的島嶼。既然西洋人不在這些自古以來就與朝貢貿易無緣的地方，從零開始建造港灣設施與商館，就無法進行貿易，那麼對清國來說，光是給予西洋人這樣一塊地方，就已經是相當充分的懷柔了。

然而，清國的預想可謂完全失準。獲得了通商口岸這一塊墊腳石的西洋各國，很快就以代替混亂中的清國當局整頓基本的都市基礎與行政、治安、司法等機構為由，積極向清國租借一定範圍的土地並進行管理，這些區域就稱為租界（settlement）。特別是設置了公共租界（英美為主）與法國租界，並交由稱為「工部局（法租界則為公董局）」的行政機關進行管理的上海，更是急劇湧現了以外灘、南京路與淮海路為代表，全然西化的都市景觀。不只如此，因為上海的公共租界是基於無法單由一個國家來完全決定經營方式的「公共」概念上，因此該處也漸漸成了各個國家競爭自身利害關係的謀略舞台。

此外，清國無法行使行政權的租界，不僅在日後對於想逃離戰亂的許多人來說，是個相當合適的逃生場所外，它同時也化為一股磁場，一分一寸地吸引著對科舉考試感到失望，並從西洋事物中發現到儒學經世濟民理想的士大夫們。在這樣的租界裡，衰弱的清帝國早已沒有辦法再對基督教與西洋文化施加嚴格限制。於是，通過租界內的基督教學校教育，清國內開始出現試圖將漢人文化的傳統與西洋作連結的人們。他們的知識與發想，漸漸使清國向著近代中國發展邁進。

太平天國與第二次鴉片戰爭的曲折

◎客家與禁慾——洪秀全的王國

不過，漢人經由通商口岸而與西洋文化產生的新接觸，並非從最初就一帆風順。相反地，因為通商口岸而逐漸擴張的基督教信仰與農民叛亂相互結合，結果在一八五〇年爆發了太平天國之亂，讓俗稱「中華十八省」的漢人居住地區中的十七省陷入了大混亂。在內亂與鎮壓的過程中，多達兩千萬至四千萬人流下的鮮血，更進一步沖垮了清帝國的命運。

太平天國的背景，與發生在十九世紀前半葉的白蓮教之亂相同，皆是源於十八世紀末以來的社會不安。特別是人口激增與貨幣經濟下產生的貧富差距擴大，以及因為行政腐敗所產生的重稅，這些清國歷史中的負面因素相互重疊，而導致太平天國爆發，在這點上，兩者更是有相類之處。不過，太平天國亦受到在鴉片戰爭後，於廣東積極展開傳教行為的新教之影響，就這點來說，還是能看出西洋的影響正逐漸滲透的時代現象。

太平天國的教祖洪秀全，乃是出身自屬於漢人分支的客家人，這也是太平天國能量爆發的另一股不可忽視原動力。過去，客家人曾居住於孕育出「中華」文明的黃河流域與中原地

客家圓樓 此建築以土造外牆，木造內部為特色。一座圓樓內住有數個家庭，中央則是用來設置水井等用途的公共空間。

區，後來因為戰亂而被迫遷往南方。就客家人移居地的社會來看，他們只不過是外來的族群（就如同客家的「客」所表示的），因此大部分人只能在條件惡劣的山間過著貧困的生活。然而，也正因此，他們相信「自己才是漢人的正統後裔，是中華的真正源流」，並以血緣關係為中心，凝聚著相當高的團結力。有著要塞般的外觀、位於福建西部與廣東東部的集合住宅——圓型土樓，就是向今日世人傳達客家人境遇的代表性建築。除此之外，為了尋找新天地，也有不少客家人選擇移居至台灣與南洋各地。而客家人之間也相當盛行互相援助資金，以讓自己的血緣親戚中產生科舉及第者。

在今日廣西壯族自治區東部的山岳地區出生、長大的洪秀全，本身也是一位科舉考試的考生。不過因為財力薄弱，他不斷落榜，深深體會到挫折。就在這時，他在廣州的街角上，看到了一本被翻譯成漢文的傳教書《勸世良言》。在這本提倡推翻偶像崇拜、禁慾、信仰唯一真神的教義中，他感受到朱子學的反佛反道思想，以及透過修身來達到「天人合一」的精神，發自內心地產生共鳴。在做了幾次惡夢之後，他開始抱有「自己是基督的弟弟」的想法。於是他拜訪了傳教士，將自己的想法與見解和新教的教義做對照，希望傳教士認可其正當性，但想當然耳，這根本就不可能。

於是，洪秀全便開始推廣自己獨特的教義，所產生的就是「拜上帝會」。這個新興宗教，靠著向客家人為主的貧窮人士傳教，而迅速擴大勢力。不只如此，它還在不知不覺間，融入了漢人民間社會根深蒂固的素樸信仰形式。在信徒楊秀清與蕭朝貴分別被人傳頌是「天父（神）」和「天兄（基督）」的下凡後，自古以來就深信道教與民間信仰、對「降乩」或者巫師的「神諭（或說啟示，即為神代言的行為）」等宗教行為感到親近與信賴的大量農民，便爭先恐後地搶著成為拜上帝會的虔誠信徒。

後來，拜上帝會漸漸轉型為政治運

洪秀全　客家人，太平天國的領導者。圖出自 Augustus Frederick Lindley 的著作《太平天國》。

動。它希望透過禁慾的精神，來創造平等、嶄新的農村社會。一八五〇年，拜上帝會組織了稱為「團營」的軍事、宗教共同體。接著，他們於廣西東部的金田村起事，並在與清政府軍接連作戰的過程中，進一步定國號為「太平天國」，最終更攻陷南京，改稱南京為「天京」。

起初對於貧苦的農民來說，太平天國看起來像個散發著和諧光芒的烏托邦，因此他們才能夠一邊忍受著禁慾且軍事化的群體生活，一邊產生出企圖推翻貪圖權力的滿洲人與士大夫的莫大力量。所以，當太平天國攻下南京，施行了號稱「全員平等，禁止一切財產私有，一律上納國庫，不讓任何一人為了食、衣、住所苦」的「天朝田畝制度」後，想必人人都欣喜若狂吧。

◎烏托邦的教訓

然而，太平天國所面臨的，卻是一段黯淡的命運。進入天京（南京）的領導者，一面要求一般士兵與農民繼續維持極端的禁慾行為，一面卻暗地裡享盡一切奢華。不光如此，為眼前的權力而目眩神迷的「神明」領導者，更透過所謂的「神諭論戰」，彼此激化著內部對立。此外，以計畫性的方式來控管國家一切生產與財政的「天朝田畝制度」，本身需要嚴謹的管理方式，但欠缺行政能力與行政經驗的反叛軍農民，根本不可能有效運用它。於是，太平天國便漸漸墮落成一個強盜集團。即使有許多地區的農民支持太平天國，也並非是因為受到天朝田畝制度這脆弱的烏托邦所吸引，而是因為太平天國在行政上的失能，可以讓自己免於徵稅，顯得相當諷刺。

在毛澤東推動的中國農村革命正蔚為風氣時，太平天國被讚揚為極具代表性的歷史經驗，是一段以農民為主體的「抵抗的中國史」。然而，領導者對貧困農民的爆發性能量過於樂觀的想法，再加上以執行者的能力來說顯然不切實際的制度，結果只會造成難以想像的混亂。毛澤東在一九五〇年代末期推動的「大躍進」，就讓我們清楚看到了這一點。

今日的中國共產

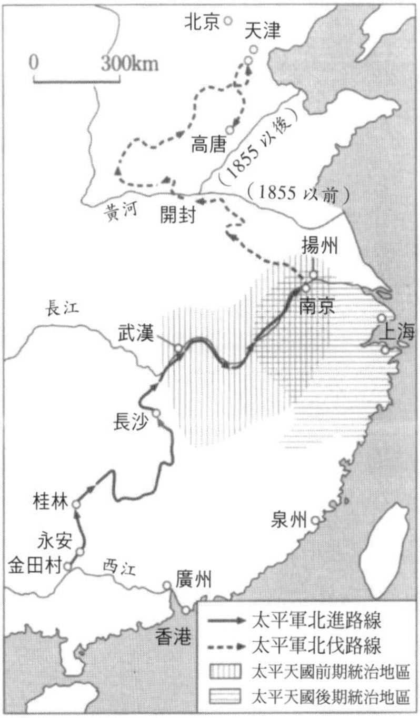

太平天國關係地圖　一八五〇年，在金田村起義的拜上帝會，於三年後攻陷了南京。此圖基於並木賴壽、井上裕章著《世界歷史 19．中華帝國的危機》（中央公論社，一九九七年）等資料製作。

黨，或許深刻省思過那場混亂，因此從「只有社會的安定，國家才能發展、人民生活才能帶來益處」的立場，對太平天國的評價日漸轉為消極。安定與繁榮，並非自由精神與競爭下的產物，而是必須抑制住一旦放任、後果可能不堪設想的烏托邦與自由，並做出某種程度的犧牲才能艱辛達到的成果；這是巨大的漢族社會從古到今一直面臨的困難。

◎鄉勇與新一代漢人官僚

太平天國事件給予清國歷史的最大意義或衝擊究竟是什麼？就筆者看來，大概就是漢人地方勢力以獨立的軍事力量之姿，取代了在鎮壓太平天國過程中無法充分發揮力量、在沒落與腐敗中掙扎的正規軍（八旗與綠營）而興起這件事。此一地方勢力的中心，即是修習儒學，並不斷產生出科舉及第者的知識階層——士大夫。

在整個十九世紀前半期的經世儒學時代裡，士大夫們燃燒著改革腐敗現實社會的理想，他們一反過去儒學家等同於「文人」的固定觀念，討論起乾隆皇帝的遠征與屯田，高談闊論著國家軍事。而就在此時，一股似乎要完全破壞掉人倫與禮儀觀念的勢力突然出現，而這股勢力還打算完全吞沒漢人的「中華」之地，讓他們實在無法對眼前「禮教的危機」坐視不管。於是他們透過師生的關係，各自集結、武裝起來，成立了不受清國正規軍管理的地方私人部隊，一步步攻破了太平天國的軍隊勢力。這些由儒學菁英所組成的新興地方軍，就稱為「鄉勇」。

當時扮演了要角的，是一位湖南省出身的科舉官僚曾國藩。他非但是極有才幹的官員，同時也是一位留下了從個人修養、家庭倫理，到國家政治、對外關係等大量著述的經世儒學家。太平天國事件發生當時，他正在北京的禮部擔任高官。對帶有基督教色彩的太平天國日益膨脹感到嚴重危機的他，開始在湖南省組織義勇軍（湘軍），加速了各地士大夫的群起響應。

滿洲人最初擔心自己已弱化的權威，會因為地方上漢人軍力的興起而變得更加脆弱，因此對此趨勢保持著警戒。不過，為了遏止太平天國的危機，他們也只能選擇給予率領軍隊的漢人地方菁英一官半職，試圖拉攏這些勢力。

就這樣，在十九世紀後半的動盪時代中，從湖南省的湘軍，以及安徽省的淮軍系統中，出現了掌握大清命運的人們。在後續的年代，這些人基於經世儒學家的自我認知，以及身為帝國守護者、保護乾隆皇帝遺留版圖的尊嚴，開始擔起責任，一方面吸收西洋蜂擁而入的新事物，一方面又設法因應激烈轉換的政治局勢。這群人裡頭最具有權勢的人物，即是隸屬淮軍的李鴻章。除此之外，湘軍的左宗棠，還有曾國藩的兒子曾紀澤等人物，皆在使大清從「天下」向近代國家轉變的過程中，產生了難以計量的影響。

順帶一提，直到一九八〇年代為止，曾國藩都被人稱作是「漢奸劊子手」，是個人人臭罵的對象；他被指責鎮壓了「為了推翻封建社會而起義的農民（太平天國）」，並試圖維持將人們束縛在古老道德中的儒學。不過時至今日，曾國藩則受到人們的重新評價，被評為中國史上最能體現傳統文化，並試圖恢復社會和諧的菁英。

◎第二次鴉片戰爭

太平天國事件讓人人都看得出來，真正延續了搖搖欲墜的清國命脈者，並非是正規軍，而是武裝起來的士大夫與他們所率領的鄉勇。

另一方面，這一事件也偶然讓西洋列強的「好意」再次投向清國身上。太平天國事件之初，西洋各國放棄了在條約體制上，老是表現出舉棋不定態度的清國，認為受到基督教影響的太平天國，才是最適合今後外交與通商的對象，同時也是最能迅速接受西洋文明、並在列強的督促下產生進步的國度。不過，隨著太平天國虛假的內幕逐漸傳播開來，且國家秩序也因鄉勇開始恢復後，西洋各國才又開始認為，即使不是十分適合，但清國依舊是最適合的交涉對象，並做出判斷，認定以清國的統治為大前提，積極去對它產生影響，才是最令人滿意的作法。

在這樣的推移中，到了一八五六年，第二次鴉片戰爭偶然爆發。這場戰爭最初的導火線，是由於清軍扯下了掛在「香港船籍」亞羅號上的英國國旗所引起。不過，這起事件中的亞羅號，當時在香港登錄的船籍早已過期，加上廣東當局剛好為了捉拿逃進船上的犯人，於是才以船籍過期為由，不照既定規定而逕行入船臨檢。因此從這些偶然性嚴格思考起來，該事件是否真能作為開戰理由，確實值得商榷。

然而，英國自始至終隱蔽船籍過期的問題，並透過誇大清國對英國國旗的侮辱和「對香港船隻管轄權的侵害」，打算誘使法、俄、美各國共同出兵，一舉擴大無法靠南京條約得到的各種權益。而此時加入英國行列的，是由拿破崙三世所領導，希望擴大在印度支那（中南半島）權益的法國。一八五七年底，佔領了廣東的英法聯軍一口氣進逼天津，因為太平天國戰事而顯得疲憊不堪的清國，不得已只好答應聯軍提出的和平交涉，於一八五八年與英、法、美、俄簽訂了《天津條約》。

不過，此時經世儒學家們打算守護乾隆皇帝的「天下」之言論，開始在北京沸騰起來。再加上太平天國所象徵的基督教勢力對既有的儒學與儀式的破壞，使人們感到前所未有的高度危機意識，故主戰論成了當時的主流；鄉勇們力戰太平天國的身影，毫無疑問也振奮了官場的氣氛。當初對於鄉勇的活躍感到非常不安的滿洲人皇族、貴族，事到如今，為了守住既得利益，也無暇去理會他人如何看待自己的眼光了。在爆發太平天國之亂的一八五一年即位的年輕不幸皇帝——咸豐皇帝，及其妃子（即後來的慈禧太后）也同樣強力支持主戰論。

面對清國如此的趨勢，英法聯軍為求清國履行天津條約，更進一步增強了戰力。到了一八六〇年夏天，在以咸豐皇帝為首的主戰派逃往熱河後，聯軍便進入北京，盡一切掠奪之可能。本章開頭所介紹的圓明園殘姿，即是這場戰爭所留至今日的傷痕。或許對於太過凡庸、年輕的咸豐皇帝來說，面對這種重大事件，又要站在第一線擔任指揮，負荷實在太重，於是便於一八六一年病死在熱河。

洋務運動時代

◎北京條約與對等外交關係的開始

就清國的立場來說，既然北京發生了慘劇，自己也只能好好配合、正式確認並履行天津條約的內容。於是在一八六〇年，清與各國簽訂北京條約。條約中具體的內容，除了向英、法兩國支付賠款外，還加入了以下的變革在其中：

一、通商口岸部分：定天津、漢口、南京等共計十一港口為通商口岸，並給予居住於通商口岸的外國人遊歷內地的權利。

二、減緩限制外來事物的部分：承認基督教的傳教權、鴉片貿易合法化（此後，鴉片改稱「洋藥」，課徵的關稅則用於補充軍事費用）。

三、外交關係部分：外國使節進駐北京（代表可與清國直接交涉）、禁止清國在公文書上對西洋人使用「夷」字（由於鴉片的合法化與外國使節的常駐權皆為鴉片戰爭中英國所追求的內容，因此這場英、日所稱的「亞羅號戰爭」〔Arrow War〕，清國則稱為「第二次鴉片戰爭」）。

四、香港部分：割讓九龍半島予英國（之後在一八九八年，英國以九十九年的期限租借九龍半島北部，使該區成為「新界」。到了租借期滿的一九九七年，英國並沒有更新租約，而是連同香港以及九龍半島，一起將之歸還給中國）。

就這樣，因為北京條約，而使清國與歐美各國之間產生了過去根本無法想像的日常外交關係，清國也開始有迅速且臨機應變處理隨時都有可能發生的外國糾紛，或自身與歐美外交使節交流的必要。於是在一八六一年，設置了從軍機處獨立出來的全新外交機關「總理各國事務衙門」。

當然，對於嘗過西洋人破壞北京這種屈辱的清國，打從一開始就沒有誠心認同那所謂的完全對等關係。不過，在清國與歐美各國間的外交關係逐漸進展的過程中，總理各國事務衙門翻譯了一本美國外交官、國際法學者惠頓（Henry Wheaton）的著作，並出版為《萬國公法》（*Element of International Law*）。後來，在隨著接觸到這本書的年輕官員慢慢就職於第一線後（特別是在一八八〇年代以後），清國便開始依循近代國際法來主張自己的利益。

清國在第二次鴉片戰爭的失敗，以及在與歐美各國間，開始了基於近代國際法的外交關係，這些事件在日本也被當作是大事來看待。一八五八年，在正發生第二次鴉片戰爭的當下，與美國交涉《修好通商條約》的日本幕府，已經掌握了東海的權力重心漸漸由清國倒向西洋各國的事實，決定締結條約來延續國家命脈，至少可以避免像清國一樣，陷入受到列強壓迫的不幸局面。

接著，在《萬國公法》發行後，日本也即刻進口該書，並靠著幕府出版機關「開成所」

加入「返點」[4]翻印出版，使其盡早流入世間。而這個事件，亦帶來了流傳於幕末時期的輿論——「日本必須蛻變成如同近代西洋國家般的主權國家、國民國家」。此一認知與日後的明治維新緊緊相繫；而在東海海域，日本成為亞洲僅次於西洋各國的另一個新的主權國家後，也大大左右了清國的命運。

◎同治中興與洋務運動

就結果來看，大清與西洋的相遇，可說是一種各式各樣的條件相互重疊後，所形成的極度不幸。潛藏於「盛世」中的問題傷口逐漸擴大，大舉損傷了清國的國力，最終更讓其遭受了數次的大叛亂。在這樣的過程中，燃燒著經世濟民理想的儒學家，拚命想恢復充滿禮教與剛健質樸風氣的社會，然而他們，自然無法簡單地與試圖讓古老社會產生流動、同時傳入西洋文物與國際關係做法的西洋各國之立場相容。因此，圓明園遭到破壞、「天下」的和諧完全被打破，大清作為世界帝國的立場也隨之撼動；而這些苦澀的記憶，也促使人們走向改革的道路。

接著，在咸豐皇帝的兒子同治皇帝於一八六一年以幼齡即位後，清國於其母慈禧太后與其叔父恭親王奕訢掌握實權下，開始推動稱為「同治中興」的運動。此運動的主要推手，是擁有經世儒學素養的科舉官僚，以及在鎮壓太平天國的過程中興起的地方勢力（率領鄉勇的士大夫），並受到部分試圖延續自己政治生命的滿洲人的支持。

同治中興一般被稱作「中體西用」，它最大的目的，就在於恢復清國在西洋各國面前所失去的光榮，以達到「自強」的目的。為此，清國徹底引進西洋的先進技術（特別是軍事技術），試圖富國強兵，推動「由上而下的近代化」，此即洋務運動。洋務運動的重點在於海

恭親王奕訢　在同父異母的哥哥（咸豐皇帝）過世後，他與慈禧太后共同掌握實權，推動了洋務運動。

慈禧太后　慈禧太后是自同治、光緒年間大清帝國的實際掌權者，包括前面與慈安太后的兩宮聽政，其掌權時間長達四十七年，在清代僅次於康熙帝與乾隆帝。

軍力量，因此鋼鐵工廠、造船廠與兵工廠便開始陸陸續續出現在天津、南京、上海等沿海地區的主要都市內。另一方面，作為統治精神，此運動同時打著「中華」的旗號，基於經世儒學式的思想，打算使人們重新對康熙、雍正、乾隆皇帝所代表的繁榮時代產生憧憬。

◎洋務的極限與灑下的種子

只是，從短期的視角來看，這運動可說是相當地「虎頭蛇尾」。因為漢人官僚們最終想要守護的，仍是儒學的精神以及靜態的農業經濟。在嘗過太平天國與第二次鴉片戰爭苦頭的他們，畏懼著通商擴大與外來宗教將可能帶來混亂，反而在心中產生了「優秀人才可於儒學精神的基準下尋得，只要實施適當的統治，所有事情皆會自然恢復和諧」的信念。因此，該運動並非是透過近代式的經濟發展而以「自強」，而只是基於「守護舊有事物來獲得自足」的層面，試圖「讓自己變強」。

然而，若積極導入西洋的技術來徹底推行「洋務」，並發展工業，使商品廣泛流通，社會勢必會產生變遷。且若要學習近代西洋的技藝，也會產生了解西洋背後的精神與知識，並將其內化的必要。這麼一來，這行為便與原先想要守護的文化傳統間，產生無可避免的摩擦（這問題在所有文化中都是一樣）。實際上，在洋務運動進行當中，即使有一群試圖將西洋結合儒學傳統、被稱為「通商口岸知識分子（新知識分子）」的人們開始出現，他們之中也只有極少數被重用，成為李鴻章、左宗棠等洋務官僚的顧問，其餘大多都遭到整個社會冷眼看待。

儘管如此，因為同治中興、洋務運動，而開始出現新的經營者階層與通商口岸知識分子，在後來清末社會從甲午戰爭的震撼中重新振作、以猛烈氣勢朝向近代國家發展的過程中，構成了一個極為重要的基礎。

特別是最具代表性的知識分子鄭觀應，他在甲午戰爭爆發前所著的《盛世危言》中，提到「今日大局，列國通商之勢難以拒絕，不得不律以公法」。強調清國要適應各國家在對等條件上相互競爭的情勢，以從國際法中獲得利益，可說是把從西洋身上所得到的知識與經世儒學素養加以結合的集大成。鄭觀應亦表示若欲「張國威、禦外侮」，則需達到「君民一體」的境界，為此，清國應效仿西洋設議會、創造公共利益。在儒學思想與西洋思想雙雙透過通商口岸有了正面的接觸後，與幕末、明治日本思想狀況極為相似的「儒學式的近代思想」，才總算於清國開始萌發。

近代東亞史的序幕

◎「天下」的終結

以上，我們大略檢視了清國與西洋接觸的過程，並以中長期的觀點瀏覽了從鴉片戰爭、北京條約，再到洋務運動的時期。從中可以發現，清帝國在各層意義上，無疑皆從根本上產生了轉變。

直至十八世紀為止，大清所面臨的威脅都來自內亞（如準噶爾之類）。但是自鴉片戰爭後，威脅就轉而主要來自環東海地區。筆者認為隱藏在這一轉變中的意義，值得我們一再強調。且軍事環境的轉變，也與騎兵日趨衰弱，轉而以重型熱兵器、軍艦等巨大厚實的軍事力量來決定強弱的近代「權力遊戲」（power game）邏輯漸趨一致。深感與西洋之間有著巨大差距的清國，要如何拚命追求轉變以填補此差距，無疑是它在十九世紀後半以降的最大課題。

而這個過程，也改變了以東海為中心的各地區，和西方異己勢力接觸時的方法與態度。

直至當時為止，我們可從以陸地為中心的歷代帝國中，看到存在著「華夷思想、儒學、漢人」與「反華夷思想（實力主義）、佛教、騎馬民族」的對立關係。前者時常貶低後者是夷狄或無信仰者，不過若條件允許，則會希望教化對方，使對方與同化。然而，因為各種地理上彼此相互隔絕的因素，要同化／教化他者明顯是件不可能的任務。在這種情勢下，若問為何宣稱自己「奉承天命」、「能更加保護佛教」的皇帝能在政治上擁有優勢，其實不過是證明他們能夠得到最大多數人的認可之故，換言之即是因人成事。

反過來說，即使有無視皇帝、破壞天下秩序的人出現，且被排除在以皇帝為中心的秩序之外（化外），那也是表示他們自己選擇了不受上天眷顧一方的結果，並非是皇帝所能干預的事。皇帝只是統治或征服與自己利害有密切關聯的地區，並將仰慕自己的人們納入朝貢國之列以獲得滿足就已足夠。由這關係所表現出的形式，即是「中國」與「外國」總合起來的「天下」。

其實，主張華夷思想的宋、明，以及主張實力主義／反華夷思想的元、清，在這點上並無太大的差別。筆者並非是想用華夷思想所塑造的「中華帝國」概念統括這些帝國，而是想將焦點放在各個帝國主張的不同統治邏輯，對於歷史洪流造成了什麼影響。儘管每個帝國中，都能看見以皇帝為中心、向外擴散的支配架構，以及透過與皇帝之間聯繫的親疏濃淡所形成的各式關係，不過這些，在漢語之中全都稱作「天下」或「天朝」。「天下」也容許自願選擇放棄加入此架構，甘於「化外」的境遇，抑或是選擇「互市」這種關係薄弱、只限於通商的自由，由此觀之，乍看非常縝密的「天下」秩序，其實十分粗糙。

然而，就在近代化的軍事力量與蒸汽船硬是扯開了深鎖住港口的禁令後，清帝國以皇帝為中心的「天下」，就無法再繼續維持下去。以英國為首的歐美各國為環東海世界帶來的，是一種與仰不仰慕皇帝完全無關，使各個主權國家完全擁有彼此對等關係的秩序。不僅如此，直至當時都被大清撇開不管的「化外之地」、「互市對象」以及「疏遠的朝貢國」，也開始拿「主權國家間的對等關係」作為後盾，擅自要求對等關係，瞬間成了從根本上與統治「天下」的皇帝威嚴產生正面衝突的「他者」。

◎填補國家主權空隙的爭奪戰

在主權國家與近代國際法的體系裡，「所有土地皆屬於某個國家主權」的前提，要看該國對於國土的每一個角落，是否都有充分的支配能力所定。即使是宗主國與屬國、或是本國與殖民地之間的關係，也必須以宗主國或本國的管理能夠到達屬國或殖民地為前提。若有管理權無法到達的地方存在，這種模糊的立場，將很可能成為他國介入的藉口，導致主權國家之間的關係動搖。此外，為了消除主權、宗主權無法行使的模糊地帶，肯定「文明」對於該處的統治，國際法中另外還有著「先占」的邏輯，承認最早來到「沒有主人」土地上的國家，可獲得該土地的權利。

反過來說，若是某個權力對國土的各個角落都有充分支配能力，並且有辦法在獨自的判斷下建立對外關係，那麼在這個國家沒被殖民地化的情況下，也會被姑且當成獨立國來看待。

這種基於近代國際法的秩序，亦不會寬容對待皇帝與某特定國家、特定地區之間按遠近親疏而成立的朝貢國（屬國）關係。即使朝貢國因為各種原因定期向皇帝朝貢，這一行為也早已非皇帝的指示，而是基於自發性的判斷所執行。因此從國際法的角度來看，既然該國可自行處理自己與外國間的關係，那麼就並非「屬國」，而是「獨立國」。舉例來說，一面向清國朝貢，一面又向日本派遣通信使的朝鮮，就被視為「自主國家」，也就是獨立國，可能被視為與清國有對等關係。這樣一來，「天下」的立場就岌岌可危。更別說是被清國放著不管的「化外之地」——那裡不屬於任何人，所以更可能在不知不覺間就成了他國陣地。

於是，當初清國以「懷柔」名義割讓香港、允許開啟通商口岸的想法，結果竟引來各個國家，打著由獨立主權國家所形成的國際關係、前來要求通商，而進入環東海地區。如此的大變革，可說是遠遠超乎清國的預料。

而在這巨大變化中，特別令清國覺得棘手的，就是它也必須和隔著一片大海，迄今只有極小規模交流的日本，建立起主權國家間的關係。本來對於清國來說，日本不過就是個不向自己朝貢的「互市之國」，加上過去倭寇以及豐臣秀吉出兵朝鮮造成的苦痛記憶，使得日本成了清國寧願不強迫其朝貢，也想避而遠之的國家。不僅如此，因為清國本身就是內亞國家，對海域不熟，因此類似的想法在國力愈是興盛的時期，就愈是強烈。

然而，日本一方則是在江戶時代就提升自己對清國的優越意識，更在與十九世紀出現的西洋諸國接觸後，及早產生了極端強烈的緊張感。在透過明治維新蛻變成與歐美國家相當的近代國家後，日本就試圖以和清國完全對等的國家身分，加入歐美的行列。日本還不斷虎視眈眈地大量進口漢文文獻，並且對清國產生了從「中華」到「支那」的種種獨有印象。

因此，日本有天突然要以對等關係，面對清國在主權國家體系中存在著模糊政治立場的朝鮮、沖繩（琉球）以及台灣的所屬問題時，會發生什麼樣的情況，自然是可想而知。種種問題，不僅成了甲午戰爭爆發的主因，也為日後環東海地區政治秩序的重整，帶來了複雜的糾葛。除此之外，由於此處亦牽涉到歐美各國以通商口岸為中心的利益關係，因此雙方出現了賭上國家生存的競爭，也將在所難免。

圍繞著整片東海的「東亞國際關係」，正是發自如此緊張的情勢之中；它也可說是因為存在於前近代的華夷思想所累積的不信任與誤解，結合了近現代主權國家架構中的冷酷邏輯後所形成的產物。

◎「近代中國」與乾隆皇帝的遺產

十九世紀中葉，也是一段與「何時開始才算中國近代」這個問題密切相關的時代。至今，在中華人民共和國或是美國、日本等各國的「中國史」研究架構中，「近代中國」的起點被認為是鴉片戰爭，理由在於「南京條約使得中國陷入了半殖民地狀態，為了推翻此狀態，中國人民於是起身抗爭」。另一方面，從西洋的東方主義（Orientalism）式觀點來看，在「透過外界（西洋）的刺激，改變中國停滯守舊的社會，促使其走向近代」的層面上，鴉片戰爭具有很大的意義。雖然民族主義的歷史觀點，乍看之下與東方主義的歷史觀點相互對立，不過在思考「沒有外在刺激就沒有近代中國」這點上，兩者其實是相同的。

不過在此同時，我們必須注意到的是在這時代裡，中國國內的「自乾隆皇帝繼承下來的天朝或天下」意識仍強烈持續，甚至說，這樣的意識，在鴉片戰爭到太平天國之亂的時代間最為沸騰也不為過。儒學家們從大清全盛期中的嚴酷文字獄獲得解放，自由地談論經世濟民之論，同時也為了保衛儒學的理想不被太平天國破壞，而自己統兵奮戰。從支撐著整個國家政治核心菁英的知識背景和意識形態來看，筆者認為，大清正是從此時代開始，才急速地、真真正正地成為了一個「中華帝國」。

因此單純地將鴉片戰爭（外在壓力）看作是「近代起點」的看法，其實並不充分。倒不如說，這種一面繼承著乾隆皇帝遺產，一面試著打造儒學式社會的內發行為，是在受到外在刺激後才變得更加激烈。此外，以魏源為首的經世儒學家，明確認識到乾隆皇帝所留下的版圖，並向人們宣揚應加以守護的行為，無疑是塑造「中國」這個近代主權國家在維護其疆域形式上的重要要素，可以說是意味著「近代」已開始從內部萌芽。

儘管如此，在環東海地區因為世界史的環境變動，形成了巨大的政治磁場，使得大清從「內亞取向」完全轉換為「東亞取向」的這個層面上，我們絕不能無視大清從鴉片戰爭、第二次鴉片戰爭到推行洋務運動、強化海軍力量的變動過程。而在這個轉變為東亞國家的過程中，因為甲午戰爭的失利，引發了更激烈的民族主義，並持續捨棄原有的帝國外衣，朝著蛻變成國民國家的路途邁進。

因此，到底什麼時候開始才算是「中國的近代」，實是難以明確定義。不過，若要筆者畫下一條分界線的話，個人認為，該分界線應處在北京因為第二次鴉片戰爭而成為戰場，造成最能象徵大清這一世界帝國榮華的庭園盡遭掠奪與破壞，最終與他國締結了對等外交關係的時間點。畢竟，正因為如此，大清才實質地踏出了近代東亞國際關係的第一步。

---

1 指日本江戶時期經荷蘭人傳入的學術、文化、技術之總稱。

2 為日本江戶幕府作為控制宗教的一環所實施的制度。制度給予民眾持有「寺請證明書」的義務，讓寺院證明持有者並非是基督教徒。

3 「Cantonment」原意為「兵營」。今日南亞有許多國家存在這一地名，其中孟加拉與巴基斯坦就有好幾處。例如巴基斯坦首都的車站即名為「喀拉蚩營地車站」。

4 返點（返り点）是日本人在閱讀漢文過程中所加入的輔助符號，用於表示漢文轉日文時的詞語閱讀順序。

第六章

通往春帆樓的荊棘道路

甲午戰爭　日本稱日清戰爭，朝鮮稱清日戰爭，國際通稱第一次中日戰爭。圖為日軍攻擊清軍。最終大清戰敗，並於 1895 年和日本簽訂《馬關條約》。

走在近代史的傷口上

◎站在下關，遙想李鴻章

從東京沿著東海道本線、山陽本線朝西行約一千一百公里，沿路將細長的本州隔開的高聳山勢，也會開始漸趨緩和。在目送清爽、悠然的風景離去後，我們所到的地方，即是一處名為「下關」的城市。下關是日本通往九州的玄關口，回顧歷史，此處曾為壇之浦合戰的地點，也是多位在幕末時期主導推翻幕府行動的長州藩士出身地。在近代史中，下關也以日本通往朝鮮、中國大陸的要衝而為人所知。

從政治史的角度看下關，它最知名的景點，無非是在一八九五年春天舉行甲午戰爭議和會議的高

現今之春帆樓　前方建物為附設之「日清議和紀念館」。

級旅館——春帆樓。當時，長州出身、時任首相的伊藤博文，邀請了交戰方的全權大臣李鴻章，來到這日本第一間獲得官定河豚料理烹飪執照的旅館。若是一無所知來探訪此地，人們或許會以為他們是想利用議和間的片刻休息時分，來好好欣賞剛開始綻放的櫻花，以及眼前的關門海峽一望無際的亮麗春色也說不定。

然而，伊藤博文的目標其實與此完全相反。在經過黃海、威海衛（今威海市，位於山東半島）的數場海戰後，李鴻章貫注心血、透過洋務運動所整頓起來的北洋水師遭到毀滅性的

李鴻章　領導清末外交的政治家。

伊藤博文　日本近代政治家，首任日本內閣總理大臣，明治維新元老，中日甲午戰爭策劃者。

打擊。旗艦「定遠」沉沒，提督丁汝昌自殺，清被迫提出停戰要求。對此，日本方面因保有許多體積雖小，但頗具機動力的戰艦，因此伊藤博文在與李鴻章的交涉中，就將這些戰艦集中於關門海峽，以牽制李鴻章想找機會引來俄羅斯、法國、德國對日本進行干涉的想法。想像一下，當李鴻章不經意地從春帆樓望出去時，看到的是軍艦群集的光景，想必是難掩心中的緊張吧。

除此之外，那時還發生李鴻章在離開宿舍，正要前往春帆樓進行交涉的途中，遭到暴徒襲擊以致受傷的悲劇。幸虧當時李鴻章傷勢不重，後來也受到明治天皇等朝野各界人士的探望後，議和才得以繼續進行交涉。不過從那事件之後，李鴻章前往春帆樓時，就開始避人耳目，改走昏暗小道。這條小路在今日有著「李鴻章道」的名稱，那塊氣派的看板，就立在春帆樓旁。

同樣關切大清帝國盛衰興亡的筆者，在看見這塊看板後，心中不禁升起深深的感慨。身為堂堂「天下之主」的帝國，以及身為該帝國的全權大臣之人，究竟為何會凋零到被迫走入這種暗道中的境遇？

◎充滿怨念的獨立門

不僅如此，清國所嚐到的，並非只是遭受日本擊敗的屈辱而已。雖然在日本，此事鮮為人知，但其實在朝鮮因為馬關條約簽訂而得以獨立後，這個直至當時在表面上，皆與清國有著最密切的關係、臣服於清之下的朝貢國，突然爆發了一股試圖掃除清國影響力的怨念，使得大清作為世界帝國的顏面盡失。

就像前幾章所提到的，清與朝鮮間的關係，原本就相當曲折糾結。朝鮮長期以來仰慕身為「中華」主流的明，而這樣的信念，後來更因「滿洲人竊取了『中華』的土地」、「自己被強加屈辱般的朝貢行為」等種種認知而變得更加強烈。然而，即使充斥著如此認知，朝

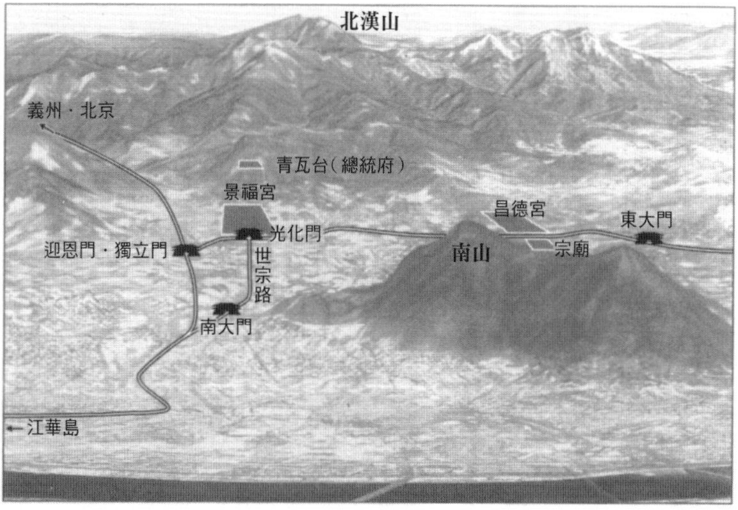

首爾市街道概略圖　景福宮背對北漢山，並面朝南方，其西則有面西的迎恩門。

鮮仍然實行朝貢的行為；之所以如此，也只是為了證明自己才是唯一真正能夠體現儒學的「禮義之邦」罷了。

朝鮮複雜的立場，也明顯反映在它的首都，漢城（今首爾）之中。

以盆地形勢延展開來的漢城（過去亦稱漢陽，因為位於江北，所以稱為「陽」），北方倚著兼具山水畫般優美、險峻風貌的北漢山，南方則可眺望滔滔流淌的漢江，簡直就是風水學中的理想勝地。建都於此的朝鮮王朝，建造了看似小一號紫禁城的王宮景福宮，而從光化門向著今日首爾市政廳筆直往南延伸的大道（今世宗大道），就表現著帝王將「正氣」朝著南方散發到全國的理想。畢竟從以前開始，朝鮮國王就是傳承並守護明帝國恩威的王者。

景福宮　仿造紫禁城而建，圖為勤政殿。

然而，如果作為朝貢國的朝鮮宗室自稱帝王，將是不被容許的僭越之舉，畢竟朝鮮國王，終究只是清位於東方的臣子。只是，既然朝鮮被迫接受臣子的立場，那麼它就必須準備好一個慎重儀式，每每在國王交替時，來迎接從西方的燕京（北京）帶來封號的冊封使。於是，朝鮮準備了一個不同於「面南的帝王空間」，在從鴨綠江畔的國境之城義州進入漢城的位置上，建立了一座「迎恩門」來作為「面西的臣子空間」。不過，就朝鮮的立場來說，它無論如何都不可能感恩清。因此，這行為終究只是朝鮮靠著身為「小中華」的矜持，讓自己持續演出迎接清恩德的戲碼而已。

然而，在甲午戰爭以及下關議和會議結束後，迎恩門就被破壞到只剩下柱子。到了一八九六年，迎恩門的正北邊更建起了西洋風格的「獨立門」。接著在一八九七年，當時的朝鮮國王高宗正式稱帝，並改國號為大韓帝國。於是，獨立門就像是完全地否定了至當時為止的「迎恩」行為，大張旗鼓，擋在迎恩門門柱的正北方。就算到今日，它也用自己的身軀，展現著大韓民國作為獨立國家的自我主張。因此獨立門這個歷史地標所真正象徵的意義，其實是當時的朝鮮／大韓用一股近

獨立門　甲午戰爭後所建造。

乎於激憤的情感，否定掉自己至今與清間的所有關係。

◎捨棄朝貢國立場

若單純只用「朝鮮從內心嫌惡清」，以及「為紀念朝鮮因馬關條約而獨立一事」的角度，其實無法適切解釋獨立門的存在。試想，朝鮮的人們在從內心抗拒著清的同時，卻又堅持進行朝貢行為，這代表著他們心中，其實已正當化了自己身為「小中華」的立場。因此，在看待獨立門的存在時，我們也要同時思考，為什麼如此的一群人，在面對因為馬關條約而失去朝貢國立場、並獲得獨立時，並沒有起身反抗？如此才能夠體會到隱藏在獨立門背後的感情，或說是怨念，是有多麼地深。

非但如此，因為甲午戰爭的爆發，是日本試圖向朝鮮擴大影響力的結果，因此若朝鮮失去了與清國之間的臣屬關係及保護，便有可能被日本在政治上所直接併吞（事實上，之後日韓便於一九一〇年合併）。此時，朝鮮放下了對清國臣服的誓言，並爆發出新的義憤，自始至終抵抗日本在地域秩序上的重整，貫徹了守護從明國繼承「禮義」秩序的「小中華」立場。

因此，獨立門的出現，不僅單純意味著清的體面受到顯著傷害，更意味著前近代以來的「天下」秩序已完全崩毀。當然，在這個過程中，由於朝鮮得以獨立，乃是日本將其土地作為戰場並獲得勝利後所得到的結果，因此朝鮮終究處在被動狀態，如此事態對朝鮮來說，無疑是相當不快。然而即便如此，朝鮮仍自行選擇了成為主權國家「大韓」，與清站在對等的關係上。在這之後，近代東亞世界的國際關係，就在各個獨立的主權國家互相競爭、相互高舉著基於民族主義的自我主張下，漸漸走向了弱肉強食關係。只要有一國無法再維持獨立狀態，就會馬上淪落為他國的保護國或殖民地。

「適應」萬國公法

◎走向主權國家時代

接著，本章將帶領讀者一同思考，第二次鴉片戰爭的結果，究竟如何讓來自西洋的國際關係與民族主義一步步擴大到整個近代東亞海域世界，又是如何一步步取代以清為中心的

「天下」秩序。

我們在思考近代東亞歷史時，通常會將甲午戰爭與馬關條約看作是重大的轉捩點。這些事情發生後，清作為世界帝國的地位轟然倒塌，在國內，因受到已經富國強兵的明治日本之刺激而迸發民族主義，出現了全面改變體制的「變法、自強」聲浪。

不過在第二次鴉片戰爭後，甲午戰爭之前，我們就可以看到，不僅僅是朝鮮人充滿了對朝貢體制的怨恨氣氛，長期與清保持著極其疏遠關係的日本，也在東海這一地理空間中與清正面對峙，最終發展到兵戎相見。這是第二次鴉片戰爭後不可忽視的重大歷史變化。因此，筆者更想把第二次鴉片戰爭到甲午戰爭之間的過程，當作一個歷史的巨大轉捩點來看待。或許透過這樣的視角，能使我們對近代東亞國際關係中存在的民族主義對立結構，產生更深一層的認識。

此處我們首先要看到的問題，就在於當時的人，尤其是負責外交的菁英，究竟如何評價西洋各國在第二次鴉片戰爭後，強加在清身上的近代國際關係，以及主權國家並立的世界狀態。

直至現在為止，中國視為「正確的」史觀，總是基於負面因素，比如受到他國的侵略和戰爭破壞、被設置租界、以及簽訂不平等條約等，而將十九世紀後半葉的歷史，也就是所謂的「近現代中國史」，定位為「半封建、半殖民地」的時代。然而，這個時代也是經過多次改朝換代，仍持續保持「天下之主」立場的「中華」文明及帝國，漸漸被迫轉變成世界主權國家之一的過程。只是，若承認後一種史觀，就等於間接否定了「中國史」中「悠久天朝」的形象，而難以被接受。

因此，未能成功改變體制，目睹著帝國主義列強擴張權益，並遂行經濟上的剝削，使人民陷入塗炭之苦的大清國，就只能被看待成「落後的封建體制」；而那些透過與西洋交易中飽私囊的官員們，也只能被當作賣國奴來看待。

當然，我們並無法否定清國與近代國際關係的接觸中，有著上述的一面。不過，不管是要高舉「偉大文明」的招牌，還是要指揮人民革命，若只是把如何發揚「中華」和「中國」名號，當作是一切史觀基準，並進而去否定洋務運動時期的清，未免也太過小看清在面臨環東海地區突然轉變成弱肉強食的世界時，所拚命做出的「努力」。

或者說，我們應該試著思考，為何當時新崛起的漢人菁英們，要去學習那些壓迫自己、對自己強加要求的西洋做法，並開始推動「中體西用」的洋務運動？其中一個理由，就在於重視實用的經世儒學，與西洋的實學和政治思想，有相當大的共鳴空間。此外，我們也必須注意到鄭觀應對於「萬國公法」所展現出的想法——他認為，即使是強加在我們身上的規範，只要在外交上務實地貫徹，讓自己也跟著變強，就能夠在共同的基礎上解決事情，並獲得利益。他的看法在當時日益獲得迴響。從總理各國事務衙門所處理的外交事務中，有幾件事足以窺探到此端倪，那就是一八七〇年的天津教案，以及一八七五年的馬嘉理事件。

◎天津教案

所謂天津教案，就是由一群不滿法國傳教士行為的民眾，在第二次鴉片戰爭後成為通商口岸的天津，殘殺了法國領事豐大業（Henri Victor Fontanier）所引起的事件。此事件除了象徵著人們對鴉片戰爭後不斷擴大影響力的西洋事物——特別是基督教——所爆發的反彈，也是十九到二十世紀間，接連發生傳教士、教會受到攻擊的「教案」之開端。

在當時的天津和華北地區，民間宗教不問貴賤，流行在各個階層之中。這些宗教融合了儒教、佛教、道教等各宗教思想的儀式、教義，緊緊捉住了男女老幼因為白蓮教之亂、太平天國事件而疲憊不堪的心靈。因此，傳教士們想要介入當時的民間社會，機會可說是相當渺茫。既然在各個宗教的自由競爭中，傳統宗教獲得了支持，人們亦從太平天國的傷害中重新站起、漸漸找回自信，那麼根本就不需要和傳教士或是法國，發展到訴諸暴力的地步。然而事與願違，雙方最終產生了以宗教為由的紛爭，其原因就在於社會矛盾與宗教發生牽扯，使得特定的宗教漸漸成為偏見投射的對象。

特別是當時的天津與華北地區，民間宗教並非只是單純活躍的信仰；它同時也發揮著促使人們互助，或是作為公共空間來使用的功能。由於富裕商人的慷慨解囊，獲得了豐富資金的教團，亦盛行著興建孤兒院與貧民福利設施的風氣。然而在同時，法國傳教士們為了傳教，也積極設置孤兒院，或是救濟貧民。於是，以民眾為主體的互助活動，就與天主教會產生了競爭；結果，天主教的孤兒院，竟被人們視為當時多起「兒童失蹤綁架」案件的溫床。最終，天津的民眾對天主教產生了強烈懷疑，因此向天津當局提出了搜查教會內部的要求。

倘若法國領事或傳教士們接受了天津當局的搜查要求，證明自己完全清白，或許就不會演變成嚴重的外交問題。只可惜，法國領事豐大業是個欠缺思考能力又粗魯的人。在面對提出搜查要求的當局，他不僅拔出身上的配劍、重擊書桌，憤怒地表示法國受到侮辱，還在群眾面前開槍，造成民眾身亡。此舉讓在場的群眾被憤怒沖昏了頭，於是殘忍地殺害了他。他的屍體被四分五裂。不僅是法國領事館、教會、孤兒院，甚至是英國、美國人所經營的教會都遭到了民眾攻擊。

因此，以火上澆油般的方式，來處理原先不必要的誤解，即是造成天津教案的真正原因。雖然雙方皆有責任，然而事已至此，各國為了得到清的道歉與賠償，於是在天津集結軍艦，對總理各國事務衙門施加壓力。站在第一線處理此事的是曾國藩，他雖說無法認同豐大業的做法，但考慮到，要是事件繼續延燒，讓不穩定的情勢持續擴大，那麼好不容易走上軌道的西洋外交、通商關係，就免不了會遭到頓挫。於是，曾國藩處決了民眾方的首謀、流放天津當局的負責人，支付賠款二十萬兩，並派遣使者至巴黎道歉。這展現出他選擇強化新式外交架構的決心。

◎英俄大博奕的升溫與對清的陸上交易線

馬嘉理事件同樣顯示了一八七〇年代的清，正在逐漸適應近代國際關係。該事件起因於英國鴉片戰爭前的亞洲政策之延伸。雖然英國打算從海路撬開清的大門、推翻一口通商政策的計畫已經實現，但它仍嘗試著在陸地上尋找一條可直接連結印度與重慶的路線。

特別是從一八五〇年左右開始，位於喜馬拉雅山山麓，原先只是一座貧窮村落的大吉嶺（藏文：Dojéling，意為「金剛洲」），因成為英國人的療養地及茶葉生產地而急速發展，許多英國人也開始將焦點轉移到，透過行經西藏的陸路而和清進行接觸。

當時已經有許多英國人為了經營殖民地，或是亞洲貿易而住在印度。但是，對於來自高緯度國家的他們，要在充滿著炎熱暑氣的印度，或是今日的東南亞地區活動，肯定是相當辛苦的事情——雖然這也是他們自討苦吃。不過，當他們來到大吉嶺避暑，從白雪皚皚的喜馬拉雅山頂，看到向西藏延伸出去的清澈蔚藍天空後，大不列顛島的風景，肯定也隨之浮現在他們腦中。試想，對於這些英國人來說，若不需煩惱酷暑，又能橫跨這塊令他們回想起故鄉的西藏高山草原，還能從和大清的貿易中獲取鉅萬利益，將是一件何等美妙的事！

更何況，大英帝國的拿手本事，就是在全世界進行縝密探勘，徹底調查當地的地理、社會與物產狀況，然後思考自己的外交與殖民政策。今日大英博物館的豐富收藏，就是這種本事的證明。藉由開拓新的貿易路線，英國人積極地影響了居住於沿線的人們。而他們心中扭曲的使命感也不斷升高：自己可以「將這些人從落後野蠻的社會中拯救出來，大放基督教光芒，給予他們近代西洋文明的庇佑（所謂的『白人的負擔』論）」。

又，英國之所以會在大吉嶺（以及阿薩姆和錫蘭）栽培茶樹，主要是為了對清貿易赤字降低到最小限度，減緩白銀的不斷流出，實現英國內部的自給自足。不久後，英國便成功地在英屬印度栽培茶樹，並使茶葉成為其重要的輸出品項。於是英國便開始認為，向與印度次大陸連接的西藏、乃至於漢人地區大量銷售茶葉，甚至取代華中、華南茶葉的經濟地位，將不再只是夢想。

另一方面，曾經為了爭奪在印度的權利，而與英、俄產生正面衝突，並一度挫敗的法國，依舊虎視眈眈地覬覦著印度，試圖恢復自己在印度的特權。故如何在內亞、東南亞到西亞獲得更多的殖民地、緩衝國、特權領域，就成為了關係到大英帝國死活的大問題（所謂的「大博奕」，即是將印度次大陸作為最終目標，由英、俄所展開的一連串競爭）。於是，宣稱「英國是唯一一個可以將中國（China）、西藏與印度連結起來的強大富裕國家」，一面牽制俄、法兩國，一面又合理化通商、殖民，關於這種政策的議論，在英國國內開始高漲起來。

◎馬嘉理事件與對英國看法的轉換

受到這股風氣的影響，到了一八七〇年代之後，英國終於正式探索經由西藏、以及阿薩姆—緬甸北部—雲南通往重慶的路線（順帶一提，到了中國抗日戰爭時期，這條路線則成了「援蔣路線」，用於支援逃往重慶的蔣介石國民政府）。在這股探索熱潮蓬勃發展的一八七五年，英國探險隊從緬甸八莫（Bhamo）前往雲南騰越時，翻譯官馬嘉理遭到當地民眾殺害，引發了馬嘉理事件。

對此事件，英國自然是向清要求賠償。眼見著該事件就演變成嚴重的國際問題時，李鴻章冷靜應對，與英國駐北京公使湯瑪斯・韋德（Thomas Francis Wade）協調善後對策，最後雙方於一八七六年簽訂中英煙台條約。條約中除了防止相似事件再次發生的對策以外，也規定了賠償金的支付、通商口岸與租界的追加，以及更有效率的關稅課稅方式。一八七七年，英國又以特別項目，追加了「英國派員至印度進行調查時，得由北京經西藏轉赴」的規定。當然，對清來說，賠償二十萬兩並道歉絕非是個令人喜歡的結果，但在李鴻章眼中，煙台條約擁有不一樣的價值，可以使通商口岸的運作更加順暢，並獲得更多稅收，因此即刻批准。

從清處理天津教案與馬嘉理事件的態度，我們能夠發現，清在面對與西洋列強間發生的問題，所採取的行動，已漸漸不再是將其視為單方面的壓迫與陰謀，並高調與之對抗，而是一面計算更長期的利益，一面與其交涉和妥協。雖然這樣的行為，從「反帝國主義」的「革命史觀」來看，無非就是「賣國」，不過從「國家最終利益最大化」的角度來看，終究是一種必要之惡的選擇。

清之所以會採取如此判斷，其背後的原因，就在於一八七〇年代到甲午戰爭時期，清所面對的外交環境日趨惡化。這時的清已經明白意識到，一八七〇年代至八〇年代初期的俄羅斯、法國，以及一八八〇年前後的日本，都是自己最大的威脅。此時，曾國藩與李鴻章等洋務官僚們皆強烈認為，若想在被西洋列強與未知的新興國家日本包圍的狀況中達到權力平衡，比起把突發事件鬧得更大，最終作法自斃，不如透過和平妥協，以盡可能保全利益。

直至一八六〇年代為止，清都對英國有著負面刻板印象，認為它是「引起鴉片戰爭與第二次鴉片戰爭的始作俑者」。不過，英國從清的國力，以及清與其他列強之間的關係，而做出外交目標上的判斷：「殖民」並非是現實的選擇。於是他們軟硬兼施，鞏固外交，以促使貿易利益最大化；而從通商口岸獲得豐富稅收、感到滿足的洋務官僚們，也開始認為，「打著擴大通商的正當旗號，且擁有值得學習的先進社會與技術的英國，或許是很好的往來對象。」在不知不覺間，英國便成了人們口中的「通商之國」、「泰西商主之國」。漸漸地，清開始不斷稱頌英國，認為它與日本、俄羅斯等國家有著根本上的不同。

◎西藏的厄運

然而，就在洋務官僚將英國視為理想的交涉對象後，英國認為在對清貿易中屬於重要通路的西藏，就從那一刻起陷入了極其痛苦的境地，直至今日。

在大清還是內亞帝國時，西藏是所有騎馬民族篤信的藏傳佛教中心；藏傳佛教也是牽制漢人——受到朱子學與華夷思想基本教義派之影響——的典範，藉此表達出「即使不是漢人，也能夠擁有美好文化」。簡單說，藏傳佛教既是清帝國最大的特色，也是清帝國穩固的基礎。

然而，就在英國嘗試調查、探勘交易路線，且此舉因煙台條約而受到清認可後，清與西藏之間原本緊密咬合的齒輪，就產生了嚴重的脫序。論其原因，主要是當時英國為了在喜馬拉雅山脈南方的尼泊爾、不丹等地區擴大影響力，反覆挑起紛爭，而這些現象在緊鄰的西藏眼中看來，是藏傳佛教徒生息之地遭到侵略的「佛教危機」。若是這群希望喜馬拉雅山脈地區保持混亂狀態的英國人，舉著「名為通商的虛偽招牌」進一步地走入佛教聖地拉薩的話，這將意味著什麼呢？是不是那些一味想與佛教的敵人聯手，好從中獲得利益的邪門官僚影響了皇帝，以至於睿智的皇帝做出如此判斷？做出如此思考的達賴喇嘛政權，認為只能自力救濟。後來只要一有機會，他們便會奮力拒絕英國探險隊與通商要求。

◎從佛光普照的聖地，變成「黑暗地帶」

不過，西藏人的擔憂，有一半算是杞人憂天。因為至少在這個時間點上，英國並沒有將清這個重要的貿易對象當作敵人看待，因此並不打算侵略清能夠發揮影響力的西藏，而是希望藉由北京的斡旋，使西藏認可英國人在此通商和旅遊。至於引導信奉佛教——或是對英國人來說，顯得較為落後的「喇嘛教」——的西藏人，讓他們自然而然接受基督教文明，乃是遙遠將來的課題。李鴻章、總理各國事務衙門的菁英分子、以及駐藏大臣，認為英國的意圖中並無異心，於是為使英國人能夠安心旅遊與通商，遂不斷向達賴喇嘛政權提出要求。

然而，西藏人的憂慮，仍有部分並非無的放矢。因為以李鴻章為首的洋務官僚們，與過去的滿洲、蒙古旗人並不相同；他們是一群以經世儒學的立場來評斷西洋的人，對藏傳佛教並無共鳴，頂多只是照著祖宗（乾隆皇帝）的教誨，同樣喊著「保護佛教」的口號而已。

也就是說，經過十九世紀的政治變動後，清與西藏之間，存在著一條大到難以令人信服它們屬於「同一版圖」的鴻溝。最後，洋務官僚對於始終排斥、拚命抵抗英國的西藏人，終於一改過去「佛教文明中心」的評價，開始稱他們是「無視世界動向，緊抓著落後的佛教，進行無意義抵抗的愚蠢集團」。這個變化意味著，為了在帝國主義時代中生存的大清，選擇了通商夥伴英國，而拋棄了清帝國之形成中不可或缺的要素西藏。

李鴻章確實履行了清國與英國間的條約，基於想讓通商與近代技術的恩惠也同時進入西藏的「親切想法」，而不斷向達賴喇嘛政權提出要求。然而相反，西藏人則是不斷抵抗這些要求，使得彼此間的惡性循環愈演愈烈。最終，這個惡性循環讓漢人振振有詞，認為自己是在改造「黑暗落後的西藏」。西藏人則覺得「自己不斷受到壓迫，因此根本沒有理由再像以前那樣接納大清」，這樣的意識不斷高漲。這正是近現代西藏問題的根源。

這樣的結果，可以說是清逐漸適應近代國際關係，實質從內亞帝國轉換成近代東亞帝國後，以東海世界動向作為基準來看待一切事物所造成的效應。這種世界觀的大轉變，堪稱是文明史上的一大事件。

未知國家「日本」的出現

◎「喪失邊疆」

在前面，我們曾提到清逐漸視俄羅斯、法國與日本為威脅，而對英國則視為相對友善的一方。之所以會產生這樣的想法，是因為這是一個殘酷無情、弱肉強食的時代——當時的帝國主義列強正搶著瓜分世界每一分土地，將之併入自己的支配或影響之下。面臨這一情況的清，在自己至今持有的版圖，或原先屬於朝貢國的地區遭到瓜分後，不禁切身感到危機。於是，他們與不那麼具有威脅的國家合作，用以牽制發生糾紛的國家，以保住自己剩下的版圖與朝貢國。若不這麼做，可能連漢人與滿洲人所居住的「中國」，也會在轉瞬之間就被列強覬覦。

若事情真演變至此，清還有辦法保住經世儒學、保護住同治中興的理想——守護乾隆皇帝輝煌的遺產，讓國家重新振作——嗎？驟然感到這種危機的洋務官僚們，為了想辦法向其他國家宣示自己對領域的影響力，於是開始試圖掌握以近代國際法為原則的排他性主權、以及宗主國權限這種新的運作邏輯。

結果，皇帝一方面要求朝貢國接受「天下」秩序，一方面同時承認朝貢國個別獨立權力的朝貢關係，就慢慢被統治與服從色彩更為強烈的近代宗主權概念，或所謂的保護國概念所取代。接著，因為清過於想表示朝貢國的附屬性質，於是開始主張自己可以代朝貢國進行外交與內政改良。結果使得朝貢國決定自身政策的空間產生了大幅縮減，從而引起了清與朝貢國之間的激烈對立。

上述的趨勢，在明治日本打算介入琉球（沖繩）和朝鮮時更是表露無遺；其最終決裂，引起了甲午戰爭。此外，自一八七〇年代後半到一八八〇年代，清也與在西伯利亞東部、以及內亞擴張領土的俄羅斯，以及想將印度支那（中南半島）收於手中的法國，產生了正面的利益衝突。對大清來說，這個時代的發展變化可說是瞬息萬變、目不暇給；同時也是一段在政治上「喪失邊疆」的過程。

◎未知國家——日本

在這「喪失邊疆」的過程中，給予清最致命打擊的國家，正是日本。當時的清，將日本看作是必須與其競爭的對手，而這個想法，對當時、甚至是現代的日本人來說，所造成的衝擊、混亂，以及迷惘，都是難以想像的。

「日本與中國互為『一衣帶水』的鄰國，中國將儒教與佛教傳給日本，雙方有著一定程度的和平且密切的關係，也必定能夠了解彼此。不管是今日還是過去，我們必定都能在和平的情況下，彼此夠敞開胸懷才對。」——這樣的想法，不過是日本人自己的一廂情願罷了。以知識的角度來看近代史的開端，我們會發現日清關係中，其實有著極大的不平衡，其原因究竟為何？

直至當時為止，清對被納入帝國版圖的漢人地區裡的經世儒學家、以及內亞藩部裡的騎馬民族，皆表現出想積極了解其歷史和地理的態度，也因此握有極為詳細的資訊。至於各個朝貢國的部分，雖然其中有些落差，不過清也掌握著它們一定程度的資料。然而，因為豐臣秀吉的進攻以及倭寇等影響，清對於日本，只看作是個「盡量敬而遠之的國家」，以及僅有微弱貿易連結的「互市」之國。結果，直至日本於一八七〇年為了締結對等條約、建立外交，而派遣使節團至清為止，清帝國基本上都是以《明史》的內容為依據來認識日本，完全欠缺積極探索現實日本動向的態度。簡單說，日本在清眼中，是一個比起遠在天邊的西洋，都還要更遠的國度。

那麼，又是從什麼時候開始，清才把日本的國家與社會放大成與自己相當的形象？筆者認為這個時間點，或許就落在洋務官僚何如璋在一八七七年出使東京，開始與多數日本人交流、直接觀察日本之後。

明治日本一面努力吸收西洋文明，一面又因為儒學知識在江戶時代滲透到了全國各地，造就日本在儒學與漢文的知識上達到了史上的高峰。在這種背景下的明治前半期中，日本所有菁英分子，對於清這個國家以及其知識分子，雖然也有如蘭學家那樣不用「中國」、「中華」，而使用「支那」來稱呼，貶低清國並非「文明之源」；不過，他們也依舊承認清所居之地為日本漢字文化的發源地，並對之深切思慕。

來到了日本的何如璋，所到之處皆受到特別款待。他和日本的政治家、經濟圈的重要人物，以及文人們，或者共浴溫泉，或者互詠漢詩，大大加深了雙方的交流。同時間，由於清國駐日公使館的館員們也得以至日本各地旅行，因此清至少可以透過這些公使館員，漸漸對日本產生正確認知。

特別是與何如璋一同前往東京赴任的公使館員黃遵憲，於一八八〇年代末期，將他的見聞與研究成果彙編為《日本國志》，並於一八九五年成書出版。這件事可以說是清在對外認知上一個巨大的歷史轉捩點。黃遵憲於《日本國志》中，主要描述了天皇與歷代武家政權的系譜、日本與隋唐等歷代帝國間的交涉、如何因應十九世紀時的外患，以及日本的地方志、名勝古蹟、風俗習慣和何如璋的交友錄。

這本著作給予當時清國讀者們最強烈印象的部分，還是黃遵憲在序文中，強烈批判各個時代的知識分子，都只把日本看作是位於海洋另一端的野蠻國家，而不去與其接觸；就連瞭解西洋狀況的魏源，也是既不明白、又不曾提及日本的內情；還有很多人把日本在遭受外患後，開始引入西洋文明的做法當作笑話來看。只不過該書出版時，清已經為

黃遵憲　曾赴任至日、美、英的外交官，著有《日本國志》。

日本所敗。就以將競爭對手放在同等地位上衡量的必要性來看，清早已錯失良機，為時已晚。

◎琉球王國的一國二主

儘管如此，清仍與日本這個未知的國家展開接觸；特別是當日本於一八七四年出兵台灣，以及一八七五年的江華島事件後，清便開始視日本為威脅。

日本之所以會出兵台灣，主要是因為近代東亞在國際秩序的重整下，逐漸形成各個擁有排他主權的國家，再加上日本國內企圖將琉球王國納入自己主權之下的強烈意識所致。

追根究柢，前近代的琉球（沖繩），其政治立場其實可稱為「一國二主」。「琉球」、「沖繩」兩種稱呼本身，就是它分別對明清或日本所使用的稱呼。沖繩（うちなー）兩字，是身處廣義日文、假名文化圈的沖繩人，為了與「大和」相對而使用的自稱。而這樣的意識，後來也成為「日琉同祖論」的基礎。

另一方面，所謂琉球，則是成立於十四世紀的明國為處理倭寇問題，而向當時的中山國國王發出諭旨，促使其朝貢，並回應其朝貢行為所給予的國號。在此之後，琉球便透過朝貢貿易，在東海交易中佔有相當分量，迎來了空前絕後的繁榮期。

一六〇九年，薩摩藩攻陷琉球，使琉球實質上成為其殖民地。薩摩將進行抵抗的三司官（輔佐國王的最高官位）謝名親方（中文名鄭迵）擄回鹿兒島處刑，也是因為看上了琉球王國的朝貢貿易利益。不過，薩摩考慮到，明國若因為看到獨立王國琉球滅亡，而取消朝貢，那麼把琉球化為殖民地的做法也就毫無意義，因此，他們便隱藏琉球已歸順薩摩的事實，命琉球繼續朝貢。

面對此狀況，明、清政府雖然早看出了琉球與薩摩的關係，但為了避開與日本扯上麻煩，以及維持作為「天下之主」的體面，於是選擇了視而不見，繼續接受來自琉球的頻繁朝貢。對德川幕府來說，琉球一面與清有所關聯、做為獨立王國而存在，一面又透過與薩摩的關係，間接地隸屬於德川幕府之下。如此的定位，對於宣揚德川政權的「威德」來說，可說是再好不過的例子。就這樣，琉球漸漸被江戶人看成是幕藩體制中的「異國」。

謝名親方利山顯彰碑　位於那霸市波上宮附近。

最能夠體現出琉球「一國二主」特性的，非琉球的王宮首里城莫屬了。建造於視野絕佳的山頂上，足以俯瞰整個那霸的火紅色正殿，令人一目瞭然是基於與北京紫禁城、首爾景福宮相同思想所建造成的宮殿。走進正殿，我們可以發現康熙皇帝的御筆匾額「中山世土」等歷代清帝授與的匾額已受到復原，當時的公文也全都以「雍正」、「乾隆」等清國正朔來記錄。不過，位於正殿左右的南殿和北殿，兩者的樣式卻完全不同；帶有日本風格的南殿，接待的是薩摩官員，而與正殿同樣火紅的南殿，則是負責接待來自清的冊封使。琉球（沖繩）的微妙立場，在這座首里城中凝縮到了極致。

首里城正殿　擁有與紫禁城、景福宮相同的構造，雖然在二戰的沖繩戰役中遭到破壞，已於 1997 年修復。

◎從琉球王國變成琉球藩

然而，就在日本為了快速蛻變為近現代主權國家、國民國家而斷然推動明治維新，清也開始加強軍備後，琉球想繼續維持它作為交界點，且具曖昧性質的政治立場，就逐漸變得困難起來。至今有許多論者，將琉球（沖繩）定位為「東亞的交界點」，其實是日本與明清關係疏遠所衍生出的附屬品。然而，在近代東亞地區秩序正式建立、日清兩國直接產生摩擦後，反而帶來了琉球王國的悲劇——至今對任何人來說都相當有利的「交界點」，最終不得不從歷史的舞台上謝幕。

近代之後，因鴉片戰爭而開放通商口岸，西洋各國開始頻繁進出東海，使得琉球的一國二主最終成為問題，導致了其國王與朝貢體系遭到廢除，並被直接改制為沖繩縣。在這個過程中，首先是美國相中了日本、琉球作為中繼地上的利用價值，因而與日本簽訂《神奈川條約》。另一方面，德川政權亦感到東海形勢迫在眉睫，絕對不能落後西洋諸國腳步，於是對幕藩體制中的「異國」琉球所擁有的軍事、通商價值，寄予了強烈的關注。

明治新政府也延續了這樣的傾向。特別是在一八七一年，日本實施「廢藩置縣」，規定全國土地一律由以天皇為頂點的中央政府直轄後，他們想將國家主權直接伸向琉球的意圖，也變得更加明顯。首先，日本以琉球隸屬薩摩為由，在名目上將其定為鹿兒島縣管轄的地區之一。接著，自一八七二年起，在明治政府要求琉球「派遣使者至東京」後，事態便一路急轉直下。當時的琉球以為自己還是像江戶時代一樣，是以「異國」的立場前去祝賀「大和」新政府的誕生，不過使節團一到東京，便收到了「命琉球王為琉球藩王，敘列華族」的詔示，琉球藩於焉誕生。

以明治政府的立場來說，由於《中日修好條規》（日文稱《日清修好條規》）剛於一八七一年簽訂，為了避免過度刺激清國，所以不將琉球從獨立的王國一口氣改制為縣，只先設置了「藩」。要是輕率地將它與其他藩一樣改制為縣，清必定會以朝貢關係為理由介入，導致日清關係產生摩擦。因此，明治政府按照近代國際法的邏輯，為了使國際上承認日本的國家主權完全及於琉球、琉球人就是日本人，以及「一國二主」的架構已經終結，因此掌握住各種機會，試圖累積既成事實。

◎出兵台灣

一八七一年時，宮古島的船隻因為遇難漂流至台灣後，船員遭到居住於台灣東海岸的原住民殺害的事件（即八瑤灣事件。此處所謂的台灣原住民，是指漢人移居台灣前，就居住在台灣的馬來裔人們。他們為強調自己與自稱「本省人」的漢人不同，而是「從一開始就住在這裡」，因而自發性地使用「原住民」的稱呼），首先被明治政府所關注。當時，日方曾因清國在台灣有派駐官員進行管轄，而對此事提出抗議，然而清國卻滿不在乎地表示：「生蕃係我『化外之民』，問罪與否，聽憑貴國辦理。」

從今日主權國家的常識來思索，我們不禁會湧現「為何清都已在台灣派駐了官員，卻還如此不負責任」的疑問。但對清來說，台灣比較像是聚集了福建一帶流民的地方，也就是所謂的「遺（移）民之島」。在移民與移民間，或者移民與原住民間天天發生土地爭奪（械鬥）的狀況下，清根本無暇關心這些語言不通、又不服統治的人。即便是試圖在萬國公法規範的國際關係中追求些許利益的洋務官僚，也無法完全擺脫「不服從皇帝的人，是他自己選擇了自我放逐，別人無法可管」的想法，這也是清會做出如此判斷的原因之一。

於是，日本政府將台灣東部定位為不存在任何國家主權的「無主地」，並按照近代國際法對無主地的「先占」邏輯（若有國家能在沒有任何人管理的土地上，實施有效的管理，那它的主權就會自然地受到承認），對「生蕃」進行懲罰性出兵；此即日本於一八七四年時，出兵台灣的真相。

面對日本此舉，統籌清帝國外交的李鴻章與恭親王，完全無法理解到底發生何事，因而顯得困窘不堪，在日方的說法面前詞窮無語。雖然他們勉強判斷出「若為歷經困難遠征的日本士兵著想，給予其禮品，令其撤兵的話，清就能夠保住『天朝』的體面」，但理所當然地，這絕非是適切的應對方式。因為「為日本士兵著想」的說法，就等於無意間承認了日本士兵來到台灣，是為了替「身為日本人的琉球人」復仇的事實。

就這樣，日本成功向清表明了「琉球人等於日本人，而琉球屬於日本領土」的「恆等式」。

◎琉球處分

後來，明治政府基於出兵台灣的成果，再次要求琉球藩完全停止冊封與朝貢的行為。雖然琉球藩也提出請願，希望能夠繼續朝貢，但想當然耳，明治政府是不可能會同意的。最終，琉球內部分裂出「親日開化派」與「親清保守派」，對立日益加深。親清派不斷派遣使者至北京，請求派遣援軍；無法坐視不管的明治政府，在一八七九年正式廢止琉球藩，改制沖繩縣。此即所謂「琉球處分」。

以上的過程，在琉球屬領宮古、八重山一帶引起了很大的風波。此處的人們不僅大量立下「絕不服從日本政府」的生死狀，更視日本警察的翻譯員為背叛者，加以殺害（由於受害者為贊成日本統治的人，因此該事件又稱「贊成事件」），社會因此顯得相當不安。

眼見這些狀況的李鴻章，為了至少保住宮古和八重山，心中升起了遷移琉球王室，使王室繼續向清朝貢的想法。於是在一八八〇年，清向前來中國旅行，途中拜訪北京的前美國總統格蘭特（Ulysses S. Grant）請求居中協調，格蘭特於是前往日本，與伊藤博文進行協商。

面對清的要求，伊藤博文提案由日本割讓宮古、八重山之地給清，但代價是清要給予日本人如歐美國家般的通商待遇。由於此提案是以領土來換取修改《中日修好條規》內容，因此稱為「分島改約案」。不過，李鴻章又再次認為，若是認同此案，輕易給予日本特權，肯定會為國內的商業秩序帶來混亂，並為近代中國的國家主權留下嚴重禍根，因此拒絕了伊藤博文的提案。

宮古、八重山，以及自古就附屬於石垣島的釣魚台列島（日本稱尖閣諸島），就這樣在毫釐之差的情況下，直到今日仍然屬於日本領土。這個案例，讓我們理解到所謂「固有領土」，在歷史中是如何被創造出來；被視為「周邊」的地區，又是如何在權力的消長中遭到擺弄。

清法俄的緊張情勢與曾紀澤的國家主權論

◎俄羅斯的東進與南進

在一連串圍繞著朝貢國激烈的情勢變動後，清國終於將日本這個未知國家看作是競爭對手，甚至是敵對國家。不過也就在此時，也面臨了來自俄羅斯的威脅。

在大清眼中，俄羅斯——特別是一八七〇年代時的俄羅斯——乃是個不遜於日本的棘手國家。不過，清俄之間直到一八六〇年代左右為止，關係大致上都算良好。因為在十七世紀不斷侵犯蒙古高原的俄羅斯，在康熙皇帝親征蒙古後，就放棄了南進的野心，於一六八九年、一七二七年分別與大清簽訂《尼布楚條約》與《恰克圖界約》後，便一直滿足於國境上的交易關係。從那之後，大清雖然將俄羅斯看作是理藩院所管轄的朝貢國，但實際上仍謹慎地以對等關係與之外交。

這樣的俄羅斯，在與英、法的關係中費盡心思的北京眼中，還是個「滿像話的國家」。

但在俄羅斯長期以來的西伯利亞東進政策，終於推進到黑龍江的左岸（北側）後，俄羅斯便在清國陷於第二次鴉片戰爭的混亂中，趁勢向英、法國調停，並要求土地割讓，作為回報，從而開始侵害起清國的利益。想要捉住任何一根稻草的清國，在把俄羅斯的侵略與調停放上天秤比較後得出判斷：比起喪失領土，不如利用俄羅斯來牽制英、法（即「以夷制夷」），因而答應割讓黑龍江左岸給俄羅斯（即璦琿條約。不過後來清國又否定了此舉，使得爭端再次發生）。

不過，在英國藉由通商口岸體制，為清國帶來利益，而俄羅斯則於一八七一年占領了新疆的伊犁後，「俄羅斯比英、法還要像話」的看法，便產生了一百八十度的大轉變。

俄羅斯之所以會占領伊犁，其背後原因無非是英、俄在爭奪前往印度通路上的「大博奕」之爭。不過，由於伊犁一直是清國管理的緩衝地帶，絕無可能受到英國影響，因此對俄羅斯來說，其實原本沒必要進行過多的干涉。

然而，一八六〇年代後，新疆地區的突厥裔伊斯蘭教徒，面對軍事統治已完全鬆散、腐敗現象四起的大清掀起叛旗，新疆頓時陷入混亂。接著，天山南路一帶由新興勢力阿古柏所建立的政權，更開始與英國拉近距離。俄羅斯深怕新疆落入英國手中，俄屬中亞將立刻陷入危機，於是在一八七一年占領了伊犁，並聲明「待清國恢復新疆的秩序後，便會撤兵」。

後來，俄、英雙方各自與阿古柏政權簽訂通商條約，讓阿古柏王國一時間看起來，似乎很有希望成為兩國間的緩衝國。不過，洋務官僚們認為不能讓乾隆皇帝所留下的神聖土地就此丟失，絕不可能坐視不管。於是，一位有力的洋務官僚左宗棠，在鎮壓了一八六〇年代席捲陝甘的回亂之後，便接著遠征新疆，殲滅了阿古柏王國。

◎伊犁條約

此時清國內部，比較了新疆情勢與東海情勢，以及覬覦朝貢國越南的法國動向，開始激烈討論起該優先海上防衛，還是陸上防衛，此即「塞防海防論爭」。討論此議題的人，主要都是有經世儒學背景的洋務官僚，他們最後得出了「所有的藩屬國與朝貢國，都應該當作是乾隆皇帝留下的遺產來保護」的結論，決定進行兩面作戰。

於是，收復了新疆南部的清國，一面緊盯日本、法國的動向，一面又與俄羅斯交涉伊犁問題，於一八八〇年簽訂了《里瓦幾亞條約》。該條約規定，俄羅斯歸還伊犁，但清國需支付五百萬盧布當作佔領費，同時也規定了對俄羅斯相當有利的割讓條件。不過後來，李鴻章將此事託付在曾國藩的兒子曾紀澤身上，與俄羅斯再度交涉。最終，雙方於一八八一年二月簽訂《伊犁條約》），成功使俄羅斯歸還伊犁，並大幅縮小了割讓的範圍。此條約的成立，清國得以減緩被日本與俄羅斯夾擊的危機，也讓李鴻章鬆了一口氣。

◎清法戰爭

在俄羅斯問題好不容易告一段落後，接下來在清、法兩國於整個一八八〇年代前半期，圍繞著越南所產生的對立中，清國再次受到了沉痛打擊。

於十九世紀成立在越南的阮朝，雖然也是大清的朝貢國，但它長期以來，就與位於北邊的巨大世界帝國有著複雜的關係。在今日河內周邊的紅河三角洲一帶，京族（又稱越族）人以農業地區為中心，不斷累積國力，後來逐漸南進，將湄公河三角洲一帶併入版圖中。為了對抗北方帝國，他們引進儒學和漢字文化，在懷抱越南風格的「小中華」意識同時，也試圖保住比東南亞的佛教國家、特別是寮國和柬埔寨還要優越的地位。然而，京族人的「小中華」，不管對是明還是清來說，都是一塊燙手山芋。當成立於十九世紀的阮朝，想以「大南國」的身分向大清朝貢時，被大清認為大南國的「大」字帶有不遜之意；改稱「南越」的提案，也因為該名與秦漢時代裡，位於今日中國南部的王國名字重複而被撤回，於是最後改封「越南」。此即今日越南國名的起源。

清法戰爭的發生，即是法國想在越南設置亞洲貿易與傳教的據點所引起。當時法國在普法戰爭中喪失亞爾薩斯—洛林，法國沸騰的殖民地主義者便把越南視為目標。一八七四年簽訂了《西貢條約》後，越南實質上成為法國的保護國。

於是，清法之間為了爭奪越南的宗主權產生對立，最終發展成全面性的戰爭。這場戰爭不僅因為法方詭譎的外交交涉手法，使得雙方遲遲無法停戰，清國也因為沒有一套統一的指揮系統，導致孤立無援的福建水師吃了一場大敗仗（受李鴻章影響的北洋艦隊在觀望形勢，未參戰），讓通往終戰的道路坎坷不已。

◎曾紀澤與近代主權國家「中國」的誕生

然而，在清國與日、俄、法等國對立日益加深的過程裡，清國只是重複著戰敗和妥協而已嗎？

難以否定地，若只單純參考戰爭與交涉的結果，會有這樣的想法也無可厚非。不過，從風浪中堅持過來的洋務官僚、通商口岸知識分子們，開始去適應萬國公法和西洋近代的事物；如此的動向，最終讓清這一世界帝國，蛻變成近代主權國家——中國。

在這個過程中，曾三度科舉失意，後來成為通商口岸知識分子的曾紀澤（曾國藩之長子），發揮了特別大的功能。曾紀澤在與俄羅斯重新交涉新疆伊犁問題時，在保住清國利益方面，立下很大的功績（伊犁條約）。在清法戰爭時，他也察覺到法國國內政治混亂，主張只要清國採取團結一致的強硬政策，就能讓法國退讓。

接著，曾紀澤將大清對藩屬的影響定義為國家主權，對朝貢國則定義為宗主權，主張清國的外交當局去適應近代主權國家與國際法的世界。因為以朝貢國為主的紛爭，幾乎一定與「具備自主性政治運作能力的朝貢國（屬國），到底算是獨立國，還是位居宗主國下的主權有限的國家」這一問題的解釋有關。故此，曾紀澤擔心，若是清國無限制地接受西洋列強或日本所主張的說法——即「擁有自主性的屬國屬於獨立國家」，那麼大清將可能會以極快的速度，失去原本擁有的朝貢國。

此外，曾紀澤也對蒙古、西藏、新疆等位在帝國版圖內、北京派有大臣進行管理的藩屬感到擔心：「若大清再不加以嚴格的定義，繼續在文書上以『屬國』稱呼它們，藩屬們也可能會像朝貢國一樣，以『自己能夠藉著自主的判斷來施行統治』為由，而被視為『獨立』。」特別是不承認清、英兩國締結的《煙台條約》，

曾紀澤　著名外交官，曾國藩之長子。

仍然抗拒英國人前往旅行的西藏，更有極大的可能，會被判斷為「大清的國家主權無法確實行使，因此是獨立國」。

因此，他認為清國有必要盡快向世界重新明示，這些藩屬並非自主、獨立，而是大清的「屬地」。由於英國在牽涉到大清藩屬各區的問題上進行交涉時，經常會以「中國主權（Chinese Sovereignty）」為前提來表示尊重，因此「中國（China）」的排他性國家主權，就必須要能遍及包含藩屬在內的整塊版圖。——此即一八八〇年代中期，曾紀澤所提倡的主張。

實際上，在此時期前後，大清也的確開始對新疆、蒙古和西藏施行了擁有強烈「直接統治」色彩的政策。在左宗棠以武力鎮壓回亂、清俄緊張逐漸緩和的新疆，清國於一八八四年施行了省制（建省）。直到清末為止，蒙古、西藏也出現了相同的動向。這意味著「大清」

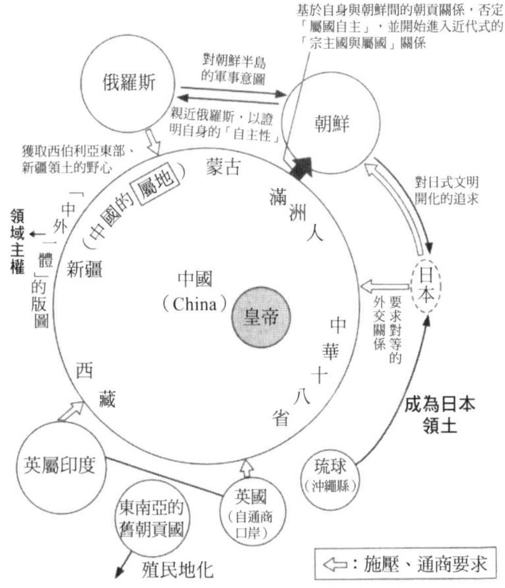

清的領域主權　包含屬於乾隆皇帝「遺產」的西藏、蒙古在內，此版圖開始被人們以近代國家的架構來看待。

作為內亞帝國而一手打造的國家體制，事實上已在洋務官僚的思想裡消失；相反地，建造在近代主權國家意義上的「中國」則已趨近完成。既然英國在與清國進行外交交涉時，已使用「China」來稱呼清國，那麼剩下的，就也只是將國號從大清正式改為「中國」的簡單問題。不過，這反而也意味著今日作為一個整體的近現代中國，並非是自古以來的「中國」或「中華民族」的國家，而是借用了西洋觀點而創造出的「中國」。

曾紀澤於一八九〇年過世。如果他的生命能夠再長一些，在甲午戰爭中同樣發揮他的外交手腕，後來的日清、日中關係，或者近代中國的外交環境，可能都會有所不同。

朝鮮問題與甲午戰爭的醞釀

◎地區秩序轉換的悲劇

透過上述的各種脈絡，各位讀者大致都能理解到，從第二次鴉片戰爭到甲午戰爭間的十九世紀後半期，形塑近代東亞地區的最大難題，乃是源自明、清的階層式世界秩序，與他們疏遠的日本所採納的、基於主權國家而建立的近代國際秩序，兩者極不相容而導致的衝突。清國雖然不得不漸漸接受各國互相競爭的近代世界，並透過這樣的秩序獲取利益，但在面子與國防上，仍想保住自己與周邊藩屬的上下關係。

不同於清國，對於不得不接受近代國際秩序的小國日本來說，自然不樂見自己周邊持續受到歐美列強與清國的強大壓力。因此，日本才會否定所有的朝貢關係、整頓琉球的一國兩主屬性、將之納入日本主權後，把所有自主國家全視為獨立國，並試圖在這當中維持、擴大日本的影響力。特別是林子平的《海國兵談》與會澤正志齋的《新論》，這些強化對俄軍備的論述曾在幕末時代風行一時。對於俄羅斯南進一直抱有極大警戒心的日本，希望朝鮮能發揮盾牌般的作用。

然而這些問題，在後來以最為悲劇的形式浮上檯面，並造成了近代東亞地區至今仍然難以抹滅的反目和對立。環繞著朝鮮的日清對立，以及最後的破局，其所呈現的結果，正是甲午戰爭。

◎朝鮮與日本的上下關係

讓環繞朝鮮的日清對立浮上檯面的導火線，就是一八七一年簽訂的《中日修好條規》。該條約主要提倡日清對等，因此與朝鮮並無直接關係。不過，想將自己和周邊各國的關係打造成對等主權國家關係的日本，想利用此條約來刺激朝鮮，試圖透過擴散效果，使清、日、朝三方變成完全對等的狀態。

這種擴散效果是怎麼一回事呢？因為此條約是清、日對等條約，因此要是朝鮮只堅持自己與清國之間的朝貢關係，而不願和日本簽定對等條約，那日本自然就能基於「朝鮮是需要向清朝貢的下位國家」這一邏輯，認定自己的地位高於朝鮮。

不過，在明國滅亡後，自負繼承了「中華」正統的朝鮮，理當不會承認自己的地位低於連朝貢都不肯的狂妄日本。對朝鮮來說，每每在德川將軍家換代時，派遣至江戶的朝鮮通信使，也是為了把朝鮮先進的文物帶給下位的日本，讓他們知曉何謂「禮儀」，簡單說就類似清派遣至朝貢國的冊封使。不過，對德川幕府來說，來自鄰國的使者，也是德川幕府「威震四方」的象徵；於是朝鮮通信使就在雙方這種自我本位的解釋下，得以持續不絕。既然如此，面對《中日修好條規》，不可能容許自己地位比日本低的朝鮮，所能採取的行動，就只有一個——與日本簽訂對等條約。

另一方面，對日本來說，必須制止朝鮮對日本的優越意識是迫在眉睫的問題。舉例來說，日本在王政復古後，對朝鮮所發布的通知中使用了「皇」、「敕」等字眼，這讓朝鮮難以容忍，認為比清國、朝鮮還卑下，連朝貢國都不是的日本，此舉可謂極盡無禮之能事。不僅如此，朝鮮更視日本採用陽曆及西式的政治、社會制度和風俗文化是野蠻人的作為。這些舉動刺激了日本，造成「征韓論」高漲，不過對國力不足、國內情勢亦不安定的明治政府來說，此時征韓論的發酵，並不是個好現象。

◎江華島事件

試圖使朝鮮坐到談判桌前討論簽約的日本，為了刺激朝鮮，於是在一八七五年派遣了雲揚號測量艦前往江華島，並與朝鮮發生衝突，此即江華島事件。

江華島是流貫首爾的漢江注入黃海出口處的一座島嶼，在島的南部，佇立著風景優美的摩尼山；這座山乃是位於朝鮮半島北端的白頭山（中國稱長白山），以及南端濟州島的漢拏山正中央的聖山。這裡有蒼翠綠蔭環繞的田園、古剎，以及恬靜的城鎮，還能享受加了海鮮或人參的馬格利酒（Makgeolli，一種濁米酒）等美食；與喧囂的首爾相較，可謂別有洞天。

不過，江華島對高麗、朝鮮來說，卻也是首都處於危難時刻的第一線。自首爾走進江華島，我們可以在它的正北方看到「江華山城」。過去，在國家因為蒙古人、豐臣秀吉的襲擊，而處於危難時期時，國王們皆曾逃難到此處，竭力抵抗外侮。從山頂的城門往北方望去，眼中便會映入因為缺乏燃料，樹木盡遭砍伐而荒涼不已的北朝鮮風景，以及因為此地仍屬國防要地，所以鐵絲網一路沿著漢江延伸至島嶼北岸的景象，令人不禁嘆息。在隔開本土的狹窄海峽的斷崖上，還四處留有十九世紀的砲台，不難想像當時的朝鮮對於試圖溯漢江而上的船隻，投入了多少的警戒。

自鴉片戰爭後，西洋各國的出現，使朝鮮受到刺激，採取了排除所有外國船隻與傳教士的「衛正斥邪」政策。當然，西洋各國出現在朝鮮沿岸的理由，與日本、琉球的狀況相同，都是為了通商或補給，想透過先占的方式，來獲取穩當的利益。當時的朝鮮王室，正處於以實際攝政的

江華山城　位於首爾西部的江華島上。（作者拍攝）

大院君（朝鮮高宗之父）為首的勢力，和外戚閔氏勢力相互對峙的緊張狀態，因此若輕易向外國妥協，皆有直接化為政治危機的可能。

於是，溯大同江而上、來到平壤的美國船隻舍門將軍號遭到攻擊，江華島則發生了與法國間的戰鬥，在在使得朝鮮與西洋各國之間的緊張不斷升溫。今日殘留在江華島上、刻有「海門防守，他國船愼勿過」字樣的石碑，彷彿栩栩如生地傳達著當時的局勢。因此，朝鮮在面對明治政府要求對等外交關係，或以「無禮」、「野蠻」為由拒絕日本的文明開化時，也是因為衛正斥邪政策的影響。

不過，到了閔氏勢力於一八七三年成功發動政變後，大院君的鎖國、衛正斥邪政策就開始產生轉換。因為江華島事件，日朝關係一時緊張，雖然朝鮮陷入了受壓迫狀態，但因為新的日清關係，而讓朝鮮地位低於日本的狀況仍需解決，於是最終，朝鮮接受了日本的要求，於一八七六年簽訂了《江華條約》（日本稱日朝修好條規）。

◎積極的朝鮮政策

在《江華條約》簽訂後，便輪到清國面臨大難題了。因為《江華條約》中，規定「朝鮮為自主之國家，日本與朝鮮相互對等」。

且對日本來說，大清雖然將朝貢國看作屬國，但那主要是基於禮儀，並不直接干涉朝貢國的內政與外交。既然清國認為「屬國能夠自主」，那在近代國際法上，就應該將其看作是獨立國才對。依此邏輯，明治政府的外交目標——日、清、朝相互對等——想必可以順利達成。

然而，清國並沒有承認自己與朝鮮對等的意思。他們認為，朝貢終究是應該遵守、實踐的行為，自己沒理由要受到朝貢國與第三國的決定所拘束。即使在世界範圍內出現的對等國際關係，已經切身影響到自己，但朝貢國終究還是屬國，而且只能甘於屬國的地位。這就是朝貢關係中的「名分」。既然如此，為了清楚劃分出上下關係、守住「天朝」的顏面，大清就必須徹底否定朝鮮這個朝貢國至今所享受的「自主」權限才行。

從一八八〇年左右開始，李鴻章在絞盡腦汁思考後，以朝鮮在驅逐外國船隻的作戰中節節敗退，且不合條約利益與西洋事態為由，計畫了由清國代替朝鮮與歐美交涉的方針。一八八一年，李鴻章將管理朝鮮事務的權限，自禮部轉至北洋大臣，也就是他自己身上，並以朝鮮屬於朝貢國（屬國）為由，主張它應該是沒有外交自主權的「中國屬邦」，試圖降低朝鮮的國際地位。

就這樣，日清雙方的想法，以及被捲入其中、失去自主權的朝鮮所產生的憤怒，使得一八八〇年代以後的朝鮮問題變得更加緊張。

◎壬午兵變

特別是一八八二年於漢城發生的攻擊日本公使館事件，以及日、清對此事的出兵（壬午兵變，韓國稱之為軍亂），更成了這段緊張關係中的重大轉捩點。

這場兵變爆發的背後原因，即是大院君與閔氏間不曾中斷的鬥爭。一八七三年，握有政權的閔氏，為了對抗大院君一直以來的各種壓迫政策，例如對基督教施壓，或是課重稅以重建景福宮等，於是漸漸把日式的內政改革作為目標，培育起日式的近代化軍隊。

可是，不僅因為兵制改革而失去工作的士兵對閔氏政權深感怨恨，現役士兵也因為拿不到適當的軍餉，而開始懷有不滿。再加上朝鮮與日本的貿易活絡起來後，國內有大量的米被用於出口，導致米價攀升，使都市民眾的反日情緒也跟著急速加劇。試圖奪回權力的大院君利用了這點；在他的煽動下，日本公使館遭到縱火攻擊。此舉引發了日清雙方的軍事介入，最後清國占領了漢城，並重新扶植閔氏政權，將大院君綁至天津。另一方面，日本則與閔氏政權簽訂《濟物浦條約》（濟物浦位於今日仁川市內），使其承認日本擁有保護公使館的駐兵權。

然而，重新掌權的閔氏政權，不僅因為日式改革引發的壬午兵變而產生恐懼，又加上仰賴清國為後盾而得以重回權力寶座，因此捨棄了親日立場，改為依賴清國，開始被人稱作「事大黨」——所謂的「事大」，指的就是「侍奉『大國』」的意思，意味著他們接受身為朝貢國的從屬立場。

經過此兵變事件，李鴻章除了清楚地將日本視為假想敵，加速強化北洋水師外，也要求朝鮮完全廢止自大院君以來的「衛正斥邪」政策。於是，在兵變事件後不久，朝鮮國王高宗就頒布了主旨為「以開國、開化為國是，雖應驅逐邪教（此處指基督教），但仍應學習西洋之器（指西洋的技術、軍事、制度）」的詔書，此之謂「東道西器論」，可說是「中體西用」的朝鮮版本。

◎不合時宜的清帝國主義

到了一八八二年九月，李鴻章以「皇帝優待臣下與屬國」的「美名」，與朝鮮簽訂了一項對清國貿易商極其有利的協定，也就是所謂的《中朝商民水陸貿易章程》。清國為了獨占朝鮮利益，在協定裡頭明訂「不得給予其他條約國最惠國待遇」；不只如此，還規定要更改此協定時，應交由北洋大臣與朝鮮國王交涉，並獲得清帝許可才得以進行。也就是說，真正擁有自主權的只有皇帝一人，朝鮮國王的地位實則同於李鴻章。接著，李鴻章將他的心腹袁世凱派進朝鮮，命他嚴格監督朝鮮的內政與外交。

從《清季外交史料》來看，李鴻章針對簽訂《中朝商民水陸貿易章程》一事的說明，對於長久以來一直享受自主權限的朝鮮人，無疑超過了其心中忍耐的極限：

> 朝鮮位於東邊僻地，貧弱已久。臣代朝鮮與美、英、德各國商定開港、通商，是為富朝鮮、防俄國、抗日本，導其風氣。再者，中國地大物博，朝鮮為最緊密之存在，亦有望成為華貨之通路。朝鮮若不解除海禁，則兩國物產過剩、互不相通，得利益者，終為東洋（日本）與西洋商船。

李鴻章之所以會有如此想法，或許與他在一八八一年應朝鮮要求，派遣招商局員（等同今日的經濟部官員）後所得到的報告有關：

（朝鮮的）礦產資源多於日本數十倍，海陸產物不劣於日本，但人心則遠不及日本剛健。求新求變，避免重蹈覆轍，非僅代表高麗可保全自己，對中朝（清）來說，亦意味能消除東方的顧慮。其小而醜陋的實情，反而值得思考，即政治因循、風俗卑下僵硬的狀態。（吳鍾史〈高麗形勢〉，收錄於《小方壺齋輿地叢鈔》。編註：上述兩段引文為意譯）

一直以來，人們在談論清與朝鮮在這時期的關係時，幾乎都會站在兩者重新確認彼此為「宗主國與屬國」的角度來看待。不過，筆者認為，有必要將李鴻章與他身邊洋務官僚那種「不合時宜的清帝國主義」也一併納入考量。

◎從甲申事變到巨文島事件

受到此情勢的影響，日本竭盡心力，支持朝鮮內部一群厭惡清國干涉的「激進開化派」。這主要是因為清國捨棄了「朝鮮雖為屬國，但仍可自主」的長期主張，而與日本如出一轍，開始站在「不讓朝鮮從屬他國，我們必須出手」的強者邏輯立場上所致。

圍繞朝鮮的情勢，就在人們爭論著如何推動朝鮮的「洋務」或「文明開化」過程中急轉直下，陷入險惡局面。激進開化派的領導者金玉均、朴泳孝等人，得知清國的福建水師在與法國於一八八四年底的戰爭中全部覆滅後，便認為機會難得，於是策劃了推翻閔氏政權的政變（甲申事變）。當時在朝鮮擔任日本公使的竹添進一郎亦參與其中。起初，這場政變獲得了成功，激進派實施了新政策，包含廢止朝貢關係，以及進一步中央集權等近代化手段。不過，金玉均等人很快又因為清國的出兵而不得不逃亡日本，日本公使館也遭到燒毀。

就在日、清關係陷入一觸即發的危機時，一八八五年春天，李鴻章在與伊藤博文進行激烈爭論後，於天津簽訂《天津條約》。該條約為防止雙方正面衝突，於是規定兩國撤兵，並在派兵時需相互照會，也就是一種最低限度的妥協。

不過，因為之後李鴻章頻繁地介入朝鮮的內政與外交，導致高宗嫌惡起清國，開始親近俄羅斯，並試圖與其簽署祕密軍事協定。李鴻章為了牽制高宗，於是任命袁世凱為「駐朝鮮總理交涉通商事宜全權代表」，完全掌握朝鮮外交實權，甚至給予他可以指揮朝鮮國王及政府的莫大權限。

在此過程中，英國對於俄羅斯想加深朝鮮關係的動向顯得特別敏感。英國為了阻擋俄羅斯遠東艦隊的通道，於是在一八八五年占領了瀕臨對馬海峽的巨文島。由於俄羅斯聲明對抗英國這次的行為，大為慌張的李鴻章於是奮力在英、俄兩國間斡旋，使兩國妥協，聲明不侵占朝鮮領地，於是英國自巨文島撤兵（即巨文島事件）。

此時的李鴻章，已然成為了「不安」的集合體。他任命袁世凱，頻繁脅迫高宗「是否知道背棄中華，會有如何下場」，更試圖將朝鮮派至各國的公使當作是清國公使的部下看待。對此，朝鮮更加主張自己是「自主之邦」，進行激烈抵抗，並執意向各國派遣使節，以證明自己的自主性。

◎東學黨起義

於是，李鴻章試圖否定朝鮮自主的想法，不僅日漸左支右絀，與日本產生全面衝突，也只是時間上的問題。要選擇對等，還是區分出上下關係，這種既無意義又不幸的爭論，自此一路扭曲了近代東亞地區的形勢。當時的狀態，可說是在等待使堤防崩潰的最後一滴水出現，讓矛盾與不信任感的激流一口氣氾濫成災罷了。

而閔氏政權的開化政策，即是這滴潰堤之水的伏筆。為了推動開化政策，閔氏政權向外國的借款，光利息就已是一筆極大的負擔；最終，就連支付外國教師的薪俸也出現了滯礙。

此外，隨著閔氏政權的長期執政，狀況加劇的買官鬻爵與瀆職問題，也讓該政權的根基產生了動搖；地方官員為了賺取購買官位或賄賂用的資金，不斷壓榨著居民。另一方面，由於對日出口白米，而使國內米價高升的問題，也引起了都市居民的不滿。

進入一八九〇年代後，不滿現狀的朝鮮民眾揭竿而起，早已成了家常便飯。特別是慶州出身的崔濟愚，在自古代朝鮮流傳至當時的薩滿信仰中，加入了救世主信仰而在一八六〇年代成立的新興宗教「東學」，更是在民眾的不安與不滿催化下，迅速擴大了勢力（之所以會稱為「東學」，是因為要與基督教，也就是「西學」對抗）。一八九三年，東學黨不僅在忠清道召集了兩萬名教徒，升起了以「斥倭斥洋」為號召的大旗，一八九四年在全羅道發起了規模更大的平民叛亂。東學黨在這場叛亂中組織了農民軍，勢力日益壯大，最終形成所謂的「東學黨之亂（日本、朝鮮稱之為甲午農民戰爭）」；此即甲午戰爭的直接導火線。

同樣也在一八九四年，因為甲申事變失敗逃亡日本的親日激進開化派代表金玉均，受到朝鮮政府刺客的誘騙而前往上海，並在該處遭到射殺。他的遺體被清國從上海公共租界引渡給朝鮮，被運至仁川，並在該處接受判決、梟首示眾。這一起事件，也使得日本國內對清及朝鮮的非難輿論沸騰起來。

◎決裂

在日、清雙方的不信任到達頂點的時局中，閔氏政權在東學黨之亂裡放棄自力救濟，轉而向袁世凱請求清軍出兵一事，可謂是最糟糕的發展。就第二次伊藤內閣的立場來說，為了「維持在朝鮮的權力平衡」，日本除了決定根據天津條約而出兵，更靠著強硬的輿論後盾，採取了「為解決朝鮮問題，不惜與清國發生衝突」的方針。日本提倡由日清雙方共同進行朝鮮的內政改革，並決定若是清國拒絕，則由日本獨自促使朝鮮進行內政改革。不只如此，他們也表示朝鮮政府依附清國的行為，違反了宣告朝鮮獨立自主的《江華條約》之第一條規定。簡單來說，若朝鮮政府不要求清國撤軍，日本軍隊就會為了確保朝鮮的獨立自主，而進軍驅逐清國的軍隊（以上政策的詳細決策過程，可參考陸奧宗光的《蹇蹇錄》）。

接著，日軍終在一八九四年的七月二十三日時入侵景福宮、推翻閔氏政權，並且廢止《中朝商民水陸貿易章程》，開始進行「甲午更張」，擁立隱居中的大院君。

就這樣，朝貢關係的存在，最終成為了日本的開戰原因，且更因為清軍的毀滅性潰敗，使得這一世界帝國的體面完全掃地。

這樣的結果，究竟該說是李鴻章的自作自受，還是「日本帝國主義的罪過」？其實都不對，因為這結果，不過是意味著清帝國「天下體系」中的內在矛盾，暴露在近代國際關係對等與平等的原則下，並悽慘地瓦解而已。在這之中的受害者，絕非是被「東海小國」日本打敗，嚐到前所未有之屈辱的大清，而是落後他人一步踏入近代國際關係，導致試圖擁有自主的願望難以實現，並在日、清兩大國之間遭到任意擺布的朝鮮（以及琉球）。或許李鴻章本人，也是在這股歷史的洪流中失去了判斷事務的基準，而被歷史擺弄的人物。

春帆樓的櫻花，就像是在撫慰李鴻章的苦澀之情一般，今日也在壇之浦的微風吹拂下盛開著。而首爾的獨立門，至今仍乘載著朝鮮人民對大清及李鴻章和袁世凱等人以朝貢關係的名分，執意否定其獨立自主之路的怨念，屹立在朝鮮土地上。

終章

末完成的清末新政

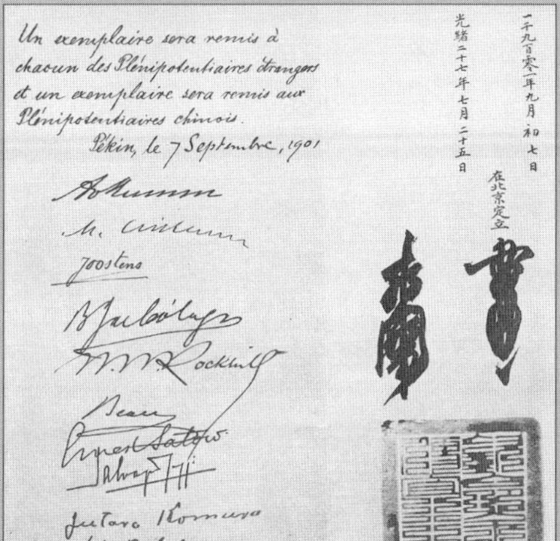
Un exemplaire sera remis à chacun des Plénipotentiaires étrangers et un exemplaire sera remis aux Plénipotentiaires chinois.
Pékin, le 7 Septembre, 1901
一千九百零一年九月初七日
光緒二十七年七月二十五日
在北京定立

《辛丑和約》　是中國近代史上賠款數目最龐大，皇權喪失最嚴重的條約。圖中可見各國代表的簽名。

自強的波瀾

◎優勝劣敗的噩夢

此時至努爾哈赤建國已約莫過了三百年。過去，大清勢如破竹般地稱霸內亞，更號令著漢人與朝貢國，然而在甲午戰爭中慘敗後，只能在列強競爭的國際關係中徬徨地死守住作為一個國家的立場，只求存活下去。

大清作為天下之主的自負心，以及自十九世紀中期以來，漢人士大夫們企圖復興傳統儒學「中華」的努力，皆因為日本這個「最遙遠的國度」而受挫。它在文化面上對「中華」、「文明」充滿了自信，但在軍事面上，承繼乾隆皇帝的光輝卻被摧毀，它究竟要如何撫慰由此而來的失落？或者說，情勢早已無可挽回，只能任由這個無法適應環境的「文明」遭到淘汰嗎？

與生物的演化相同，社會也會進化。當赫胥黎說明了「落後社會可能會被進步社會淘汰」的作品《進化和倫理》（*Evolution and Ethics*），經由一位通商口岸知識分子嚴復翻譯，並於一八九八年以《天演論》之名出版後，清末的政治菁英們便被弱肉強食、優勝劣敗的演化意象所吞沒。尤其是年輕一輩的菁英們，更認為自己會像在社會進化論的「絕對真理」所闡述般，不論如何掙扎，終究會被「優勝」的那方所吞噬，而心中充滿了洶湧的焦慮感。這樣的想法，及由此產生的悲壯覺悟，流淌在近現代中國民族主義之源。

◎三國干涉

不僅如此，這樣的恐懼感，更隨著清國在甲午戰爭後惡化的國際境遇而日趨深刻。長久以來，一直強烈希望獲得貿易據點的列強們，趁著清國陷入衰弱的決定性時機，把市場劃入自己勢力圈，同時又取得了礦山、鐵路特權，並且為了防止其他列強插手，甚至逼迫清國簽下相關條約。以不久後爆發的日俄戰爭為導火索，這場劃分勢力圈的競爭，在清和近代中國的舞台上，漸漸上演巨大的國際糾紛。

為阻止遼東半島因為馬關條約被割讓給日本，而由李鴻章努力促成的俄、德、法三國干涉，更是此國際紛爭的前兆。李鴻章認為，若遼東半島將成為日本領土，應可透過俄羅斯的主導，引起他國干涉，因此才簽署馬關條約。而因為甲午戰爭的關係，付出了高額軍事支出的日本，並沒有馬上與俄羅斯交戰的能力，於是只能放棄遼東半島。

就這樣，李鴻章的三國干涉以「成功」告終。不過就長期的眼光來看，李鴻章打算倚靠俄羅斯的想法，反而為後來的清及近代中國帶來了更大的痛苦。他想倚靠的俄羅斯，真的是一個充滿善意、對領土沒有任何野心的國家嗎？身為洋務官僚的李鴻章，過去不都將俄羅斯看作是威脅黑龍江和新疆的存在嗎？

不過，把責任全歸在李鴻章一人身上，或許也不太公平。因為在當時的北京官場裡，忽然吹起一股倚靠俄羅斯的風氣。各種提案不斷出現，像是割讓新疆的一部分給俄國，以作為俄國幫忙清國保住遼東半島的謝禮，或者是清俄共同保護朝鮮半島，以保持東三省（遼寧、吉林、黑龍江）的穩定等。當時之所以會有如此現象，其背後原因是當時俄國實力堅強，若它向新疆、朝鮮出手，清國並沒有完全抵抗的能力，因此清國認為，率先提出割讓或共同保護的作法，在給予俄國人情的同時又牽制日本，乃為上策。

◎中俄密約——滿鐵的起源

然而如此的作法，後來反而造成日、俄兩國，在自己國家的領土上開戰的屈辱。而該戰爭的導火線，即是象徵清俄蜜月期的「鐵路特權」。

當時的俄國國內，因為俄法同盟的關係，有大量資本流入。熱衷於建造西伯利亞鐵路的財政大臣維特（Sergei Yulyevich Witte），利用這筆資金創立了華俄銀行，打算為橫跨黑龍江省與吉林省、通往海參崴（符拉迪沃斯托克）的聯絡線——東清鐵路融資。想當然耳，俄國建造此鐵路的目的，無非是想能夠快速移動軍隊，以戒備位於遠東的日、英之威脅。到了一八九六年，俄國邀請李鴻章前去參加尼古拉二世的加冕典禮，並順勢以清俄共同對抗日本威脅為交換條件，讓李鴻章認可將東清鐵路的鋪設權與經營權，交付給華俄銀行。東清鐵路的主幹線於一九〇四年開通；不只如此，俄羅斯還在一八九八年租借了位在遼東半島尖端的旅順與大連，並且開始興建從哈爾濱到大連的鐵路。

俄國建設東清鐵路，以及擴充海參崴、旅順軍港的行為，會給予日本多大的刺激，自是不言而喻。李鴻章對日本的深刻怨恨，讓他對俄羅斯投入了過多期待，結果反而使得滿洲人的故鄉，與朝鮮同樣成為帝國主義列強角逐勢力的戰場。

在日俄戰爭後，日本不僅租借了旅順以及大連，更獲得了東清鐵道在長春以南的經營權，以及鐵路沿線上的附帶土地、礦山的管理權。之後，日本為了統一經營上述資產，於是新設了一間叫做南滿洲鐵道（滿鐵）的公司（國策會社）。滿鐵，自此便在過去滿洲人縱橫馳騁的曠野中，創造出了一個迥然不同的西式近代空間；以堪稱「國中之國」的規模來擴張的滿鐵以及附隨而生的日本特權，則在未來持續成為皇姑屯事件（張作霖暗殺事件）、九一八事變，乃至於日中全面衝突的原因。

另一方面，滿鐵所採用的技術，對當時國土狹小的日本來說，是完全無法實現的全新技術。

二次大戰後，回到日本的滿鐵相關人士，不僅經由自己的手打造出了新幹線，如今也透過東北新幹線車輛的授權生產，以「和諧號」之名，運行在中國的大地上，成功地「回娘家」。還有什麼能比這更能象徵中國與日本間在甲午戰爭後，極為錯綜複雜的關係史？而名為「和諧」的列車名稱，又究竟有沒有辦法化解日中關係裡的糾葛？

◎「戊戌變法」的失敗

讓我們再將話題拉回到甲午戰爭後的情勢上。在日本提出的賠償白銀兩億兩，以及割讓台灣、澎湖與遼東半島，和擴大通商利益的馬關條約內容傳回清國後，「拒絕和平、彈劾李鴻章」的奏文，便頓時湧入北京。

在這當中，身為高級官僚之一的康有為，還提出了六百零三人共同連署的「公車上書（此處的公車，是以優秀的成績通過科舉考試的官僚才會有的稱呼）」。其內容除了建議遷都外，也在「變法自強」的名義下，追求各方面的革新。

康認為，藉由洋務的再擴大，以達成徹底富國強兵的行動已迫在眉睫，因此他主張人們應完全屏除過去多數的士大夫心中所抱持的態度，就是把西洋學問看成只有少數通商口岸知識分子才會去學習的卑下之學。就康有為所見，「由皇帝一統的世界」基本上是以農業為國家基礎，而「列國競爭的世界」則是以工業、商業為立國基礎。

於是康有為在自己的著作《孔子改制考》中，表示「孔子非屬教條主義之人，而是配合春秋戰國時代，來訂定制度的改革派人物」。同時向世人宣揚，如果要在今世發揚此精神，則不單是西洋技術，更要將西洋一切知識與儒學傳統相互結合，試圖讓更多的士大夫了解西洋學問的重要性。

後來，康有為組織了名為「強學會」的政治團體，會長為清末代表性的洋務官僚張之洞，曾在李鴻章底下展現過幹練作風的袁世凱亦參與其中。接著，後來成為近代中國民族主義最大功臣的梁啟超，也當上「強學會」的編輯主任，發行了《強學報》。這股思潮為當時的青年士大夫帶來了巨大影響；亦

康有為　戊戌變法的中心人物。

是自這個時期起，近代中國把來自西洋的「發展」作為至高命題的意識，開始與日本的富國強兵政策產生密切連繫。或許可以說，這個「強」字，正代表著貫徹近代中國民族主義的中心思想。

在變法自強的呼聲高漲下，一八九八年夏天，光緒皇帝主動制定了正式政策，開始朝立憲制的方向進行全面改革（戊戌變法）。不過，光緒皇帝和變法派在權力尚未穩固的狀態下便急於推動制度改革，於是立刻與滿洲貴族等既有勢力產生了利害衝突。

光緒帝

變法派提出了「滿漢不分」的目標，希望能夠跨出當時以滿洲、蒙古人為中心的特權階層、以漢人為中心的科舉官僚、以及自通商口岸產生的新知識分子，三者間涇渭分明、各自為政的框架，選出更為優秀的人才。不過，不言而喻，若迅速而徹底採用這個原則，當時已呈現顯著凋落狀態，亦對西洋知識不甚理解的旗人，將會失去其地位。於是，不喜見到皇室權限因立憲而縮小的慈禧太后，與擔憂「滿漢不分」的保守派共同發起政變，使戊戌變法在短短百日內就宣告失敗。

這樣的結果，雖造成康有為、梁啟超被迫逃亡日本，但他們所描繪的強國之夢，反而因為獲得了「日本」這個舞台，而掀起了更大的風波。

◎日本——孕育近代中國的搖籃

就在這個時期，擔任「強學會」會長的洋務官僚張之洞，發表了《勸學篇》，呼籲前途光明的年輕學生到日本留學，引起了熱烈回響。張之洞強調，日本之所以能夠國勢興隆，躋身列強之林，是因為年輕學子充分發揮了他們在歐洲留學的成果所致，鼓吹「入外國學堂一年，勝於中國學堂三年」。

張之洞的親日留學論，背後其實有日本外交陣營的用心運作。日本外交曾因三國干涉而受過打擊，參謀本部於是特別擔憂歐洲各國今後的動向，因此積極地對張之洞這位後李鴻章時代的改革派代表人物，灌輸日清合作論。

到了一八九八年，日本方面更創立了以經濟、教育、文化活動為中心的日清合作。以確保日本國際地位為目標的「東亞同文會」，當時的會長近衛篤麿（貴族院議長），一面警戒著列強在甲午戰爭後的勢力分割動向，一面提倡「保全支那」的概念。十九世紀末，日本與清國變法派，一方緊盯西洋列強，一方急著富國強兵，雙方跨越了甲午戰爭所造成的深刻龜裂，急速地靠近。

為何留學日本能「有效」達成富國強兵的目標？就張之洞的看法，他認為日本與清國不只距離相近，也同樣使用漢字，因此有著文化上的相似；最重要的是，日本早已咀嚼過西洋龐大且複雜的學問，已經幫清國加上了解釋。

站在變法最前線、引導著眾人的康有為、梁啟超等人，也思考著相同的事情。未能成功發動變法的梁啟超，在逃亡到日本後，使用了自己創造的「和文訓讀法」（即只憑簡易日文文法，按漢文訓讀體的一些漢字以中文文法顛倒讀之、推其大意來解讀日文），集中翻譯了西洋及日本的各種社會科學論述，並透過他自己創刊的《新民叢報》，向世人宣稱變法是個不可推遲的緊要課題。

梁啟超在以《變法通議》為題的文章中，更舉出印度、土耳其等國家正因為是「守舊之國」，所以才走上了成為英國領地、被列強蠶食的命運；而越南、緬甸、朝鮮（原文為高麗）等「中國的藩屬國」，則「染上不良的風氣，為政治帶來弊害」。透過這些例子，他鮮明地表示出，若不能自行求變，恐將陷入何種後果。接著，梁啟超以幾近「法則」的方式，說明如果要避免那樣的未來，就必須向「成功『自變』」、「奪我琉球、割我台灣」的日本學習才行。

就這樣，即使日本的近代與中國的近代，產生了侵略與抗爭等難以抹滅的問題，但兩者終於在明治維新、文明開化、殖產興業、富國強兵等基本價值上有了共識。日本與近代中國之間的問題，即是兩個對西洋抱有相同煩惱的後進國家，在競爭優劣與地位先後上的問題了。

在這之後，當義和團事件，清末新政（改革）廢止科舉制度，以及日俄戰爭等重大事件發生時，就會有大量追求自強的留學生前往日本，汲取西洋近代知識。

義和團事件與日俄戰爭的衝擊

◎義和團事件

然而，在慈禧太后剛成功發動政變後的北京政界中，因為變法動搖了既有的儒學社會以及滿洲人的立場，後者的反彈，使得排斥西洋的風氣瞬間高漲。

而彷彿正好在呼應該動向般，華北一帶的不穩情勢也日益升高。當時，黃河流域受到氾濫侵襲，產生了無數難民，人民窮困的程度日趨惡化。另一方面，自列強進口的棉製品、燈油等日用品滲透市場，造成經濟上的巨大落差；痛切感到彼此差距的人們，將不滿指向了外國傳教士，造成國內頻繁發生傳教士、教會遭遇危害的事件（教案）。

最終，在社會充滿不安的時期裡，出現了一群學習過拳法、武術的農民所組成的自衛集團。他們不只向《三國演義》或《西遊記》等通俗小說裡登場的角色，或者是向道教神明尋求救贖，而且還用一種催眠術，堅信自己「刀槍不入」、乃是不死之身，從而不斷在華北一帶進行排外暴動。此即義和拳，也就是後來的義和團。他們和史上大多數的農民叛亂並不相同，並非為了打倒當政者而引發暴動，而是打著「扶清滅洋」的目標，在幫助清國的大義名分下，襲擊教會與基督教徒。故此，如何定位義和團的行為，便成了慈禧太后和當時的官員頭疼的一大問題。

若要在此時推動排洋政策，高舉著「扶清」旗幟的義和團便相當可靠。且清國因為甲午戰爭，遭到了難以彌補的財政打擊；要壓制各地頻起的其他叛亂，就不得不依賴地方軍事力量（團練）。那麼，是不是只要在適當的時機下拉攏義和團，並且為他們的行動，給予一個國家的許可就行了？

但另一方面，此時的清國早已是由各個主權國家所構成的國際關係中的一員。即使列強的壓迫從未遠離，但是徹底遵守國際法、保障外國人的合法權益，不也是保住自己的國際地位不可欠缺的行為嗎？

就這樣，北京的政界在如何處理義和團的議題上完全分成了兩派。長期身為李鴻章的部下，並在華北地區有著絕大影響力的袁世凱，則站在支持變法以及強化清國與西洋列強之間關係的立場，打算徹底鎮壓義和團。後來，義和團以更狂暴的氣勢破壞教會、鐵路、電線等來自西洋的物品，當他們於一九〇〇年春天抵達北京後，軍機大臣更視義和團為「義民」，歡迎他們的到來。

最終，慈禧太后支持了義和團，並向列強宣戰，使得位於北京的各國公使館轉瞬之間就遭到義和團包圍。

面對這前所未有的事態，列強組織了八國聯軍，進占北京（兵力有一半為日軍），對列強的軍事力量感到

義和團團民

義和團團民　一個拿著旗上寫著「欽命義和團糧臺」字樣的義和團拳民。

恐懼的慈禧太后，不得不用近乎是「綁架」的形式，帶上光緒皇帝逃往西安。最後於一九〇一年簽訂和約，也就是《辛丑和約》（日文稱北京議定書）。和約中，清除了被要求支付遠超過甲午戰爭賠償金的四億五千萬兩，還須在北京劃定公使館區域；為了保證外國使節能在北京與天津港口之間的自由往來，更被迫承認各國軍隊的駐留。這條允許日軍派駐北京（後來的北平）及天津的規定，也為之後一九三七年盧溝橋事變中，日中兩國軍隊爆發衝突的事件埋下了伏筆。

◎清末新政的起步與「武士道」

就這樣，自慈禧太后發動政變以來迅速

紫禁城裡的八國聯軍

成長的排外、保守派完全失勢，要公開正面反對變法、自強也變得相當困難。於是在一九〇一年以後，清國開始了由上而下，從教育、立憲、軍事三方向改革的全面近代化運動——新政。就結果來看，這個運動推動於清末，因此被稱為「清末新政」（或稱晚清新政）。

不過，與戊戌變法相比起來，清末新政最初的推動並不快速。

即使如此，教育與軍事改革仍迅速地開始進行。特別是在教育面，在收到張之洞等人的改革提案後，清國廢止了科舉考試中固定格式的文體（八股文）、整頓了以京師大學堂（今北京大學）為頂點的近代教育，以及給予海外留學生科舉頭銜等，使得至當時為止皆以儒學、科舉為中心的漢人知識傳統被迫產生變化。最終，科舉制度在一九〇五年廢止，透過學問以揚名的道路，就此統一在近代教育體系中。

於軍事面，清國深刻感受到自己會弱化與打敗仗的原因，是因為其軍事力量分成八旗、綠營、北洋軍、地方軍等，既多且雜，而彼此之間又沒有統一的指揮體系。於是統一軍事組織，以及改善軍人的素質，就被定為眼前要務。一九〇一年，清國廢除了等同於軍人科舉考試的「武舉」，設立武備學堂（相當於軍事大學），接著又於一九〇四年效仿日本，實施了近代軍事制度。不過由於這一變化，也給予因為騎馬民族時代的閉幕，而陷於低迷的滿洲人、蒙古人最後一擊，因此清國額外採取了將貴族、王公子弟再教育成職業軍人的補救措施。此外，清國亦開始採取「招募身體健康人士，以適合操作近代兵器」的做法，使得流民或吸食鴉片者失去了成為軍人的資格；而原以留學或進入新式學校為目標，後來卻未能實現夢想的年輕士大夫們，開始自發性地希望成為「自強」的推手，一口氣湧入了從軍的道路。

自此時開始，自古以來總將「成為文人，出人頭地」作為最高價值的漢人社會，開始有許多人把注意力放在「透過成為軍人出人頭地，來拯救自己社會」的新價值上。不過，在儒學傳統影響下，還是難以完全將「武人」的身分定位為至高的存在。

於是，他們發現了一種被認為是引導明治維新與日本近代化走向成功的原動力——武士道，一種融合了節儉與忠義的精神。特別是梁啟超，在他逃亡的日本寫出《中國之武士道》等作品。他主張中國歷史上的武人與日本的武士道，其實有著同樣的精神；「武」與「強」的精神乃密不可分，是漢人最應該自豪的「傳統」。此外，他表示人們會失去武士道精神的最大原因，是因為自漢開始，皇帝的專權統治就連綿至今，讓人們失去了自由闊達的精神。這無非是「傳統」在外界的刺激下，被重新賦予一個新定位的代表事例。而當「武人」們開始在「傳統」與「近代」之間擺盪，並表現出獨立不羈且拒絕成為專制權力支配道具的那一刻起，以「天命」為名的政權，其「正當性」也被敲響了喪鐘。

另一方面，受到日本武士道刺激的清末年輕菁英們，如果情況許可，他們就會自然而然地想去武士道的「發源地」，探究如何成為「真正的軍人」。於是，清代留學生中大量出現了想進入日本陸軍士官學校的風潮，而日本也積極地應對此趨勢，設立了「振武學校」。值得注意的是，之後在新時代叱吒風雲的蔣介石，亦曾透過振武學校，進入陸軍士官學校就讀。

◎日俄戰爭帶來的思想衝擊

與教育面、軍事面推動的新政相比，當初新政在立憲面上並未有大幅進展；此外，因為逃亡海外的人或留學生所獲得的新知識慢慢滲入清末的社會，這使得清末社會又掀起了一股大風波，甚至再次陷入動盪。

在這過程中，日俄戰爭更成了引起該動向的決定性事件。日俄戰爭的勝利，將「立憲勝過專制」的鮮明訊息傳遞到整個非歐洲地區，包括遭到俄羅斯威脅的鄂圖曼帝國與波斯等地，後者也出現了近代化現象，更出現了自認可以勝過列強的信心；這也是長久以來，伊斯蘭教圈中親日觀念的主要基礎。同樣地，清末的菁英們也因為日本的勝利而受到莫大刺激，進一步點燃他們心中要追求立憲制度及富國強兵的使命感。

當時，離清國遭受甲午戰爭的屈辱，以及三國干涉還遼，才僅僅過了十年時間，然而清末的菁英們卻不惜讚揚戰勝俄國的日本，這到底是為什麼？此舉動的背後，隱藏著已掌握東北地區鐵道特權的俄羅斯，又趁著義和團之亂爆發時，佔領了更大的滿洲地區，且不接受清國要求歸還的背景。在英日同盟於一九〇二年締結後，雖然俄羅斯感受到了日、英兩國的壓力，而與清國簽訂了《交收東三省條約》（日本稱「滿洲還付條約」），然而俄羅斯事後卻違約，使得清末菁英分子心中的反俄情結更加高漲。最後，在透過《朴資茅斯條約》確認了清國在此的主權後，才終於讓他們大吐一口心中的怨氣。

不過，這一場戰爭，不僅踐踏了滿洲人的故土，也因為清國是透過日本之手來恢復滿洲的主權，因此仍引起了清國知識分子複雜的反應。而從俄羅斯手上接下鐵道權力的日本，並以高壓的態度使清國承認的做法，亦激起了不小的漣漪。

因此，日俄戰爭並非單純是象徵「立憲勝過專制」的一大事件而已，它同時也在清末菁英分子的心中，種下了「如果不能自立自強，就算是自己的領土，也會成為強國手中玩物」的危機意識。

也在同個時期，在北美，因為華僑收取低廉報酬進行工作，造成白人勞工失業，使得排華問題與「黃禍論」不斷升溫。對此，清國則也試圖抵制美國商品來加以「回敬」。

時代已然進入了黃種人與白種人相食的世界——這正是日俄戰爭或黃禍論所呈現的現

實，也是一種教訓。

於是，即使對於日俄戰爭的結果感到些許遺憾，但一九〇五年以後來到日本的留學生數量還是大量增加，每年多達數千人。他們學習明治維新的成功經驗，試圖實現團結黃種人的理想。考慮到當時的交通便利性完全無法與現代相比，這樣的規模堪稱可觀。

◎過熱的立憲爭論

另一方面，清國從一九〇五年開始，便以眼花繚亂之勢展開的立憲之路（預備立憲運動），又是怎麼一回事？

首先，到了一九〇五年底，清國學習日本在明治維新後，馬上派遣岩倉使節團至歐美的事蹟，也派了五名大臣至歐美日視察。大臣們在各個國家中，深刻見識到了立憲政治的現狀。整體來看，他們的視察報告書多在強調立憲的益處，而據說報告書的製作上，則與當時正逃亡日本的梁啟超有深切關係。

舉例來說，以考察憲政大臣身分被派往日本的滿洲貴族達壽，就藉由日本的立憲政治，如此分析世界情勢（出自《東方雜誌》一九〇八年第八期）：

今天下，一國際競爭之天下也。國際競爭者，非甲國之君與乙國之君競爭，實甲國之民與乙國之民競爭也。故凡欲立國於現世界之上者，非先厚其國民之競爭力不可。國民之競爭力有三：一曰戰鬥之競爭力、一曰財富之競爭力、一曰文化之競爭力。備此三者，而後帝國主義可行。帝國主義者，聚全國人民之眼光使之射於世界之上，高掌遠蹠，不為人侮而常欲侮人，不為人侵而常欲侵人。故軍國主義者，即戰鬥之帝國主義也。殖民政策也，勢力範圍也，門戶開放也，利益均沾也，關稅同盟也，即財富之帝國主義也。宗教之傳播，國語之擴張，風俗習慣之外展，即文化之帝國主義也。

夫立憲之國家，其人民皆有納稅當兵之義務。以此二義務易一參政之權利。君主得彼之二義務，則權利可以發展，國民得此一權利，則國家思想可以養成。斯時也，君主又為之定憲法，為臣民權利之保障。而臣民又得於國會，協贊君主之立法，及監督國家之財政。上下共謀，朝野一氣，一休一戚，匪不相關。

此文句中所展現出的願望和心態，與其說是「身為弱者，而高舉正義大旗，必須實行富國強兵、積蓄實力」，不如說是為了讓自己不被歸類在弱者中，而想作為一個強者，加入剝削弱者的一方。

此外，在圍繞著立憲議題而不斷湧入北京的奏摺中，多數也主張藉由近代的媒體來養成「愛國」精神的做法。例如，從導正人心、養成愛國心的基礎在於宗教這點上，奏摺中出現了許多要求以孔教為主軸，師生前往孔廟拜祭、唱歌，從經典中解說忠君、愛國、自強要義的說法（在後來的中華民國時代，康有為則以這想法為基礎，發起了「孔教運動」），以及像日本小學一樣，在加減算數的題目中使用軍艦、軍隊的字眼，或是採用軍服來當學生服的說法（中華書局《清末籌備立憲檔案資料》）。

透過上述，我們能發現近代中國對於近代日本的關注，尤其是在「軍國主義」或「帝國主義」一面。這層關注，也代表著兩國在近代化思想上的相似性與連續性。

◎清末新政的意義

在「立憲強國」的觀念逐漸深植人心後，一九〇六年秋天，隨著「大權統於朝廷，庶政公諸輿論」這幾乎照抄日本「五箇條御誓文」的宣言，清國終於決定改制立憲。他們廢止了以「六部」（除吏、戶、禮、兵、刑、工各部外，還有自總理各國事務衙門改設的外務部）

為中心的既有官署，改設十一部。

一九〇七年夏，中央與地方分別設立「資政院」與「（各省）諮議局」，實行了為快速收集民意，建立更好立憲政治之措施。至一九〇八年秋，清國發布憲法草案《欽定憲法大綱》。其第一條規定「大清帝國皇帝萬世一系」，也明顯參考了《大日本帝國憲法》。

特別是在各省的諮議局中，更出現許多要求盡早正式開設國會，實現行政需對立法負責的責任內閣制的請願活動（一九一〇年，共四次）。而之所以有這樣的請願，是因為中央的民意統合機關（也就是資政院，國會的準備機構）的權限仍然薄弱，而且皇族或滿洲、蒙古貴族更佔有議員半數以上的席次[1]。在這樣的局勢下，好不容易有所成果的新政，如果因為政府的應對失當，而走錯一步，則會再次造成莫大傷害，於是清國把原定為九年的國會開設期限提前三年，提早到一九一三年進行。

再來，到了一九一一年，《憲法重大信條十九條》問世，將皇帝的權力限定於憲法範圍內。這意味著皇帝權力將受民意所限制，並受到民意監督，這內容超越了《大日本帝國憲法》，可謂相當創新的概念。

不過，上述的發展過程，最終仍因一九一一年爆發的辛亥革命，以及清國的覆滅而中斷。而成功發動革命的中華民國與中華人民共和國，則長期以來將清末新政定位為「應該從歷史舞台上消失的封建王朝，為了延命而採取的緩兵之計」。

不過，如果清末新政只是緩兵之計，那麼為何占據各省諮議局這一民意機關的士大夫，及自日本留學歸國的人們，要批判政府推動立憲制度的過程太過緩慢，頻繁地催促著加速改革呢？即便這項改革的態度曖昧，是政府為了自我保護而造假的「改革」，但從最終定案的立憲方針來看，仍然可以視為這群人為了追求富國強兵的理想，試圖打造「一個透過民主的立憲政體來團結一致的新國民國家」，這一欲求終於獲得重大解放，並且開花結果。

瓦解

◎蒙古與西藏的情勢

清末新政雖然形塑了新的國民國家，卻在另一方面產生了巨大的負面影響。這種負面影響最集中的地方，就在長久以來作為大清藩屬而受到優厚待遇的蒙古及西藏。

就如同先前提過的，蒙古和西藏都是組成大清帝國的重要元素。不過，對洋務官僚來說，騎兵在當時已無用武之地，而以佛教為由、拒絕通商的西藏也被認為愚昧落伍。同時他們也認為，許多男性出家的「喇嘛教」並不適於各國以工、商業進行國力全面動員的時代。於是蒙古人、西藏人所居住的廣袤地區，就成了應該被重新塑造成均質國民國家的一部分，以及「殖產興業」的舞台。

特別是從一九〇五年開始，以富國強兵、殖產興業為目標的新政，便積極要在蒙古、西藏推行。打造均質的國民第一步，就是認為要統一語言與思想的流官們，提出了推進蒙古、西藏人的漢語教育與儒學教育的政策。另外，在過去由蒙古各盟旗的王公，或是由西藏達賴喇嘛政權、土司、寺院等統治管理的區域，都一個個地遭到否定，改由北京的中央政府所派遣的官員來管理，就連行政方面，也被認為應與全國一致（即「改土歸流」，廢除土官，改派流官）。當時亦以明治日本在推行近代化時實施過的「廢佛毀釋」為例，推行了逐漸遠離佛教——或說是「落後的喇嘛教」——的方針。

清國之所以在內亞推動新政，其背後重要原因，即是英、俄兩國圍繞著西藏，自十九世紀持續到二十世紀初的對立。暴露於英國威脅下的西藏，同時對厭惡佛教的李鴻章等洋務官僚不滿，為了尋找一位新的保護者，而請布里亞特（在當時已成為俄羅斯領土）的僧人阿格旺多傑（Agvan Lobsan Dorzhiev）作為中介，開始接近俄羅斯。這對於英屬印度來說，意味著俄羅斯將可從喜馬拉雅山山脈正北方直搗印度，乃是最糟的事態。不僅如此，這也將使得英國在清政策上的基本前提——清國可對西藏行使影響力（主權）——產生動搖。

於是自一九〇三年冬季開始，英屬印度當局便派遣了榮赫鵬（Francis Younghusband）武裝使節團前往拉薩，直接與西藏軍正面衝突。因為藩屬的擅自行動，嚴重造成國家主權的傷害，這個結果讓清國勃然大怒，認為更應該將所有權力集中於北京，對國民的意志進行統一的管制才行。

◎何謂「中華民族」？

對西藏人、蒙古人來說，清末新政這種

江孜宗山城堡　1904 年，此處因英屬印度軍侵入西藏而成為戰場。

無視其自主性的作法，終究令他們難以接受。畢竟否定以藏傳佛教為中心的社會，不就等同在否定歷代皇帝保護佛教的作為嗎？既然如此，西藏或蒙古又何必要被併入「中國」或「中華」之中？

然而這個問題，對於歷經十九世紀經世儒學薰陶後的官僚知識分子來說，清、中國、China三者相同的意象，早已通過「乾隆皇帝神聖版圖與領域」的一體性，以及清國與西洋間的外交而不證自明。除此之外，就像本書在序章提過的，在梁啟超的「中國史」構想中，也能看到當時包含在大清（中國）治下的諸民族，其治亂興亡都被一併放入「中國史」這一連續性的架構裡。然而，在這種認知架構的形成過程裡，蒙古人與西藏人並未參與其中。對於這些一直以來只是尊敬皇帝、接受皇帝存在的人，忽然要求他們說「從今以後，你要學漢字和儒學，然後成為均質的中國國民或是臣民的一部分」，不管是誰都難以接受吧！

於是，新政在蒙古人、西藏人眼裡，就漸漸被看做是「解散既有的佛教中心社會，強制與漢人同化」的政策。像是北蒙古（今日的蒙古國），就發生了獨立運動，而西藏人也和川滇（即四川、雲南）邊務大臣趙爾豐的軍隊，產生了激烈的摩擦。後者試圖透過武力來強行推動西藏社會近代化、打壓佛教。如此的摩擦現象，讓大清與蒙古、西藏人之間的應對變得更加強硬，最終，它們不是趁大清毀滅時宣布獨立（蒙古），就是走上實質的自立之路（達賴喇嘛政權）。

就這樣，以漢民族為中心的「中國民族主義」與「周邊民族」之間的關係，在這個帝國蛻變成近代國家的過程之初，就碰上了嚴重的挫折。

於是，用以取代「漢民族國家論」而出現的，就是之後的中華民國及中華人民共和國所創造出來的「中華民族」這個國民共同體的概念。「中華民族」，在涵蓋滿、漢、蒙、藏等多數民族的目的上，確實有其多元性存在。亦即，在漫長的「中國史」中，各個民族透過彼此互相複雜的交涉、交流，共同分享生活空間與命運，最終共同產生抵抗帝國主義的「中華民族」意識；這樣的話，或許就能夠發揮出與單一民族國家相同的力量吧……？這種想法，無非是為了填補存在於現實與理想間的嚴重差距，透過諸多的妥協，試圖創造出具有「多民族性質的單一民族」罷了。

而被指定為「中華民族」裡屬於「少數」民族的人們，雖然對於漢人主導的「中華」、「中國」國號感到不滿與不習慣，但在清末新政的非高壓政策下，他們也並未抗爭，有時反而會採取試圖享有實質利益的反應。不過，二十世紀以來，在孫文、毛澤東等人透過積極推動少數民族的漢化（或說是在社會主義化之名下對民族個性的否定），認為完全消除「中華民族」內部的差異才是正確的想法逐漸成為主流後，不必要且不幸的流血對立便絡繹不絕。

◎排「滿」的邏輯

清帝國之所以能長年保有其巨大版圖，是由於滿洲皇帝針對各個文化、民族的狀況而做了不同的考慮與處理之故。不過，清末新政取代了這種由上自下的原理，轉而推動「由下而上」促進國民形成的方式，讓「中國」的皇帝，經由立憲制度受到民意的推舉獲得正當性，藉以達到統合國民國家的目標。然而，為了實現這種「由下而上」的方式，必須透過「由上而下」的指導來改造社會。這成為後進國家在推動近代化時的典型煩惱與矛盾。

如此一來，接下來要面臨的，就是思考在國民平等的理念中，滿洲皇帝，以及其他滿蒙貴族、旗人或藏傳佛教的活佛等，是否可以繼續享受特權的問題。更有甚者，滿洲人及其專制支配，不僅在明末清初的混亂中使漢人備受屈辱，更藉由數次的鎮壓與錯誤的政策而陷漢人於苦難與混亂，造成漢民族萎縮，因此是否應該繼續容忍滿洲人統治下去呢？創造出嶄新「中華傳統」的漢人菁英們逐漸開始相信，不將滿洲人從權力的寶座上驅逐，則「中國的自強」將永不可能實現。

特別是排滿的革命派，他們更把至今支持著滿洲人統治的漢人洋務官僚，以及後來以「立憲」的美名，試圖將滿洲皇帝固定於「萬世一系」名下的立憲派（即變法派，特別是康有為與梁啟超）視為敵人，並稱他們為「漢奸（背叛漢族的人）」。

洋務、變法派的目標，是希望大清實質上成為結合儒學、漢字文明與西洋文明的新國民國家——中國，並讓滿洲人與蒙古人成為支持這個國家不可或缺的存在。不過對於革命派來說，滿洲人並不單單只是野蠻的、實施高壓的外來勢力而已。就如同雍正皇帝的《大義覺迷錄》中提到的，滿洲人嚴正表示自己終究屬於「外國」，並且為了保有固有的習俗，曾致力於防止族人同化為漢人。因此他們認為，滿洲人無非就是抗拒「中國」，寄生在漢人身上的禍害。

舉例來說，汪兆銘（汪精衛）這位曾留學於法政大學的年輕排滿革命理論家，就在革命派的官方刊物《民報》創刊號之開頭論文〈民族的國民〉中，徹底地揭露出橫亙於滿洲人與漢人之間的矛盾。汪兆銘斷然認為，如今要讓中國這一國民國家獲得生存空間，只能在漢人擁有壓倒性優勢的狀況下，讓滿洲人放棄權力，並與漢人同化才有可能實現。亡命日本、持續探究漢民族革命之理論的知識分子章炳麟（章太炎），也表示無法共有民族精神，屬於「異種」、「外國」的滿洲人，應將其排除出中國之外；至於蒙古與西藏的歸趨，則應交由他們自己決定，反倒日本才是與漢人作為同族，應該聯合起來的對象。同樣學習儒學、自過去就是朝貢國的朝鮮、越南等，則理所當然的是中國的一部分。作為近代國民國家的中國該有怎樣的型態，就這樣直到清末為止，一直眾說紛紜，莫衷一是。

◎孫文與中國革命同盟會

在排滿革命的趨勢愈來愈明顯後，身為革命新星的孫文（字逸仙，號中山）登上了時代舞台。出身廣東的孫文，藉由兄長的幫助來到夏威夷學習近代知識，並因此深切感受到自身與歐美間的落差，更加確信「不驅逐滿洲人，漢人就無法復興」的想法，於是在一八九四年，他於夏威夷創立了以「振興中華」為號召的「興中會」。後來，孫文歷經逃亡倫敦時遭清國公使館綁架、獲得英國輿論支持才得以奇蹟脫身的過程，以及在日本與宮崎滔天、犬養毅等泛亞主義者的交流，再加上和南洋、北美華僑關係密切的人脈，世人便逐漸將他看作舉著排滿大旗的漢民族革命先鋒。

透過孫文的努力，一九〇五年，以推翻清國為目標的革命家與留學生在東京大團結，成立了中國革命同盟會。同盟會的綱領為「驅逐韃虜（野蠻的滿洲人），恢復中華，創立民國，平均地權」。孫文在同盟會的官方刊物《民報》創刊詞中，強調了「民族、民權、民生」的價值，這些價值在後來被稱作「三民主義」。除了綱領中提到的內容外，《民報》的編輯方針亦包含了「中日兩國人民的團結」與「讓各國理解中國革命事業」的目的。

此外，孫文也認為，長久以來，在專制政治蔓延的狀況下，民眾的能力受到制約，因此要在一時之間實現立憲政治或富國強兵，是不可能的任務。於是他表示，國家建設（革命）必須走過軍法之治、約法之治以及憲法之治的三個階段。這點後來演變成「軍政、訓政、憲政」的公式，正當化了由少數「先知先覺」的菁英對「後知後覺」的民眾進行絕對性領導的行為。支持著蔣介石獨裁政治或是中國共產黨集權體制之理論，基本上就是在此時建立，並在後來轉接上源自蘇聯的一黨專政體制。在這層意義上，中國國民黨與中國共產黨，可說是同樣以「中國富強」為目標，卻又在具體的做法上，爭執到底該選擇市場經濟還是計劃經濟而互相嫌惡的血緣兄弟（由於今日的中國共產黨也開始重視市場經濟，因此目前兩者之間最大的不同，或許可說是在「憲政」上的距離）。

◎辛亥革命

無論如何，排滿革命的狼煙，吸收了不滿足於清末新政這種體制內改革的人們，終於在東京升起。然而孫文所提倡的廣東革命論（從廣東發起武裝起義，接著一路北上，遍及全國）幾乎難以收到成效，受到清國當局的嚴格取締。此外，身為《民報》最大理論家之一的汪兆銘，也因為在一九一〇年發動了攝政王暗殺事件而遭捕，更陷入了差點被處刑的狀況。於是，提倡發動突發性起義的孫文，便逐漸在革命派中孤立。

那麼，辛亥革命到底是怎樣發生的？其實，這並非是一個革命勢力所單獨發動的結果，而是在華中地區反對鐵路國有化運動的號召下，讓好幾個勢力集合起來後引發的效應。

清末的鐵路國有化反對運動之所以會升溫，其原因與清國在鐵道利權上，受到列強綁架有密切關係。鐵路被握於外國手中，就意味著開發鐵路沿線的主導權也被外國掌握。於是，到了立憲話題翻騰的一九〇五年之後，各地的士大夫與地方資本（民族資本）便一次次地發起鐵路特權回收運動，廣募民間資本，打算經營鐵路。

不過，由於華中的資本募集並不順遂，於是管轄鐵路的洋務官僚盛宣懷，便將民營鐵道收歸國有，藉以試圖重新導入外國資本。這樣一來，清國在華中的菁英分子眼中，便是個賣國政權。於是，各地開始組織起「保路同志會」，並與各省的諮議局一同給予北京沉重的壓力。其中四川的保路運動最為激烈，甚至衍生出四川總督端方遭到殺害的流血事件。

而當時，對清國來說最致命的，是革命派逐漸滲透到各地的軍事力量之中，使全體上下不再一致。特別是在武漢，此地的保路運動尤其盛行，又位於長江中游交通要衝。身為革命派領導者之一的宋教仁，成功策動當地駐軍倒戈，加入革命派，加速了保路運動、清軍、革命派勢力相互合作的趨勢。宋教仁長久以來就反對堅持廣東革命的孫文，提倡革命應從更容易推廣至全國的華中開始，並得到了革命派內部多數人的支持。如今，實現他構想的時機終於到來。

武漢的革命派本來策畫在一九一一年十月十六日發動武裝起義，不過因為革命派的據點不慎發生爆炸，導致起義計畫突然提前到十日發動。當時的湖廣總督因為軍隊叛變，在無計可施之下，只能選擇逃亡。骨牌效應很快地就波及到各省，造成共有十三個省脫離清國，宣布獨立。於是，在某種意義上，清國的權力在一瞬間便煙消雲散。這就是辛亥革命，而十月十日，也成了中華民國的建國紀念日（雙十節）。隔年的一九一二年，則為中華民國元年。

不過，革命派起初並未料想到在武漢發起的革命會進展如此迅速，加上革命路線引起的對立也相當嚴重，並未先行敲定全國政權的最高領導者要由誰擔任。此時，最具國際知名度的孫文再次受到矚目，被選為臨時大總統。然而，新生的中華民國的大部分部會首長與官員，因為人才不足，以及外交、國家建設間的連續性，而不得不仰賴清國官僚與體制內改革派人士來擔任，但是他們皆決心靜觀其變，並不聽從孫文的指示。此外，因為大清的潰滅，北蒙古與西藏（達賴喇嘛政權）也各自走向獨立與自立，中華民國於是與暗助兩者獨立的後盾（英俄）的關係產生緊張。換言之，新政權的指揮能力不足，有可能使得中華民國才剛誕生就走向夭折。

於是，孫文以「向民國宣誓忠誠」為條件，將大總統的位置讓給袁世凱，同時，也不得不卸下排滿的旗幟，當下先接受維持大清皇室的存續，保護滿洲、蒙古的貴族，以及藏傳佛教的活佛等特權地位（清室優待）。接著，孫文提出了漢人、滿人、蒙古人、藏人、突厥裔穆斯林（回人）皆平等的「五族共和」理念，防止從大清手上接下的領土變得四分五裂。

於是，清國的歷史，從在奉天（瀋陽）宣布建國以來，歷經充滿曲折轉變的兩百七十餘年後，畫下了句點。不過，以清國的遺產為契機而使近現代中國獲得的廣大領域，在混亂與迷失之中丟給漢人知識分子「何謂中華」的大哉問，以及在巨大危機中將其所創造的「傳統」與近代互相結合等，直至今日都持續造成了巨大的影響。而且，其中的矛盾亦依然巨大。例如，清國對日本認知不足、與日本對立的歷史，直接牽動到「東亞」究竟能否成為一個共同體的巨大問題。此外，還有與內亞各族間的民族問題，以及急於推動富國強兵的現代化所伴隨的問題……清末的各種課題，許多依然懸而未解。

對於清國，以及取代了清國的近代國民國家——中國，我們究竟該如何評價才正確？倘若這個充滿矛盾對立的近代東亞地域，今後真要成為一個互相合作的地區，我們又有什麼樣的途徑可走？這些文明史層面的課題，對於日本則是一個新舊並陳的跨時空問題。筆者認為，人們應該要盡可能屏除認為自己「較文明」的感覺——這種上下關係的意識，長久以來已經造成了這個區域陷入毫無意義的爭端。遠離這種意識，互相包容，務實地累積交流的成果，才是東亞人民必須努力的方向。

1 議員人數起初訂為二百名，欽選、民選各一半。欽選一百名由皇帝指派，民選一百名由各省諮議局選出。

結語

每每回顧歷史，總會發現鮮少國家會像大清帝國一樣，從建國到亡國的歷程中，政策、體制會有如此巨大的轉變。它從內亞帝國演化為近代東亞帝國，從多元文化的帝國發展成「中華」社會的近代國家。這讓我們不那麼容易掌握住大清帝國的本質，以及如何看待從中誕生的近代中國。本書的「歷史之旅」，帶領了讀者佇觀各個歷史事件，同時探究隱藏於其後的深意，並見證清帝國如何淡出歷史舞台的過程。然而，這問題卻又不禁讓人感到痛心及無奈。若要從中導出一個結論，或許只能是盡量屏除偏見並多元思考吧。

清國的歷史，並非單純只是「滿人蠶食『中華』領土」的歷史。從雍正皇帝、魏源與曾紀澤等人身上，我們就能明瞭，在那個時代也曾經出現過許多思考精闢之士，並帶給後世巨大的影響。不過，他們的認知，以及對社會的影響力仍存在著極限。不只如此，清國的歷史也告訴了我們，一旦領導者與全體社會安於一定的框架或偏見，矛盾將會擴大到最終招致毀滅的局面。

至於日本的狀況又是如何？十九世紀後，日本在努力掌握各式資訊來源，並靈活因應世界局勢變動上，總體來說是「成功」的。清國對日本的欽羨，推動了清末的歷史，甚至在今日固定了中國（及韓國）對日本的基本看法。但經歷了甲午戰爭、日俄戰爭，乃至第一次世界大戰，近代東亞各國的民族主義對收復失土所持的強烈意識，無非是明治維新思想遠播的成果，而日本，又是否低估了這個現象？

舉例來說，藉由福澤諭吉在《文明論之概略》中提到的打破「沉溺」，以及中江兆民在《三醉人經綸問答》中分析外交與文明的平衡感，日本人感覺自己（理當）得以成為近代化國家。然而時至今日，日本人是否有開闢出超越明治前人的嶄新局面及視角？夾雜著一百多年的混亂、一直被視為理所當然的「東亞地區」，實際上積聚著各種矛盾與誤解。我們親眼見證了該現象的「歷史之旅」，就像抵達中途車站後就迷失方向的旅程——然而這趟旅程絕無止盡。

本書以筆者的博士論文《大清帝國與西藏問題》（清帝国とチベット問題，名古屋大學出版會出版）、大學課程「亞洲政治外交史」講義、以及於世田谷市民大學與川崎市民學院舉辦的市民講座之內容為基礎寫成。透過課程及市民講座中的問答，筆者得到了學生及聽眾們的鼓勵，希望筆者能夠寫一本現代社會通用且簡單易懂的讀物。這對於當時處於忙碌，同時面對來自地域史學者的嚴厲批判，以及歷史認知爭議產生的對立等問題而近乎迷失自我的筆者來說，成了排除萬難，振奮精神來完成本書的原動力。本書旨在簡單地呈現複雜的歷史結構，雖然不確定是否達成了此目標，但仍先在此對支持本人的各位，致上由衷的感謝之意。

二〇〇七年六月　　平野　聰

學術文庫版後記——未完待續的清末

本書從儒學、藏傳佛教、近代主義等不同文明互相衝突的觀點，述說了清帝國的盛衰榮枯。而很快地，自本書出版至今，時間已經過了十年。對於本書能再以文庫版的形式問世，筆者由衷感謝講談社給予了此次機會。

筆者過去曾受過成為政治學家所需的系列訓練，故在從執筆創作本書時至今一貫思考著一個問題：「不管是專制體制，還是自由民主體制，能讓某個秩序長久延續（抑或是因為失敗而衰退）的政治正當性究竟是什麼？」

清末最先進的知識分子梁啟超，也抱持著類似的問題意識，描繪著讓中國從「殘存」走向「富強」的夢想。自執筆書寫本書以來，至今已經十年；而中國在這十年中的變化，在與梁啟超時代相較，又該如何解讀呢？

假設真有個「一君萬民的專制統治，且令人難以喘息的」體制好了。但實際上，在通信、運輸手段皆不完善的環境中，僅靠幾位菁英分子藉由窺視專制君主的臉色來補強國家體制，且國家權力也無法充分掌握到社會每一個角落的話，那麼，這其實只是一種「鬆散的專制」；說得極端一點，甚至算不上是專制。雖然人民不得對君主做出不遜的態度與舉動，不過這專政也未對人民提供什麼，或是強制他們要做什麼；如此的專政，對人民來說不過是時而前來收取稅金，時而前來動員勞役的一紙命令罷了。因此，專制的權力與人民之間產生了距離，人們得以自由活動的餘地也就相當地大。正因如此，「專制統治」才會簡單地被人們接受，並長久持續。

相對於此，統治階層的菁英們之間仍有著明確的主從關係。而為了長久維持這個關係，各式各樣的禮儀也就相當發達。居下位的菁英在處理事務上，主要是對「上級」負責的，而非對民眾（民眾是「民可使由之，不可使知之」的對象）。因此民眾對於這些菁英所肩負的國家，以及政治的形態，便無法抱有情感與責任感。

梁啟超將這樣的現象，看作是清國在甲午戰爭中戰敗的原因。在他之後的清末知識分子，不管是新政派還是革命派，皆憧憬日本看起來是朝野共同負責、推動政治的做法，而試圖實現立憲的夢想。

不過從清末以後，近現代中國與「東亞」的曲折發展，很快地就遇到了挫折。特別是中國獲得了豐富的經濟力量後想去實現的「夢想」，其實未必與清末時期，人們建設國民國家的夢想相符。

追根究柢，梁啟超自身的立場也並不穩定。雖然他宣揚立憲政治的重要性，但他同時也認為，像近代中國這樣——民眾至今不曾負起過政治經驗，因此也沒有國民意識；社會分裂、民族問題顯著；被大量外敵所包圍、內部糾紛和創傷未癒——急切地推動自由民主，反倒會成為一種自殺行為。於是，梁啟超認為，為了長遠地、安穩地推動立憲制度，當下應該由少數菁英藉著開明的精神來實施專制，也就是所謂的「開明專制」。這樣的想法，與經由少數儒學家推動「正確的」政治活動及教化民眾的傳統手法有著親近性。

而到了清末，「僅靠這樣的手法，中國並無法改變。只有確立個人的尊嚴，讓社會各方面皆充滿了自主性之後，才會有自覺到責任感的人們出現，擴大自由的空間，並讓國家蛻變、邁向成熟。最終，國家才能走到與外國互相尊重的階段。」——這種想法逐漸擴散開來，其中最具代表性的例子，即是透過文學奉勸世人要徹底與儒學式思考保持距離的魯迅，以及從自由主義的立場，構想出自然發展社會型態的胡適。雖然這股趨勢因為毛澤東的獨裁而一時受阻，但中國終究迎接了改革開放，人們的思考也變得多元。在這樣的環境下，便產生了一種動向，認為應該抓緊這個時機，重新建構國家與人民的關係，追求一個雙方都能負責的自由且民主的社會。一九八九年的民主化運動，以及二〇〇八年以劉曉波為中心起草、批判中國共產黨獨裁專政的《零八憲章》，都是這股動向的代表。

結果，中國共產黨還是堅持梁啟超所提倡的「開明專制」之道。中國共產黨或許認為，由於中國依舊抱有貧富差距與民族問題，國際關係也並非穩定，因此為了給中國社會帶來物質上的富饒以及團結，並增長自身在國際舞台上的存在感，必須持續領導這個國家。

他們的嘗試，透過物質上的發展而獲得了某種程度上的「成功」。不過，中國仍然處在無法稱之為「內外穩定」以及「獲得巨大國家所應有的國際尊嚴」的狀態。於是，中國共產黨便試圖超越單純的「開明」，打算更進一步踏入專制統治。

在內政面上，他們將豐富的經濟力量與ＩＴ技術結合，為了打造前所未見的「社會安全」，讓國家逐漸走入全民監視的狀態。在這樣的社會裡，人們的忠誠，以及對社會的責任感，真的是發自內心的嗎？與基於人們透過自由言論而累積起的信任、妥協來建構出的軟性社會完全不同，這種透過監視來隔離人群，有如細緻玻璃製品般的社會，很可能在某天因為某個契機而發生劇變。

在清國不完全的專制、中華民國時期的混亂，以及改革開放初期所充滿的活力與朝氣裡，其實存在著一塊架構較為鬆散的「自由」領域。從中產生的思想與文化，一直帶給中國與國際社會新的刺激。二〇一七年夏天，在起草《零八憲章》後，就遭中國當局拘捕的劉曉波在獄中病逝。這件令人痛心疾首的事件，也微微透露出了這個黨、這個國家在本質上恐懼多樣性與自由，逐漸朝向與「開明專制」完全相對的世界發展的動向。

外交面上，中國將經歷了雷曼兄弟事件後，似乎無法掙脫衰敗泥淖的歐美國家拋在腦後，提出了像是以「天朝」的定位為理想，以「親、誠、惠、容」為口號的大國外交。中國開始優待服從自己的國家，並對違背自己利益的國家展開各種壓迫。不僅如此，中國更開始強調，「西方的立憲、自由、民主並無法有效率地解決社會的問題，反而是『正確的黨中央』所指導的中國之道，才能真正為中國與世界帶來安定與發展。」此即習近平政權所宣揚的「中華民族偉大復興」或「中國夢」。他們認為「西方」席捲了世界的近現代歷史存在著某種錯誤，並且試圖恢復「中國本來在世界史上占有的領導立場」。不過，諸如此類的「中國之道」或「中國夢」，究竟有沒有辦法超越大清對周邊的影響力，筆者深表懷疑。

當今的中國，甚至基於「西方國家如果沒有中國提供的經濟恩惠，便難以生存」的認知，公然對外國的學術自由進行干涉。例如他們要求英國的劍橋大學出版社，禁止中國國內IP訪問該出版社架設的中國研究官方網頁中，帶有敏感性的西藏問題等論文頁面。然而，透過阻斷外國的自由言論，自己國家的問題就會從世上消失嗎？不僅不可能，倒不如說離解決問題更遠了一步。不管是二〇〇八年的西藏問題、二〇〇九年的維吾爾族問題，還是近年摩擦愈來愈明顯的香港、台灣問題，都是中國單方面強調愛國主義，完全不去顧慮當地的聲音所致。因此不得不說，中國的做法，與大清在強盛時期對待其治下土地領域的做法，產生了越來越大的偏差。

這樣的國家，實在難以稱之為大清的繼承者。

因此在這十年間，我們更加確信，清末的各種課題中，除了逐漸實現物質上的滿足外，其餘各方面的問題，皆仍走在半路上。對於隔著一片海洋，近距離與中國面對面的日本來說，今後仍不得不繼續注意其動向。其中最應該擔憂的，便是因為近年中國向日本採取的強硬外交，導致日本社會一般民眾對中國的觀感有了大舉變化，逐漸失去對中國各方面的關注和興趣（或許，就連這樣的發展也在中國長期的算計之中）。總而言之，中國問題，今後也將與日本這國家的興亡密不可分吧！

二〇一七年十二月　　平野　聰

- 茂木敏夫「清末における『中国』の創出と日本」《中国─社会と文化》第10号　中国社会文化学会　1995年
- 茂木敏夫《変容する近代東アジアの国際秩序》山川出版社・世界史リブレット1997年
- 茂木敏夫「東アジアにおける地域秩序形成の論理─朝貢・冊封体制の成立と変容」高山博・辛島昇編《地域の世界史3　地域の成り立ち》山川出版社2000年
- 森正夫・野口鉄郎・濱島敦俊・岸本美緒・佐竹靖彦編《明清時代史の基本問題》汲古書院　1997年
- 森山茂徳《近代日韓関係史研究─朝鮮植民地化と国際関係》東京大学出版会1987年
- 矢野仁一《近代蒙古史研究》弘文堂書房　1925年
- 山内昌之・増田一夫・村田雄二郎編《帝國とは何か》岩波書店　1997年
- 山口瑞鳳「ダライラマ五世の統治権─活仏シムカンゴンマと管領ノルブの抹殺」《東洋学報》第73巻第3号　1992年
- 山室信一《キメラ─満洲国の肖像》中公新書　1993年
- 山室信一《思想課題としてのアジア─基軸・連鎖・投企》岩波書店　2001年
- 山室信一《日露戦争の世紀─連鎖視点から見る日本と世界》岩波新書　2005年
- 余英時《中国近世の宗教論理と商人精神》森紀子訳　平凡社　1991年
- 横山宏章《孫文と袁世凱─中華統合の夢》岩波書店　1996年
- 吉澤誠一郎《天津の近代》名古屋大学出版会　2002年
- 吉澤誠一郎《愛国主義の創成─ナショナリズムから近代中国をみる》岩波書店　2003年
- 渡辺浩《近世日本社会と宋学》東京大学出版会　1985年
- 渡辺浩《東アジアの王権と思想》東京大学出版会　1997年

2006年
- 平石直昭《一語の辞典・天》三省堂　1996年
- 平勢隆郎《中国の歴史2　都市国家から中華へ》講談社　2005年
- 平野聡《清帝国とチベット問題―多民族統合の成立と瓦解》名古屋大学出版会　2004年
- 古田博司《東アジア・イデオロギーを超えて》新書館　2003年
- 古田元夫《ベトナムの世界史―中華世界から東南アジア世界へ》東京大学出版会　1995年
- 間野英二・中見立夫・堀直・小松久男《地域からの世界史6　内陸アジア》朝日新聞社　1992年
- 溝口雄三《中国の公と私》研文出版　1995年
- 溝口雄三・濱下武志・平石直昭・宮嶋博史編《アジアから考える1　交錯するアジア》東京大学出版会　1993年
  - ▶ 特別推薦其中鳥井裕美子的論文「近世日本のアジア認識」和中見立夫的論文「地域概念の政治性」。
- 溝口雄三・濱下武志・平石直昭・宮嶋博史編《アジアから考える3　周縁からの歴史》東京大学出版会　1994年
  - ▶ 特別推薦其中沃爾夫（Wolff）的論文「シベリア・北満をめぐる中国とロシア」、新免康的論文「『辺境』の民と中国―東トルキスタンから考える」以及中見立夫的論文「モンゴルの独立と国際関係」。
- 三谷博《明治維新とナショナリズム―幕末の外交と政治変動》山川出版社　1997年
- 三谷博《明治維新を考える》有志舎　2006年
- 宮崎市定《中国に学ぶ》中公文庫　1986年
- 宮崎市定《宮崎市定全集14　雍正帝》岩波書店　1991年
- 宮脇淳子《最後の遊牧帝国―ジューンガル部の興亡》講談社選書メチエ　1995年
- 宮脇淳子《世界史のなかの満洲帝国》PHP新書　2006年
- 村田雄二郎「中華民族」《岩波現代中国事典》岩波書店　1994年
- 村田雄二郎「ラスト・エンペラーズは何語で話していたか？―清末の『国語』問題と単一言語制」《ことばと社会》第3号　三元社　2000年
- 毛里和子《周縁からの中国―民族問題と国家》東京大学出版会　1998年
- 毛里和子編《現代中国の構造変動7　中華世界―アイデンティティの再編》東京大学出版会　2001年
- 茂木敏夫「李鴻章の属国支配観――八八〇年前後の琉球・朝鮮をめぐって」《中国・社会と文化》第2号　東大中国学会　1987年
- 茂木敏夫「中華世界の『近代』的変容―清末の辺境支配」溝口雄三ほか編《アジアから考える2　地域システム》東京大学出版会　1993年

- シュミット・アンドレ《帝国のはざまで—朝鮮近代とナショナリズム》糟谷憲一・並木真人・月脚達彦・林雄介訳　名古屋大学出版会　2007 年
- ジョンストン，Ｒ．Ｆ．《紫禁城の黄昏》入江曜子・春名徹訳　岩波文庫　1989 年
- 鈴木中正《チベットをめぐる中印関係史》一橋書房　1962 年
- 鈴木中正《中国史における革命と宗教》東京大学出版会　1974 年
- 武田幸男編《世界各国史 2　朝鮮史》山川出版社　2000 年
- 田山茂《蒙古法典の研究》日本学術振興会　1967 年
- ダライ・ラマ《チベットわが祖国—ダライ・ラマ自叙伝》木村肥佐生訳　中公文庫　1989 年
- チベット亡命政府情報・国際関係省《チベットの現実》南野善三郎訳　風彩社　1995 年
- 手塚利彰「青海ボショト部のチベット支配体制」《日本西蔵学会学報》第 44 号　1999 年
- 東洋史研究会編《雍正時代の研究》同友舎出版　1986 年
- ドムチョクドンロプ《徳王自伝—モンゴル再興の夢と挫折》森久男訳　岩波書店　1994 年
- 長尾雅人《蒙古学問寺》中公文庫　1992 年
- 長尾雅人ほか編《岩波講座東洋思想 11　チベット仏教》岩波書店　1989 年
- 並木頼寿・井上裕正《世界の歴史 19　中華帝国の危機》中央公論社　1997 年
- 西嶋定生「総説」《岩波講座世界歴史 4・古代 4・東アジア世界の形成》1970 年
- 西村成雄編《現代中国の構造変動 3　ナショナリズム—歴史からの接近》東京大学出版会　2000 年
- 朴忠錫・渡辺浩編《日韓共同研究叢書 3　国家理念と対外認識　17 ～ 19 世紀》慶應義塾大学出版会　2001 年
- 橋本萬太郎編《民族の世界史 5　漢民族と中国社会》山川出版社　1983 年
- 濱下武志《近代中国の国際的契機—朝貢貿易システムと近代アジア》東京大学出版会　1990 年
- 濱下武志《朝貢システムと近代アジア》岩波書店　1997 年
- 濱田正美「『塩の義務』と『聖戦』の間で」《東洋史研究》第 52 巻 2 号　1993 年
- 原武史《鉄道ひとつばなし》講談社現代新書　2003 年
  ▶ 鐵路系統是如何促成近代國家的行程，又是如何定型了政治史的？——在鐵路與公共交通的存在產生動搖的今日，希望本書可以重新使更多的人們深切體會這一這儼然的事實。
- 坂野正高《近代中国政治外交史》東京大学出版会　1973 年
- 尾藤正英《江戸時代とはなにか—日本史上の近世と近代》岩波現代文庫

学出版会　2004年
• 片岡一忠《清新疆統治研究》　雄山閣出版　1991年
• 加藤聖文《満鉄全史一「国策会社」の全貌》講談社選書メチエ　2006年
• 紙屋敦之《琉球と日本・中国》山川出版社・日本史リブレット　2003年
• 河口慧海《チベット旅行記》講談社学術文庫　1978年
• 川島真《中国近代外交の形成》名古屋大学出版会　2004年
• 川島真・服部龍二編《東アジア国際政治史》名古屋大学出版会　2007年
▶ 是本適合專門拿來學習東亞地區國際關係史的教科書。
• 菊池秀明《中国の歴史10　ラストエンペラーと近代中国》講談社　2005年
• 岸本美緒《清代中国の物価と経済変動》研文出版　1997年
• 岸本美緒・宮嶋博史《世界の歴史12　明清と李朝の時代》中央公論社　1998年
• キューン，フィリップ・A.《中国近世の霊魂泥棒》谷井俊仁・谷井陽子訳　平凡社　1996年
• コーエン，ポール・A.《知の帝国主義—オリエンタリズムと中国像》佐藤慎一訳　平凡社　1988年
• 小島晉治・丸山松幸《中国近現代史》岩波新書　1986年
• 小島毅《東アジアの儒教と礼》山川出版社・世界史リブレット　2004年
• 小島毅《中国の歴史7　中国思想と宗教の奔流》講談社　2005年
• 小島毅《近代日本の陽明学》講談社選書メチエ　2006年
• 後藤多聞《遥かなるブータン—ヒマラヤのラマ教王国をゆく》ちくま文庫　1995年
• 小松久男編《新版世界各国史4　中央ユーラシア史》山川出版社　2000年
• 子安宣邦《「アジア」はどう語られてきたか—近代日本のオリエンタリズム》藤原書店　2003年
• 坂元ひろ子《中国民族主義の神話—人種・身体・ジェンダー》岩波書店　2004年
• 佐口透《新疆民族史研究》吉川弘文館　1986年
• 佐口透《新疆ムスリム研究》吉川弘文館　1995年
• 佐々木信彰編《現代中国の民族と経済》世界思想社　2001年
• 佐々木揚《清末中国における日本観と西洋観》東京大学出版会　2000年
• 佐藤慎一《近代中国の知識人と文明》東京大学出版会　1996年
• シャカッパ，W.D.《チベット政治史》貞兼綾子監修　三浦順子訳　亜細亜大学研究所　1992年
• 周婉窈《図説台湾の歴史》濱島敦俊監訳　石川豪・中西美貴訳　平凡社　2007年
• シュウォルツ，ベンジャミン・I.《中国の近代化と知識人—厳復と西洋》平野健一郎訳　東京大学出版会　1978年

參考文獻

以下為筆者以易取得、易閱讀的日文單行本為主所挑選出的文獻。雖然本應依照各章節來進行分類整理，不過因為各個文獻中所呈現的問題意識，不少都跨出了個別的主題，嘗試去探討清國以及近代中國的問題；再加上本書亦使用了跳脫時間序列，在過去與現在之間來往的敘述法，因此筆者決定以作者姓氏，並依日文五十音的順序來排序整理。對以下文獻有興趣的讀者，筆者建議可從文庫、新書、選書或者「中國歷史」（講談社）等系列講座入門。

- 安部健夫《清代史の研究》創文社　1971 年
- アンダーソン，ベネディクト《想像の共同体—ナショナリズムの起源と流行》白石隆・白石さや訳　リブロポート　1987 年
  - ▶ 本書以印度尼西亞為題材，是在理解思考民族主義的形成上必看的作品。
- 石井米雄《上座部仏教の政治社会学—国教の構造》創文社　1975 年
  - ▶ 本書雖為泰國政治史的專門書，但在思考佛教與政治間的關係上，這本書亦能帶來幫助。
- 石橋崇雄《大清帝国》講談社選書メチエ　2000 年
- 石濱裕美子《チベット仏教世界の歴史的研究》東方書店　2001 年
- 井上章一《夢と魅惑の全体主義》文春新書　2006 年
- 伊原弘・小島毅編《知識人の諸相—中国宋代を基点として》勉誠出版　2001 年
- 入江曜子《溥儀—清最後の皇帝》岩波新書　2006 年
- 上田信《中国の歴史 9　海と帝国》講談社　2005 年
- 臼井武夫《北京追想—城壁ありしころ》東方書店　1981 年
- 內田知行・柴田善雅編《日本の蒙彊占領　1937 ～ 1945》研文出版　2007 年
- 梅棹忠夫《文明の生態史観》中公文庫　1974 年
- 梅棹忠夫《回想のモンゴル》中公文庫　1991 年
  - ▶ 本書針對「日本是亞洲嗎？亞洲是一體的嗎？」，從社會人類學的角度提出了疑問。
- 王柯《多民族国家中国》岩波新書　2005 年
  - ▶ 適合用來了解「中華民族」在中國立場中的概略形象。
- 大谷敏夫《清代政治思想史研究》汲古書院　1991 年
- 岡田英弘《歴史とはなにか》文春新書　2001 年
- 岡本さえ《清代禁書の研究》東京大学出版会　1996 年
- 岡本隆司《属国と自主のあいだ—近代清韓関係と東アジアの命運》名古屋大

梁啟超（1873～1929）

政治家、思想家、新聞工作者，廣東人，最具代表性的筆名為「飲冰室主人」。青年時期，在廣東念書、準備科舉考試的梁啟超，認識了康有為。梁啟超除了受到康有為思想的強烈影響外，在一八九五年的公車上書、一八九八年的戊戌變法等，都在支持康有為、推動改革上有著重要貢獻。不過在逃亡到日本後，與康有為不同，梁啟超在大量閱讀了翻譯成日文的西洋文獻，以及接觸了日本在面對「近代」所產生的思想後，透過《清議報》、《新民叢報》等自己主導的報章媒體，提出了各種說法，塑造了近代中國民族主義的原型，影響一直持續到今天。他在仿效明治日本的理念、精神之同時，也摸索著中國要在優勝劣敗、生存競爭的世界中活下去所適合的「歷史、國民、政治」型態，為了盡快，他向世人倡導中國需要一套開明專制，先由少數的菁英分子們來解決混亂，接著再由他們來領導多數的無知民眾轉變為近代國民的作法。辛亥革命後，他選擇支持袁世凱政權，但後來又因袁世凱對日政策的失敗，而選擇離開。其後，他時而從事公職，時而從事大學教職，之後則發揮著新聞工作者與思想家的本領，直到最後。

孫文（中山、逸仙，1866～1925）

政治家，廣東人。在靠著身為夏威夷華僑的兄長，而得以在夏威夷念書的過程中，孫文認為要把漢人的中國從積弱不振的狀況中救起，就需要驅逐滿洲人，於是在一八九四年創立了興中會。後來，雖然也遇過在倫敦遭綁的災難，但他仍追逐著滅滿興漢的革命目標，與日本的泛亞主義者們建立起了密切關係。隨後，日本成了革命的根據地，在一九〇五年時，中國革命同盟會於東京誕生。不過，孫文所提倡的革命構想並未成為主流，就連結合起華中革命論和反鐵路國有化，在武昌發動的起事──辛亥革命，也並非孫文所指導的計畫。儘管如此，孫文仍然成為了中華民國臨時大總統；之所以如此，是因為在動盪的情勢與革命派內部的對立中，只有他具有極高的知名度。當他卸任、將大總統之位讓給袁世凱後，於一九一四年組織了中華革命黨，又在世界性的社會主義運動高漲的環境下，改組為中國國民黨，接著更推動國共合作。雖然孫文主張「民族、民權、民生」所組成的三民主義，但他的漢人中心主義，還是與多民族國家的現實存在著落差。

朝鮮的緊張情勢，告訴世人「過去的版圖、朝貢國與皇帝之間的關係，必須完全轉換成近代式的國家主權、宗主權關係」和「中國現在還在沉睡，但將來必定覺醒」等，在甲午戰爭爆發前的時期裡，為清國在近代國際關係邏輯的適應上，發揮了不可或缺的作用。曾紀澤的早死，對於後續的近代中國來說，亦是種巨大的損失。

康有為（1858～1927）

廣東人，清末的政治家、思想家。一八九五年，他成功考上科舉。同年，清國簽署《馬關條約》，為此感到義憤填膺的康有為，認為對日戰爭的失敗，皆在於推動洋務的不充分上。因此，他發動了連署主張徹底改革、抗日的「公車上書」，短時間受到眾人的注意。不過，在他認為抗日無望後，也認為學習日本成功引進西洋近代文明的做法為上策，於是與梁啟超等人推動了變法、自強，更參與了形同運動主體的「強學會」之設立。接著到一八九八年，雖然為實現立憲君主制度，康有為著手實施了戊戌變法這一激進式的改革，不過後來卻遭到慈禧太后發起的政變，而被迫逃亡日本。他的主張，基本上都與「試圖在現代活用古典精神」的經世儒學相關。值得一提的是，他除了在其著作《孔子改制考》中主張「孔子在本質上是改革者」外，在《大同書》中亦表示，生存競爭的世界，最終會朝向統一且沒有矛盾與衝突的「大同世界」發展，給予當時的菁英分子相當大的影響。不過，在政治體制的選擇上，康有為的主張，始終都是擁護立憲君主制，以及建立孔教來作為近代式的國民宗教，因此在晚清、民國時期，革命論、社會主義等思潮急速席捲而來，他的影響力便也漸漸衰微。

袁世凱（1859～1916）

清末、民國初期的軍人、政治家。袁世凱出身於軍人世家，早年便作為李鴻章的幕僚，展現了自己的才能。在日清對立逐漸激烈的一八八〇年代以後，他以皇帝與李鴻章的代理人，深入參與了朝鮮政策，握有比朝鮮國王還要高的權力。甲午戰爭後，袁世凱在建立新式軍隊的同時，也贊同康有為等人們所推動的變法運動，而加入了「強學會」。不過，因為戊戌變法，使保守派、革命派之間的緊張升溫後，袁世凱認為過於激烈的改革反而可能會使清國陷入混亂，於是倒戈加入保守派。即使如此，基本上重視近代化進程的袁世凱，仍鎮壓了義和團的行動，並在李鴻章過世後，繼承了他的權益，推動了北洋軍閥的崛起。只是，他的舉動最終受到滿洲人的提防，於一九〇九年，被迫以養病為由退職。雖說如此，袁世凱給人的強大印象卻一點也沒消退，在新生的中華民國並無法光靠孫文的指揮能力存活下來的情況中，他最終被推舉為大總統。而使得袁世凱的政治生命出現決定性式微的原因，乃在於一九一五年時，他在山東半島權益問題上，接受了日本的《二十一條要求》，以及策畫恢復普遍已被認為是「落後時代的」帝制上。

慈禧太后（1835～1908）

葉赫那拉氏出身，咸豐皇帝之妻。同治皇帝即位後，由於皇帝年幼，慈禧太后便與慈安太后、恭親王等人一同垂簾聽政，並提早用各種方式，封殺反抗自己的勢力。但從她支持「同治中興」，透過經世儒學式的方法，以重新振興因太平天國之亂而疲敝不堪的國政，並導入西洋近代技術（洋務）等方面來說，慈禧太后的功績在某程度上仍相當地大。不過，從她將海軍資金挪用在頤和園的重建、藉由政變來摧毀自一八九八年開始的全面改革（戊戌變法），以及因為執著於排外與保守，而給予官方認可讓義和團作亂等作為來說，都一反她「老佛爺」這篤信佛教、充滿慈愛的尊稱，將清國的命運逼入苦境。

李鴻章（1823～1901）

安徽省出身的政治家。由於其父李文安與曾國藩關係密切，因而早期就受到曾國藩的恩寵，成為清國的菁英分子。在太平天國之亂的時期中，也因組織淮軍、鎮壓有功，締造了他難以撼動的政治地位。不過，面對後續眼花撩亂的時代變化，李鴻章未能充分、靈敏應對，反倒因為數次不盡周全的思考，讓清國的命運大舉動搖。例如在洋務運動中，雖然他致力於建造近代式的軍需工廠與軍隊，自己也作為直隸總督而得以享有在華北、華中的權勢，不過清法戰爭時，因為未能毅然派出北洋水師的關係，造成南洋水師遭到了毀滅性的打擊。而在一八七一年簽訂了《中日修好條規》後正式開始發展的日清關係上，李鴻章的表現亦不甚亮眼。例如在八重山地區的交涉上，李鴻章就只能眼睜睜地承認日本的主權；而在朝鮮的交涉上，亦因選用袁世凱，給予朝鮮過度的壓力，最終招致朝貢國朝鮮的怒火、日本的干涉、以及甲午戰爭的爆發。另一方面，他在俄國東進政策上的認知不周，也與日本、俄國在清國領土、領海上發生激烈衝突時，清國只能宣布「局外中立」這一屈辱選項的結果脫離不了關係。如此種種失策，在在加劇了清末時的革命運動。特別是李鴻章等服侍於滿洲皇帝下的官僚們，更在此時開始被人稱做「漢奸」。

曾紀澤（1839～1890）

活躍於一八七〇年代至八〇年代的外交官，曾國藩之長男。在少年時期，曾紀澤就面臨了太平天國的混亂，在國家動盪的情勢中，他努力學習著包含西洋近代知識、英語等各種學問。後來，雖然他未能通過科舉，仍於一八七二年時繼承了父親的侯爵爵位，以一位開明面對西洋事務的外交官之立場，經營著草創期的總理衙門之外交。特別是在一八七八年，他更以郭嵩燾（第一任駐英、駐法公使）後繼者的身分，前往倫敦赴任。在那裡，曾紀澤除了努力掌握清國在越南事務上的對手（法國）內情，一八八〇年更兼任駐俄公使，於新疆的伊犁問題上，在與俄國的再交涉、《伊犁條約》的簽訂上有很大的貢獻。此外，他也時常謹記西藏、

蹟，以及他們所創造出的版圖，來描繪出近代中國領土的基礎；除此之外，魏源統整了來自林則徐的國外資訊後寫成的《海國圖志》，也帶給了當時日本難以計量的衝擊，成為了引起明治維新以及近代東亞動盪的契機。就筆者個人意見來說，魏源的時代，才是近代東亞地區成形的起始點，換言之，魏源可說是真正的近代中國之祖。

曾國藩（1811 ～ 1872）

政治家，湖南人。於一八三八年成為進士的菁英分子。曾國藩致力鑽研儒學知識與傳統文化，並負責處理主要由禮部管理的禮法。面對打算破壞所有既存的「禮」的太平天國之亂時，感到莫大危機的曾國藩，利用故鄉湖南的士大夫網絡，組織起以保衛儒學社會為目的的湘軍（湘，指湖南），並且直到一八六四年太平天國潰滅為止，都站在討伐隊伍的最前線。不過，由於清國對不隸屬八旗的軍事力量之崛起保有警戒，因此他後來解散了湘軍，並設立了第一間近代式的煉鐵廠，朝著洋務運動的方向邁進。此外，在一八七〇年的天津教案時，他亦以萬國公法與長期的通商利益為基礎，穩妥地解決事件，並給予未能阻止混亂的天津當局處罰。不過，曾國藩如此的做法，在把民眾抵抗滿洲人專制或帝國主義列強作為至上價值的革命史觀中，無非是最符合「民族背叛者」的表現，因此長久以來，曾國藩皆被人們稱作是「漢奸劊子手」。然而，從他避開了因極端的宗教叛亂、暴動所造成的社會混亂，將目標放在傳統與近代的連結，以及國際協調的立場來看，兼備道德與膽量的曾國藩，其一生反倒也可說是種模範。因此曾國藩的評價在今日中國，也戲劇性地漸漸改變著。

洪秀全（1814 ～ 1864）

於一八五〇年代在清國掀起大波瀾的太平天國領導者。洪秀全出身客家（多數居住於華南山岳地帶的漢人分支），為了擺脫貧困、揚名，他考了數次的科舉，然而屢屢落第。而就在新教逐漸自廣東港口傳入後，接觸到新教教義的洪秀全，便創造了一個新興宗教──拜上帝教。拜上帝教一面強化著自身民間信仰色彩（例如降乩），一面大舉加速自身腳步，於一八五〇年在金田村以一神論的信仰與萬人平等為號召，正式舉兵，並於翌年成立太平天國。一八五三年，太平天國攻下南京，改南京為天京。不過，雖然他們強制一般民眾進行男女隔離、集體生活、放棄私產等軍事共產主義式的生活，但因為未能遏止住領導階層私下的奢侈生活與內鬨，使太平天國終究墮落成強盜集團，後來更陷入無政府狀態，直到遭漢人士大夫所率領的軍隊殲滅。

清世宗　雍正帝（本名 胤禛，1678 ～ 1735）

大清第五任皇帝。雍正皇帝因過去經歷過與其他皇子之間的激烈後繼者之爭，因而養成極其嚴格的個性。他設立了奏摺制度，通過高機密性的書簡，來連結起皇帝與派遣至各地的總督、巡撫等能夠信賴的少數高官。為了迅速、確實地處理政務，雍正皇帝不管對方身分是八旗還是科舉官僚，皆廣納菁英，設置了軍機處。種種事蹟，可說清國的政治體制就是在雍正皇帝時代下所確立。除此之外，他試圖撲滅反滿思想，以天命之名所完成的《大義覺迷錄》，也如同是一段要把儒學、漢字文明的「東亞」世界，與藏傳佛教、伊斯蘭教為中心的內亞世界統合在同一帝國下的「中外一體」宣言，為後世帶來了難以計量的影響。不過，幾乎不前往主持增進騎馬民族情誼的狩獵訓練，終日致力處理政務的做法，卻也讓明顯擁有政治資質的雍正皇帝削短了壽命。

清高宗　乾隆帝（弘曆，1711 ～ 1799）

大清第六任皇帝。成功消滅宿敵準噶爾、實現清國最大版圖的乾隆皇帝，為表現出帝國「全盛」的一面，在北京郊外和避暑山莊周邊打造了頤和園、圓明園和佛教寺院群「外八廟」。除了內亞各民族外，他還召來了各國使節，向他們誇耀著帝國的榮華。不過，雖然繼康熙、雍正以來的「盛世」，在他的時代中走入了高峰期，但長久處在相對安定的時代中，也削弱了國家全體的緊張感，特別是造成滿洲人、蒙古人染上華美的生活風氣，以至於喪失實力。乾隆皇帝認為，要是遊牧民族失去了實力與獨特性，國家體制將會陷入危機，於是他強行要求滿洲人、蒙古人要保持自己固有的語言與文化，另一方面則提高禁止民族歧視的力度，焦躁感日益上升。不過，儘管重複實施遠征直到他的晚年，不斷碰到苦戰與失態的情況，但最終他仍靠著一小部分心腹之努力，排除萬難、獲得「勝利」，得以自稱「十全老人」。試圖靠著「十全」之名來誇耀清國最大版圖一事，也在後世成了魏源會將乾隆皇帝理想化為綻放光芒的帝王之主因。

魏源（1794 ～ 1857）

歷史、地理學家，湖南人。才氣煥發、十五歲即獲得科舉「秀才」稱號的魏源，後來投入了儒學與歷史的鑽研，並於二十餘歲時，參與了編輯收錄當時各種政論的《皇朝經世文編》（賀長齡編）。其後，雖未能在北京實施的科舉「會試」合格，但他仍在內閣獲得一職（中書），而擁有了閱讀各種檔案與古今史料的機會，一方面也與龔自珍、林則徐等知識分子或官僚產生了密切的關係。十九世紀中期，在各方面都陷入膠著的清國中，魏源成為讓汲取古典、史實精神的經世儒學開花結果的重要人物。其最重要的著作《聖武記》，更藉著神格化大清歷代皇帝的事

主要人物略傳

清太祖　努爾哈赤（1559～1626）

大清以及其前身後金的建國者。出身於居住在遼東、吉林一帶的女真族建州部、愛新覺羅氏族。透過撫順等都市，與明國進行毛皮交易、逐漸累積著自身實力的努爾哈赤，後來從女真族的內部抗爭中獲得勝利，置首都於赫圖阿拉。一六一六年，努爾哈赤建立後金，並列出對明國的憤恨，正式舉兵。一六一九年，後金於薩爾滸之役中擊破明國。一六二五年，後金設都瀋陽，並改瀋陽為盛京，成為與明國對抗的新興國家，其地位難以動搖。其子皇太極亦繼承了父親的遺業，推動著與蒙古各部的統一。

第五世達賴喇嘛（阿旺羅桑嘉措，1617～1682）

藏傳佛教的格魯派（黃帽派）中地位最高的活佛。經一五七八年索南嘉措（第三世達賴喇嘛）與俺答汗於青海湖的會面後，格魯派勢力逐漸向蒙古各部擴大，青海蒙古的固始汗亦受此現象影響，並將等同於今日西藏自治區主要部分的廣大統治區贈與了第五世達賴喇嘛。這讓第五世達賴喇嘛得以創立政教合一的達賴喇嘛政權，並在持續至當時的宗派對立中擊敗其他宗派、興建布達拉宮，受人尊稱為「偉大的五世」。其後，因為與蒙古關係親密，第五世達賴喇嘛受順治皇帝之邀而來到北京。不過，後來他因為透過雲南的茶馬交易，與吳三桂有所來往，反而招來清國的猜忌。除此之外，因為實際掌權的桑結嘉措意圖接近準噶爾，亦使得他與清國的關係變得一言難盡。

清聖祖　康熙帝（玄燁，1654～1722）

大清第四任皇帝。透過對鄭成功施壓（遷海令）、鎮壓三藩之亂，完全平息了漢人地區自明末清初持續至當時的混亂後，在爭奪蒙古霸權上更親征準噶爾，最終在烏蘭布通之戰、昭莫多之戰擊破噶爾丹。另一方面，在面對蒙古議題上與清國對抗的俄國時，康熙亦活用了傳教士的拉丁文能力進行交涉，進而締結《尼布楚條約》。整體來說，康熙皇帝發揮了與生俱來的軍事智慧，在與對抗勢力的競爭中，將事態引向對自己有利的一方，留下了清國擴大領土基礎的偉大功績。文化政策上，康熙皇帝編撰了《康熙字典》等書，表現出對漢人文化的高度興趣。他注重科舉制度，對於有關朱子學的書籍之傳布亦採寬容態度。不過，這也同時造成了呂留良「尊明反滿」思想的擴大，以及在雍正皇帝時期發生高壓文字獄的間接原因。

西元	近現代中國相關	世界
	青海、四川的藏人抗爭運動升溫。	
	台灣海峽危機。	
1959	因為西藏動亂，第十四達賴喇嘛流亡印度。	
1963	中蘇論戰升溫。	
1965	簽訂《日韓基本條約》。	美軍開始轟炸越南。
1966	發生無產階級文化大革命。	
1971	發生林彪事件（林彪政變失敗，於逃亡過程中死亡）。	
	聯合國代表權轉至中華人民共和國之手。	
1972	尼克森訪中。	
	中、日恢復外交。	
		1973年，第一次石油危機。
1975	蔣介石死亡。	
1976	周恩來死亡，追悼者與公安發生衝突（天安門事件）。	
	毛澤東死亡。	
	逮捕「四人幫」。	
	文化大革命結束。	
1979	韓國發生朴正熙總統遇刺案。	美中恢復外交。
	台灣發生美麗島事件。	第二次石油危機。
1980	韓國發生光州事件。	
		1986年，蘇聯發生車諾比核事故。
1987	台灣解嚴。	
	韓國全斗煥政權垮台，實施總統選舉。	
1988	蔣經國死亡，李登輝就任總統。	
1989	鎮壓西藏拉薩的獨立運動。	東歐革命。
	鎮壓北京的民主化運動（六四事件、第二次天安門事件）。	柏林圍牆倒塌。
		1991年，蘇聯解體。
1992	鄧小平實施南巡講話。	
1996	中國於台灣實施總統選舉時，實施飛彈演習。	
1999	貝爾格勒的中國大使館遭誤炸。	
		2001年，美國同時遭到多起恐怖攻擊。（九一一事件）
2002	中國共產黨提出「三個代表」思想，脫離無產階級政黨。	
2005	北京、上海發生大規模反日示威。	

西元	近現代中國相關	世界
	反對巴黎和會，發生五四運動。	簽訂《凡爾賽條約》。
	蘇聯對中發表《加拉罕宣言》。	
	孫文改組中華革命黨為中國國民黨。	
1921	中國共產黨於上海成立。	
		1923年，日本關東大地震。
1924	第一次國共合作。	
	蒙古人民共和國成立。	
1926	中國國民黨決定北伐，蔣介石擔任總司令。	
1927	蔣介石於上海發動反共政變，組成南京國民政府。	日本金融恐慌。
	中國共產黨發動南昌起事。	
1928	北伐軍與日軍衝突（濟南事件）。	
	北伐結束。	
	張作霖遭炸彈暗殺。	
		1929年，美國股市大跌，世界恐慌。
1931	爆發滿洲事變（九一八事變）。	
1932	日本建立滿洲國。	
1934	中國共產黨開始「長征」。	
	翌年，共產黨到達陝西北部。	
1936	發生西安事變。	日本發生二二六事件。
1937	第二次國共合作。	
	發生盧溝橋事變，中日戰爭爆發。	
	日軍佔領南京。	
1938	國民政府遷都重慶（重慶國民政府）	
1939	蒙疆聯合自治政府於張家口成立。	第二次世界大戰開始（～1945）。
1941	日本攻擊珍珠港，太平洋戰爭爆發。	
1945	日本戰敗，歸還台灣予中華民國。	召開雅爾達會議、波茨坦會議。
	國共內戰。	
1947	台灣發生二二八事件。	
		1948年，以色列建國。
1949	中華人民共和國成立。	
1950	韓戰爆發。	
	人民解放軍進攻西藏，隔年攻陷拉薩。	
		1951年，召開舊金山對日和會。
1956	毛澤東提倡百花齊放、百家爭鳴。	
	社會主義化加速。	
1957	毛澤東轉為反右運動，封殺反對意見。	
1958	因為大躍進，造成大量餓死者。	

西元	近現代中國相關	世界
	洋、日本。 韓國成為日本保護國。	
1906	滿鐵設立。 清國抗議日本設置關東都督府、關東州。 實施新官制，採滿漢不分原則。	
1907	韓國成立親日派的李完用內閣，發生海牙密使事件。 日、俄簽署《日俄協約》。	
1908	決定於九年後實施憲法制定與議會召集。 禁止《民報》的發行。 光緒皇帝死亡。翌日，慈禧太后死亡。宣統皇帝溥儀即位。 訪問北京的第十三世達賴喇嘛受到冷落。	鄂圖曼帝國發生青年土耳其黨革命。
1909	舉辦各省諮議局代表會議，要求盡早開設國會的風氣高漲。	
1910	西藏對新政的反抗升溫，第十三世達賴喇嘛逃亡。 廢止滿洲人的自稱「奴才」。 民辦的粵漢、川漢鐵路公司成立。 日韓合併。	日本發生大逆事件。 南非聯邦成立。
1911	施行責任內閣制，廢止軍機處。 鐵路國有化令發布，保路運動升溫。 發生辛亥革命。 北蒙古召開王公會議，自清國獨立。	
1912	中華民國成立。 孫文就任臨時大總統。 宣統皇帝退位，清帝國滅亡。 因西藏、蒙古的地位問題，與英、俄的對立升溫。	
1913	達賴喇嘛政權與蒙古相互承認獨立。 因西藏、蒙古地位問題，個別舉辦了西姆拉會議與恰克圖會議。	
1914	孫文於東京結成中華革命黨。	第一次世界大戰開始（～1918）。
1915	日本提出《二十一條要求》。 陳獨秀等人創刊《青年雜誌》（後來的《新青年》）。 袁世凱發起帝制活動。	
1916	袁世凱撤銷帝制。	
1917	中華民國向德國宣戰。	俄羅斯革命。
1919	朝鮮發生三一運動。	國際聯盟創立。

西元	近現代中國相關	世界
1894	東學黨起義、甲午戰爭爆發。 孫文於夏威夷創立興中會。	
1895	簽訂《馬關條約》。 發生三國干涉還遼事件。 康有為等人發起公車上書。 強學會設立。 台灣民主國成立。 朝鮮發生閔氏殺害事件。	
1896	康有為等人於上海發行《強學報》。 朝鮮發行《獨立新聞》。李鴻章與羅拔諾甫（Aleksey Lobanov-Rostovsky）簽訂《中俄密約》	
1897	朝鮮高宗登基為皇，改國號為大韓。	
1898	英國租借九龍新界。 戊戌變法因慈禧太后發動政變而失敗。	
1899	義和團多次引起排外暴動。	布爾戰爭開始（～1902）。 第一次海牙和平會議。
1900	義和團抵達北京。 八國聯軍攻入北京。 美國國務卿海約翰宣布門戶開放政策。 俄國占領東三省。 光緒皇帝、慈禧太后逃亡西安。	
1901	總理各國事務衙門改制外務部。 八國聯軍撤兵，簽訂《辛丑和約》。 李鴻章死亡。	英國維多利亞女王死亡。
1902	承認滿漢通婚。 梁啟超於橫濱創刊《新民叢報》。 與俄國簽訂《交收東三省條約》。	日英同盟締結。 美國禁止中國人移民美國。
1903	俄國中止東三省的撤軍行動。 東清鐵路開業。 榮赫鵬率英軍入侵西藏。	
1904	日俄戰爭爆發。 藏軍與榮赫鵬軍發生衝突，第十三世達賴喇嘛逃亡蒙古。	
1905	朴資茅斯和談會議。 中國革命同盟會於東京成立，發行官方刊物《民報》。 廢止科舉。 正式準備推動立憲。 開始推動西藏、蒙古的新政（去佛教化）。 出使各國考察政治大臣載澤等人出國視察西	第一次俄國革命。伊朗爆發立憲革命（～1911）

西元	近現代中國相關	世界
1874	阿古柏與英國締結通商條約。 日本出兵台灣。 法越簽訂《第二次西貢條約》，越南南部成為法國領地。	
1875	同治皇帝死亡，清德宗光緒皇帝即位。 慈禧太后再次垂簾聽政。 左宗棠鎮壓陝甘回亂，進而進攻新疆。 雲南發生馬嘉理事件。 日本、朝鮮間發生江華島事件。	
1876	簽訂《煙台條約》。 日本、朝鮮間簽訂《江華條約》。	
1877	日本禁止琉球向清國朝貢。 阿古柏自殺。	日本發生西南戰爭。
1878	大清收復新疆（除伊犁）。	
1879	日本斷然推動「琉球處分」。 欽差大臣崇厚為伊犁問題而簽訂《里瓦幾亞條約》。	
1880	曾紀澤與俄國再度交涉。 針對八重山歸屬、通商而與日本交涉的分島、改約交涉中斷。 法國否定清國對越南之宗主權。	
1881	曾紀澤與俄國簽訂《伊犁條約》。	
1882	法軍佔領河內，清法發生局部性戰事。 朝鮮爆發壬午事變。	美國成立《排華法案》。
1884	簽訂《李福協定》，然法國不履約，清法進入全面戰爭。 新疆建省。 朝鮮發生甲申政變，金玉均等人逃亡日本。	
1885	清國與日本簽訂《天津條約》。 越南成為法國之保護國。 英國占領朝鮮巨文島。	福澤諭吉發表《脫亞論》。
1886	清國承認英國對緬甸的主權。	
1887	英國自巨文島撤退。 藏軍越境進入錫金。	
		1889年，日本發布《大日本帝國憲法》。
1890	英國確立對錫金的保護權。	
1891	俄國開始鋪設西伯利亞鐵路。	
1893	朝鮮東學激進化。 毛澤東出生。	

西元	近現代中國相關	世界
1856	太平天國產生內亂。 清國當局於廣州扯下亞羅號上的英國國旗，第二次鴉片戰爭爆發。	
1857	英法聯軍佔領廣州。	
1858	與俄國簽訂《璦琿條約》，黑龍江以北成為俄國領地。 與英、法、美、俄簽訂《天津條約》。	蒙兀兒帝國滅亡。
1860	清國拒絕批准、實行《天津條約》。 英法聯軍攻入北京，破壞圓明園與頤和園。 簽訂《北京條約》。 朝鮮崔濟愚開創「東學」。	
1861	設立總理各國事務衙門。 咸豐皇帝於承德避暑山莊死亡。 清穆宗同治皇帝即位，慈禧太后垂簾聽政。	美國，南北戰爭開始（～1865）。
1862	陝甘回變發生。	日本發生生麥事件。 美國公布《解放奴隸宣言》。
1864	洪秀全自殺，太平天國滅亡。 陝甘回變波及新疆。 與俄國簽訂《塔城條約》，劃定新疆的清俄國境。 朝鮮高宗即位。其父大院君開始執政。 崔濟愚遭處刑。	
1865	阿古柏攻下新疆各地，隔年成立阿古柏王國。	
1866	左宗棠上任陝甘總督，開始鎮壓叛亂。 美國船隻舍門將軍號在平壤遭襲。 法國為傳教士遭殺害一事，報復攻擊江華島。	1867年，日本大政奉還。
1868	杜文秀率雲南穆斯林叛變，攻擊昆明。	
1869	清國劃定俄國與北蒙古周邊國境。	
1870	發生天津教案。	
1871	俄國占領伊犁，伊犁危機。 朝鮮與美國於江華島交戰。 簽訂《中日修好條規》。	日本施行廢藩置縣。
1872	阿古柏與俄國締結通商條約。 雲南回亂的主導者杜文秀自殺。	日本開始出版福澤諭吉《勸學》。
1873	同治皇帝開始親政。 朝鮮閔氏發動政變。	

西元	近現代中國相關	世界
1807	嚴禁鴉片的政令開始頻繁出現。	
1810	禁止漢人定居、開墾蒙古。	
		1812年，拿破崙遠征俄國。
1813	禁止滿洲人與漢人通婚、使用漢姓。	
1816	英屬印度與尼泊爾間的紛爭升溫。	
	英國使節阿美士德（Amherst）抵達天津，但因為拒絕行三跪九叩禮而離去。	
1820	嘉慶皇帝死亡，清宣宗道光皇帝即位。	
	新疆發生張格爾之亂（～1827）。	
1823	禁止栽培罌粟、禁止載運鴉片的船隻入港。	
		1833年，英國東印度公司對中國的貿易壟斷權遭到撤廢。
1836	嚴禁鴉片論與放寬鴉片論的論爭達到極限。	
1838	湖廣總督林則徐支持嚴禁、嚴懲鴉片，被任命為欽差大臣，前往廣州。	
1839	雲南發生漢人、回民的衝突。	
	林則徐銷毀鴉片。	
	鴉片戰爭爆發。	
1840	林則徐上任兩廣總督，斷絕英國貿易。	
	英軍封鎖廣州，鴉片戰爭升溫。	
1841	英國占據香港，定香港為自由港。	
1842	簽訂《南京條約》。	
	魏源《聖武記》成書。	
1843	魏源《海國圖志》成書。	
	洪秀全開始為拜上帝會傳教。	
1844	與美國簽訂《望廈條約》。	
	與法國簽訂《黃埔條約》。	
1845	雲南漢回衝突升溫。	
	青海牧地之爭升溫。	
1846	清國放寬基督教禁令。	
1850	道光皇帝死亡。	
	清文宗咸豐皇帝即位。	
	拜上帝會於廣西金田村舉兵。	
1851	拜上帝會的洪秀全建立太平天國。	
1853	洪秀全定南京為天京，制定天朝田畝制度。	培理來到浦賀。
1854	曾國藩組織湘軍。	日本簽訂《神奈川條約》、《日英和親條約》、《日俄和親通好條約》。
	俄國西伯利亞總督穆拉維約夫（Nikolay Muravyov-Amursky）率艦隊航向黑龍江。	

西元	近現代中國相關	世界
1755	準噶爾產生內部糾紛。 清國出兵伊犁。 準噶爾的阿睦爾撒納降伏，後反叛。	
1758	阿睦爾撒納死亡。 清國平定準噶爾。 限制歐洲船隻僅能駛入廣州。	
1759	塔里木盆地的和卓歸順清國（平定準噶爾及回部，新疆成立）。	
		1762年，俄國葉卡捷琳娜二世即位。
1766	郎世寧死亡。	
1768	明瑞於清緬戰爭中戰死。 削割辮髮的邪教自華中波及至華北。	庫克的第一次南太平洋探險（～1771）。
1771	金川再次發生叛亂（～1776）。	
1772	開始編撰《四庫全書》。	
		1775年，美國獨立戰爭開始（～1783）。
1778	《滿洲源流考》成書。	
1780	第六世班禪喇嘛與乾隆皇帝會面。	
1782	《四庫全書》成書。	
1786	朝鮮禁止西洋學問。	
		1787年，日本寬政改革開始（～1793）。
1788	廓爾喀入侵西藏。	
1789	清國接受緬甸朝貢。	法國大革命開始。
1791	廓爾喀再次入侵西藏。	
1792	福康安掃蕩廓爾喀，進攻尼泊爾。 接受降伏的廓爾喀之朝貢。 乾隆皇帝著《御製十全記》，自稱「十全老人」。	
1793	英國使節馬戛爾尼於熱河謁見乾隆皇帝。	
1795	苗族叛亂再起。	
1796	乾隆皇帝禪位，成為太上皇。 清仁宗嘉慶皇帝即位。 發生白蓮教之亂。	
1799	太上皇（乾隆皇帝）死亡。 嘉慶皇帝親政。	荷蘭東印度公司解散。
1801	朝鮮大舉鎮壓基督教徒，史稱「辛酉教獄」。	
1802	越南阮福映自稱嘉隆皇帝，建立阮朝。	
1803	阮福映向清國朝貢，並希望清賜國號「南越」，不過清國決定稱其「越南」。	江戶幕府拒絕英美的通商要求。

西元	近現代中國相關	世界
		1700年，大北方戰爭開始（～1721）。
1705	拉藏汗殺害桑結嘉措，登基成為藏王。	
1706	第六世達賴喇嘛於押解至北京的路途中死亡。	
1712	清國定長白山為與朝鮮之分界。	
1716	《康熙字典》成書。	日本，享保改革（～1745）
1717	策妄阿拉布坦進攻拉薩。	
1718	清國的準噶爾討伐軍自北京出發。	
1720	清軍將準噶爾勢力逐出西藏，收西藏於版圖內。	
1722	康熙皇帝死亡，清世宗雍正皇帝即位。	
1723	嚴禁基督教傳教，放逐宮廷內部以外的傳教士。	
1724	頒布《聖諭廣訓》。 因進攻西藏一事之功賞產生衝突，引發羅卜藏丹津之亂；同年，鎮壓。	
1725	策妄阿拉布坦與清國和解。	白令開始探險北太平洋（～1730）
1727	與俄國簽訂《恰克圖界約》。 策妄阿拉布坦死亡，其後繼者噶爾丹策零再度與清國對立。	
1728	因西藏內部糾紛，清國設立「駐藏大臣」一職。	
1729	因呂留良事件，雍正皇帝頒布《大義覺迷錄》	
1732	軍機處成立。	
1735	準噶爾向清國提案改善彼此關係。 貴州苗族土司反對「改土歸流」政策，叛亂。 雍正皇帝死亡，清高宗乾隆皇帝即位。 《大義覺迷錄》被列為禁書。	
1739	清國與準噶爾劃定國境。	
1740	苗族的叛亂擴大至廣西、湖南。	
		1742年，英法殖民地戰爭開始。
1745	噶爾丹策零死亡，準噶爾產生內部糾紛。	
1746	嚴禁漢人平民前往山海關以北。	
1747	青藏高原東部發生金川之亂。	
1750	西藏郡王珠爾默特那木札勒叛亂。	
1751	西藏內政改革，達賴喇嘛之下設四個噶倫（等同於大臣），分散權力。	法國出版《百科全書》。

西元	近現代中國相關	世界
		1637年日本，發生島原之亂。
1639	吳三桂成為遼東總兵。	英國「三國之戰」開始（Wars of the Three Kingdoms，～1649）。
1642	固始汗將征服地區獻予第五世達賴喇嘛，達賴喇嘛政權成立。	
1643	皇太極死亡。清世祖順治皇帝即位。	
1644	李自成於西安建立大順，占領北京。 崇禎皇帝自殺，明國滅亡。 吳三桂向清國投降。 順治皇帝遷都北京。	
1645	李自成自殺。	
1646	清軍征討張獻忠。 明國殘黨擁立永曆皇帝。	
1648	鄭成功向永曆皇帝宣誓忠誠。	西發里亞和約簽訂，三十年戰爭結束。
1652	順治皇帝與第五世達賴喇嘛於北京會面。	
1657	吳三桂征討雲南。	
1659	鄭成功進攻江南失利。	
1661	順治皇帝死亡。 永曆皇帝自緬甸被引渡，並於翌年遭處刑。 清聖祖康熙皇帝即位。 鄭成功占據台灣，清國發布遷海令。	
1669	南懷仁的曆法被證明是正確的。	
1672	噶爾丹成為準噶爾部首領。	
1673	吳三桂叛變，發生三藩之亂。	
		1680年，日本德川綱吉成為將軍。
1681	清國鎮壓三藩之亂。	
1682	儒學家顧炎武死亡。 第五世達賴喇嘛死亡。	
1684	清國平定台灣，納台灣於福建省行政下。	
1688	噶爾丹進攻喀爾喀部。	
1689	清國與俄國簽訂《尼布楚條約》。	
1690	康熙皇帝於烏蘭布通之戰戰勝噶爾丹。	
		1694年，俄羅斯彼得大帝親政。
1696	康熙皇帝於昭莫多之戰戰勝噶爾丹。	
1697	康熙皇帝三度討伐噶爾丹，噶爾丹死亡，清國將漠北蒙古全體收入版圖。	

年表

西元	明、清與周邊諸國	世界
1368	朱元璋建立明國，自稱洪武帝。	
1392	高麗李成桂建立李氏王朝，一三九三年改國號為朝鮮。	
1401	朝鮮受明國冊封。	
1443	朝鮮世宗創造韓字（한글）。	
1449	明國正統皇帝遭蒙古俘虜（土木之變）。	
1541	俺答汗遭明國拒絕交易。	
		1558年，英國伊莉莎白一世即位。
1571	明國與俺答汗妥協。	
1588	努爾哈赤統一女真建州部。	
1592	豐臣秀吉出兵朝鮮。	
1593	努爾哈赤擊破女真海西部等聯軍。	
1598	朝鮮李舜臣擊破豐臣秀吉的軍隊。	
1600	利瑪竇抵達北京。	英國東印度公司成立。
1603	努爾哈赤遷都赫圖阿拉。	日本江戶幕府成立。
1608	遼東總兵李成梁遭到撤職。	
1609	朝鮮與對馬的宗氏締結通商關係。	
		1613年，俄國羅曼諾夫王朝發跡。
1616	努爾哈赤建立後金。	
1618	努爾哈赤開始進攻明國。	三十年戰爭開始。
1619	後金軍於薩爾滸之戰攻破明軍。	
		1620年，清教徒移居美國。
1621	努爾哈赤遷都遼陽。	
1624	荷蘭人於台灣建築熱蘭遮城。	
1625	努爾哈赤遷都瀋陽。	
1626	努爾哈赤死亡，皇太極繼任後金大汗。	
1627	後金入侵朝鮮（丁卯胡亂）。	
1628	後金出兵蒙古察哈爾部。	
1630	張獻忠於陝西叛亂。	
1632	李自成於河南叛亂。	
1635	後金獲得元帝國的傳國玉璽。	幕府禁止日本人與海外有所來往。
1636	皇太極定國號為大清，年號為崇德。 後金大舉入侵朝鮮（丙子胡亂）。	

興亡的世界史18

大清帝國與中華的混迷

現代東亞如何處理內亞帝國的遺產

大清帝国と中華の混迷

大清帝國與中華的混迷：現代東亞如何處理內亞帝國的遺產
平野聰著／林琪禎譯／
初版／新北市／八旗文化出版／
遠足文化發行／二〇一八年十月
譯自：大清帝国と中華の混迷
ISBN 978-957-8654-33-4（精裝）
一、清史
627
107015618

作者　平野聰
日文版編輯委員　青柳正規、陣內秀信、杉山正明、福井憲彥
譯者　林琪禎

總編輯　富察
責任編輯　穆通安
特約編輯　鄭天恩
編輯協力　張乃文、洪源鴻
企劃　蔡慧華

封面設計　莊謹銘
排版設計　宸遠彩藝
彩頁地圖繪製　青刊社地圖工作室（黃清琦）

社長　郭重興
發行人兼出版總監　曾大福

出版發行　八旗文化／遠足文化事業股份有限公司
地址　新北市新店區民權路108-2號9樓
電話　〇二～二二一八～一四一七
傳真　〇二～八六六七～一〇六五
客服專線　〇八〇〇～二二一～〇二九
信箱　gusa0601@gmail.com
臉書　facebook.com/gusapublishing
部落格　gusapublishing.blogspot.com
法律顧問　華洋法律事務所／蘇文生律師
印刷　成陽印刷股份有限公司
出版日期　二〇一八年十月（初版一刷）
　　　　　二〇二一年六月（初版八刷）
定價　五五〇元整